终极求职系列

终极求职简历

打造出色简历，
得到更多面试机会

［美］马丁·耶特（Martin Yate）著

于巧峰 译

中信出版集团 | 北京

图书在版编目（CIP）数据

终极求职简历：打造出色简历，得到更多面试机会 /（美）马丁・耶特著；于巧峰译 . -- 北京：中信出版社，2020.10

（终极求职系列）

书名原文：Knock’em Dead Resumes：A Killer Resume Gets More Job Interviews

ISBN 978-7-5217-2237-6

Ⅰ. ①终… Ⅱ. ①马… ②于… Ⅲ. ①职业选择 Ⅳ. ① C913.2

中国版本图书馆 CIP 数据核字（2020）第 183456 号

终极求职简历——打造出色简历，得到更多面试机会
（终极求职系列）

著　　者：［美］马丁・耶特
译　　者：于巧峰
出版发行：中信出版集团股份有限公司
（北京市朝阳区惠新东街甲 4 号富盛大厦 2 座　邮编　100029）
承 印 者：中国电影出版社印刷厂

开　　本：880mm×1230mm　1/32　　印　　张：13　　字　　数：360 千字
版　　次：2020 年 10 月第 1 版　　印　　次：2020 年 10 月第 1 次印刷
京权图字：01-2019-7920
书　　号：ISBN 978-7-5217-2237-6
定　　价：65.00 元

服务热线：400-600-8099
投稿邮箱：author@citicpub.com

对本书的赞誉

两家招聘公司都对我的简历大加赞赏。沃特公司招聘人员说："这是我目前看到的最好的简历格式。"罗伯特哈夫公司招聘人员说，书中的简历格式简单易懂且非常专业，其互动求职指南和简历模板都是我的救星！

——P. K.，运营管理部门，圣迭戈

我投了很多简历，但几乎一无所获——我在这个领域拥有顶尖的技能和经验。面对就业市场的严峻形势，我并没有做好准备。然而，读了你的书后，我开始认真研究这些技巧并将其应用在我的简历中，结果我的面试机会增加了很多，我几乎应接不暇。

——C. S.，伊利诺伊州芝加哥市

这本书再好不过了！只要花时间一步一步地跟着做，你会对自己的技能有一种截然不同的看法，并且收获一份出色的简历。

——J. A.，爱达荷州博伊西市

我在投出新的简历和求职信后，一周内获得了4次面试机会。我想说：谢谢你为数百万努力工作的专业人士所做的一切，谢谢你改变了我们的生活——找工作就是生活。本书是为每一个认真对待生活的人准备的。

——N. P.，伊利诺伊州芝加哥市

首先，非常感谢你！你的帮助使我的状态从对自己缺乏信心、评价不准转变为可以在简历（及面试）中准确地展现自己。结果，我的薪水大大提高了。

——E. A.

我买齐了“终极求职系列”丛书，并把每本书都从头到尾读了一遍。昨天我去精神健康中心面试了，他们说会在周末之前给我打电话，到家后我又写了一封信给对方，第二天中午我就接到了招聘经理的电话——我被录取了。我想他是一看完信就给我打电话的。

——K. G.

这本书太棒了！我从事管理工作多年，这本书的观点帮助我决定应该寻找什么样的人才。这本书的信息非常准确且丰富。

——K. W.，密苏里州圣路易斯市

本书对于各个年龄段的求职者来说都很有价值。它提供了一个全面的指南来帮助你思考自己的经历，确定你的个人品牌，并将其转化成一份引人注目的简历。书中的内容和简历样本都是最新的，广大求职者都能从中找到一份适合自己所在领域的简历样本。

——T. K.，印第安纳州卡梅尔市

读了你的《终极求职简历》一书后，我重写了简历，并寄给了8家公司，结果令人难以置信！我被其中一家公司录用了，而其他公司也都给我发了录用通知或面试邀请。我找工作一共只花了5个星期。

——J. V.，俄亥俄州代顿市

你对当前的工作环境和实践方法的理解，尤其对目标工作解构过程的理解，使我产生了共鸣。太棒了！

——M. M.，伊利诺伊州芝加哥市

我完全按照你在书中梳理的内容重新整理了简历。一位雇主说:“从这个人的简历中，我可以看出他非常喜欢公关工作。”在不到3个星期的时间里，我就收到了3份工作邀请，我终于可以为自己挑选完美的工作了。

——M. W.，密歇根州底特律市

非常感谢“终极求职系列”丛书。在读完它并采用了其中的方法后，我找到了一份理想的工作，薪水几乎是以前的两倍！通过采用你的方法，我获得了4份工作机会。

——C. Y.，新加坡

你的书简直太棒了，它使我的年收入增加了数千美元！这本书让我和我的家人过上了幸福的生活。

——M. Z.，密歇根州圣克莱尔海岸

我无法描述你书中的技巧帮我得到了多么美妙的回应。除了给我提供“敲门砖”之外，这些技巧还使我充满信心。我从未想到过自己可以在一个月之内获得一个出色的职位！

——B. G.，加州山景城

我找工作时阅读并使用了《终极求职简历》中的很多简历样本。我接到了面试通知，与10位应聘者一同竞聘。我周一上午参加了面试，竟在当天下午就被录用了。

——E. H.

曾经在长达两个月的时间里，我只是偶尔会接到面试通知，但在过去几周里，我平均每天至少要接受一次面试。有些可能只是运气好，但我认为那是因为几周前我修改的简历和求职信起到了积极作用。

——L. E.

目 录

第 3 章　撰写简历是一个过滤垃圾信息的过程

第 4 章　如何确定并创建一个理想的专业品牌

第 5 章　简历格式

第 6 章 最简单、最聪明且最快速的简历写法

第 7 章 如何给你的简历增加亮点

第 8 章　高效求职所需的简历及其格式

第 9 章　准备发送简历

第 10 章　简历样本

致 谢

“终极求职系列”丛书以多种语言在世界各地出版发行已经有 10 年之久。本系列图书的成功归功于其内容的不断更新，以及数以百万计的专业人士对其内容的认同，他们在职业生涯中得到了该系列图书的帮助。它因为确实有用，才取得如此成绩。这套书可以帮助你改变职业生涯的轨迹。一个很小的团队帮助我编写并不断更新《终极求职简历》这部经典作品。彼得・阿彻（Peter Archer）是我多年的执行编辑，他现在已经当爷爷了；编辑威尔・耶特（Will Yate）始终如一、尽职尽责，并且总能恰如其分地指出问题；还有安吉拉・耶特（Angela Yate），她负责业务，这使我有时间做好我的本职工作，她还在许多问题上起到了第一个回音板的作用，而这些问题决定了一本好书和一部经典之间的差别。

引 言

生活的事实

在你一生中需要做的一系列事情中，修改简历是一件就算你拿锤子猛敲脑袋也一无所获的令人崩溃的事情。然而，一份出色的简历是你每一次成功求职的基础，每一个没有结果的求职经历背后都有一份有缺陷的简历。你在本书中所学的内容会使你拥有一份前所未有的好简历，如果用心的话，你也能学会如何改变职业生涯的轨迹。

简历是你将拥有的最重要的财务文件：当简历起作用时，你就有工作；当它不起作用时，你就没有工作。简历是你将自己介绍到职场的主要品牌工具，而且你只要对其适当地加以修饰、润色，就能确保它真实地反映你的优势。你如果在简历上有所懈怠，就会无缘于新工作，也无法取得事业上的成功。

没有人喜欢写简历，但在找工作时，你就是一件商品，而简历就是可以使商品成功售出的样式和包装。在这样一个竞争激烈的世界中，你的简历经常会被湮没在数百万份的简历中，因此简历的样式和包装至关重要。只有当招聘人员找到它时，它才会被浏览 5~45 秒，如果在这么短的时间里招聘人员看不到一个清晰、明确且相关的内容时，他们就会转而去看下一份简历。

《终极求职简历》一书可以帮你解决这些问题，让你的简历不断地从简历数据库中被提取出来，使招聘人员无论是在第一次浏览还是在后续更深入、更仔细地阅读时都能产生共鸣。

记住：招聘经理们讨厌面试，他们只是想找到一个人并雇用他来做这份工作，这样他们就可以回去做自己的工作了。《终极求职简历》会教你如何说服招聘经理，让他们相信你是一名可以胜任这份工作的专业人士。它会使你准备好恰当地谈论及处理你在工作中遇到的重大问题，并以你从未想过的方式回答棘手的问题……所有这些都是基于常识的方法，你完全能够掌握并在未来应用到它们。

第 1 章

简历——你拥有的最重要的财务文件

没有人喜欢写简历，但是它对你的工作收入确实会有很大影响，因此也会大大影响你工作之外的生活质量，所以你要好好准备简历。

你选这本书并不是为了享受读书之乐，而是因为你的职业生涯面临着严峻的挑战。在过去的几年中，你所在的工作领域发生了巨大的变化，但没有什么比企业招聘发生的变化更大的了。当招聘方式变得五花八门时，你需要重新考虑自己怎样才能被录用。

通过此书，你很快就能学会如何打造一份有效的简历，同时你还能学会更多东西。我把简历看作是实现长期职业规划和个人成功等长远战略目标的一部分，因此我教你的关于如何打造一份出色的简历的所有内容都适用于应对求职、面试和职业管理等更广泛的挑战。

换言之，看完此书，你不仅可以写出一份撒手锏般的简历，还可以学会一些关键的求职和面试策略，甚至可以掌握一些如何赢得升职加薪机会的有效办法。

自我意识：职业生存和成功的关键

了解一下雇主设定某个特定职位是为了得到什么，他们是如何表述这些需求以及如何对这些需求进行优先排序的，这样你才能明白如何赢得那个职位并在工作中取得成功，这样也会提示你在简历中写什么才能使自己获得这份工作。

雇主们只为赚钱

雇主们之所以会多给一个人发工资，只不过是为了赚更多的钱，为了增加某一方面的赢利能力而已。想想看：如果你有一家公司，你会增加员工、多发一份工资的原因也只是为了赚更多的钱而已。因此，任何一份雇佣合同都意味着你的工作在某种程度上都要有助于赢利。

根据你所做的工作，你可以从以下几个方面帮助雇主获得利润：为公司赚钱，为公司省钱，节省时间和提高生产力。

无论你做什么工作，无论你的职务多么令人瞩目，从根本上说，都是为了帮助雇主通过以下方式保持并提高赢利能力：识别职责范围内的问题，预防职责范围内的问题，解决职责范围内的问题。

除非有人需要雇用人才去解决问题，否则没有人会看简历，没有人会组织面试，也就没有人会被录用了。这些问题可能是要寻找一种更快的方法制造硅芯片，或者是要加快应收账款的处理，或者是要利用社交网络进行品牌管理，或者是其他众多挑战中的任何一个。

你的工作存在的唯一原因是，你的雇主需要有人来识别、预防和解决在这个专业领域中经常出现的问题；它存在是因为公司还没有像你这样的人才，所以公司需要花这份钱。

解决问题——雇主花钱就是让你用批判性思维来应对专业领域

的挑战的。这就是某个存在职位空缺的原因，也是要由那些能识别、预防和解决该工作问题的人来填补空缺职位的原因。

为什么没人想看你的简历

你可能认为写简历是一项艰巨的工作，但这只是因为你不知道读简历有多么痛苦。你可以翻到本书末尾的简历样本部分，连续读 6 份简历并尝试把每一份简历的信息搞清楚。你的大脑首先会处于麻木状态，然后开始混乱，当读到第 6 份简历时，你就会明白为什么没有人真正愿意读你的简历了。

除非不得已，否则没人会看简历。所以，当有人看了你的简历时，就意味着首先存在着这样一份工作——这份工作的要求、预算和职位名称都经过了仔细的推敲，工资范围也得到了批准，资金也已经到位。招聘人员搜索简历数据库或者阅读简历时，他们的脑子里都装着一份特定的工作，装着完成这份工作所需的优先条件。

为什么招聘经理看不到你的简历

技术对职业世界的持续影响导致所有工作的性质都发生了变化，如今，简历很少直接被送到招聘人员或招聘经理的办公桌上（不过我会告诉你如何做到这一点），它们通常会被录入简历数据库。

这就意味着在有人真正查看你的简历之前，首先必须由脑子里装着具体工作以及这份工作所需优先条件的招聘人员把简历从数据库中筛选出来，其中一些数据库甚至包含了 3 500 多万份简历。

考虑到这一点，你就会发现，如果你的简历只是胡乱地堆砌你做过的所有事情或者你认为重要的事情，而不参考雇主实际需求的话，那么你的简历永远都不会被选用。

了解你的顾客

“顾客永远是对的”、“顾客至上”和“理解你的顾客”是所有成功的商业故事的基础。就像企业为吸引顾客而定制产品一样，你也需要根据顾客的需求来制作简历。

当你的简历将你的技能和经验与特定目标工作的职责和可交付成果相匹配时，你的简历就会发挥作用。这就要求你的简历要关注雇主（也就是你的顾客）是如何思考、如何区分优先条件，以及如何描述工作的可交付成果的，这些就是你在履行自己的职责时应该交付的东西。

一份专注于某一特定目标工作并自始至终根据顾客需求构建的简历，能够在招聘人员的简历数据库搜索中脱颖而出，也更能引起因单调乏味的简历阅读而眼神呆滞的招聘人员的共鸣。

这不是你最后一次换工作

在工作没有保障的世界里，当换工作甚至换职业变得越来越频繁的时候，能写一份卓有成效的简历成为人们至关重要的生存技能之一。

这可能不是你第一次换工作，也不会是你最后一次换工作。你正处在长达半个世纪的工作生涯的中期，在这段时间里，你可能要从事三种或更多种不同的职业。从统计数据上看，我们可能每 4 年就要换一次工作，而每 7~10 年会出现一次经济衰退，我们在 50 岁左右时就会遭遇年龄歧视。

开明的利己主义

25 年前，当我刚开始谈论这些个人生存问题时，甚至有人质疑我怎么可以教唆美国人对雇主不忠。历史表明，违反劳动合同的大多是公司，但今天我们仍然会听到公司要求员工保持忠诚。如果你接受这个双重标准的话，那么你的生活和你所爱的人的生活都会受到影响。

醒醒吧！时代已经变了。你需要一个更强硬、更务实的方法来对待自己的职业生涯。你仍然需要为你的雇主和你的团队尽最大的努力，但你也需要把自己放在首位，因为你需要生存，希望自己的事业繁荣发达。要做到这一点，你需要找到一种更成熟的方法来管理你的职业生涯，引导你的命运。

把自己想象成一个公司——“我公司”。想象它是一个金融实体，你必须不断规划、不断行动，才能确保其生存下去。和任何公司一样，“我公司”也在不断地开发新产品和提供新服务。这些都是不断发展的技能包，彰显了你的专业性。同样，就像任何一家公司一样，这些产品和服务会被打上品牌并被卖给你的目标客户群。

“我公司”的成功取决于你如何经营。与每一家成功的公司一样，你需要在研发、战略规划、市场营销、公共关系和销售方面主动出击。

研发：每家公司都在不断地进行产品和服务的识别及开发以吸引顾客。你必须有类似的可持续发展的计划。你可以结合自己的专业，并通过持续监控市场来培养自己应对市场趋势的技能。

战略规划：发展职业管理战略。你需要开始从长远考虑自己的职业生涯——你想要达到什么位置，你要如何去实现这一目标，你如何在技能发展上保持领先地位，以及如何发展和保持理想的专业品牌。

市场营销和公关：要有效地将“我公司”打造成一个理想的产品，你需要为其提供的服务建立信誉，并对这些服务进行定位。如此，专业的你才能在不断扩大的圈子中脱颖而出。你需要让自己在公司里为人所知，以促进职业发展，且要在职业领域发展出其他就业能力。

销售：“我公司”需要一个最先进的销售计划来推销产品和服务。

你的新简历是“我公司”的主要销售工具，是你拥有的最重要的财务文件。即刻开始学习如何写好这份简历吧！

第 2 章

顾客知道自己想要什么——如何了解顾客的想法

在你的职业生涯中，简历是你工作变动和职业转型（你可能会换 12~20 份工作）的主要营销手段。此外，简历在随后的内部晋升中也十分重要。简而言之，简历对你取得职业成功至关重要。然而，当谈到撰写简历时，却没有人关心顾客想买什么，他们只想着如何省时省力地尽快完成简历。

你现有的简历可能只是简单记录了你做过的事，上面罗列了你认为重要的一切。我敢打赌这份简历是没用的。它的内容就像一个大杂烩，而非顾客认为重要的东西。如果你想创建一份对任何雇主都适用的简历，那么它就如同一把瑞士军刀。你见过瑞士军刀吗？上边有刀片、开瓶器、螺丝刀等工具，简直无所不能。但是公司不会雇用像瑞士军刀一样什么都能干的员工，它们要雇用的是像激光一样专一的员工，即在特定领域有专业技能的人。你需要一份能满足顾客首要需求的简历，因为他们不会花时间去看一份没有重点的简历，然后费时费力地去辨别你是否具备他们想要的特质。当许多人愿意花时间了解顾客的需求时，顾客又何必花时间辨别他们的技能呢？

确定一个目标职位

在专业领域工作几年之后，大多数人的经验都让他们足以胜任不止一份工作。可这依然不是让一份普通的简历成为你主要营销手段的理由。如今，你或许可以胜任两份甚至更多的工作，但是在现行的招聘方式下，你别无选择，只能准备一份简历来专注于一个目标工作。因此，你的首要任务是查看所有自己可以做的工作（它们可能在某种程度上密切相关），然后选择那个代表你主要求职目标的工作。

完成基础版简历后，你再撰写其他工作的求职简历就非常容易了。稍后我会在本书中详细介绍怎么做。不过请放心，第二个目标工作的求职简历和基础版简历会有很多相同之处。这意味着你只需要一个模板，然后往这个模板里填入日期、过往履历、联系信息甚至你要联系的雇主列表等信息就可以了。我会教你一种方法，帮你快速重新设计、编辑基础版简历用以申请第二份、第三份目标工作。

但是你首先需要建立一份基础版简历，否则这些好处你是享受不到的。因此，在深入讨论之前，请你仔细考虑自己的选择，以决定基础版简历中要申请的职位。

你可以根据许多独特的标准做出决定，但假如你的主要目标是重返职场，或者是从现有的工作中解脱出来，你最好的选择就是从事你擅长的工作。如果你在简历中为自己能胜任这份工作提供有说服力的案例，在面试时你就能将其作为你强有力的求职理由，并且在实际工作中你也会游刃有余。一旦做好了决定，你就可以围绕这个目标工作创建简历了。

真正了解你的目标工作并对其进行解构

从招聘流程和选拔委员会的角度来看，最有效的简历首先要明确目标工作及其职责。换句话说，顾客第一，所以你要先研究顾客脑子里在想什么。

一个既实用又简单的方法可以帮你了解顾客脑子里在想什么，这种方法叫作目标工作解构法（Target Job Deconstruction，缩写为TJD），它要求你在开始撰写简历之前就将注意力集中在顾客所购买的产品以及你将要出售的产品上。你不妨花半天时间做一下目标工作解构，你的付出会得到回报的。具体做法如下：

- 准备一个合适的简历模板来填写你为应聘成功必须填写的内容信息，设立一个衡量简历预估表现的客观标准。
- 充分了解面试重点，对面试问题准备好回答思路，准备相关的例子阐明你的观点。
- 对你在职业生涯中获得录用、晋升并取得更大事业成功时的行为特征做一个分析，对你未被录用以及工作持续失败时的行为特征做一个分析。

目标工作解构：了解顾客脑子里在想什么的方法

第一步：收集招聘信息

为你能胜任并且喜欢做的一种工作收集 6~10 份招聘信息，将信息保存在文件夹中并打印出来。你如果对多份工作感兴趣，那么一定要分出先后顺序，因为最有效的简历只能对准一份工作。在本章稍后，我会教你一个快速高效的编辑技巧——可以为每份要申请的工作编辑出相应的定制简历，也会展示目前不起作用的瑞士军刀式的简历。

不知道从哪里开始？尝试使用这些工作整合软件，例如像网络爬虫、网络机器人及配套资源等，它们在成千上万的工作站点上运行。你可以用你选择的关键字在以下网址中进行搜索：

www.indeed.com

www.simplyhired.com

www.jobbankusa.com

www.sourcetool.com

www.jobster.com

第二步：创建一个文件

创建一份新的文件，并将其命名为“目标工作解构”。

第三步：确定目标职位

首先在文件中插入副标题“目标职位”，然后复制、粘贴描述你的目标职位的所有不同表达。看着这个结果，你可以说：“雇主在雇用这样的人时，他们倾向于用这些词来描述这个职位。”这样你就可以为你的简历构思一个合适且通用的目标职位，将其附在你的姓名和联系信息后面，让读者眼前一亮。

第四步：确定技能与职责

再添加一个如技能、职责、要求、可交付成果等的副标题。浏览一下招聘信息——把招聘信息打印出来放在桌子上可能更方便些。找出所有招聘信息都提到的招聘要求，将对其最完整的描述复制粘贴到你的文件中（在旁边标记一个 6，表示它对你所有的 6 份样本都是通用的），并在其下面添加描述这一相同要求的其他单词和短语。

你的简历中与目标工作相关的关键词数量越多，简历在招聘者的数据库搜索中的排名就越高。排名越高，它就越有可能从众多简历中脱颖而出，其被传到招聘者面前并被进一步筛选的可能性就越大。这种数据库搜索方式导致如今信息密集的简历越来越普遍，集所有关键字于一体的核心能力展示变得越来越流行（更多关于核心能力的内容见后续章节）。

接下来，你要对剩余 5 份招聘信息中的共同要求重复上述做法，依次类推，直到只对最后一份招聘信息中提到的要求重复上述做法为止。

第五步：确定要解决的问题

从最基本的层面来说，所有工作都是一样的——都是关注一个特定领域里的问题识别、预防和解决。不管我们从事什么职业，都是因此而获得报酬的。回到目标工作解构，从第一个要求开始，想象一下，根据工作要求你需要识别、预防和解决的问题通常有哪些。列出几个具体的例子——大大小小的例子均可，以此来证明你是如何成功地识别、预防和解决问题的，而且要尽可能地量化一下结果。

通过识别特定职责中的固有问题，对目标工作解构中的每个其他需求都重复此步骤。简历中的一些例子可能会以专业成就的方式呈现，而另一些则会为你回答面试问题提供思路。面试者关心的是你识别实际问题和解决问题的能力，他们想看到你的这些能力在实际工作中的运用。所以，有的面试问题是这样开头的："当……情况出现时，告诉我……"因此写简历的同时，你也要收集那些能回答这类面试问题的例证。

第六步：确定成功的行为特征

想想你认识的人中谁是做这份工作的最佳人选，是什么让他脱颖而出的。描述一下他的工作表现、职业行为、与他人沟通的方式以及外表特征。比如，他沟通技巧超群，分析能力优秀，职业形象出色，与他共事让人很舒服。对目标工作解构上列出的每一项要求都进行这样的思考，你就会塑造出所有雇主都想雇用的人的形象，随着时间的推移，你会得到好的工作、加薪和升职的机会，从而为你的工作提供安全保障。

第七步：确定失败的行为特征

现在想象一下你认识的人中做这份工作的最差人选，他为什么会给别人这种消极印象。描述一下他的工作表现、职业行为，以及与他人沟通的方式以及外表特征。比如，他性格阴郁、吹毛求疵且消极好斗，看上去总是一副邋遢的样子，好像每天都会和衣而睡，身上也是一股刚睡醒的味道。你描述的是所有雇主都不想见到的人。

现在你知道顾客的需求了

一旦完成了目标工作解构，你就会清楚地知道雇主在雇用某人从事目标工作时是如何考虑、如何确定优先次序以及如何表达需求的。在做目标工作解构时，你脑中应该浮现出你拥有的甚至是擅长的技能："所有这 6 个工作岗位都要求熟练使用 Excel 电子表格，我就是办公室的 Excel 专家！"同时，也会有一些你不会的或需要改进的技能："大家都在找熟悉六西格玛和精益管理的人，我却连这两个词是什么意思都不知道。"根据经验，你只有符合 70% 的工作要求，才有希望得到面试机会，在经济不景气、竞争激烈的情况下尤其如此。如果你完成了目标工作解构，意识到自己没有达到要求，你就省去了很多找工作时的挫败感，因为你了解自己根本没机会得到这份工作。在这种情况下，你要做的是把工作目标降一个级别。目标工作解构可以帮你识别出自己欠缺的技能，为了保证下次得到晋升，你需要发展这些技能。以下是一份目标工作解构的示例。

解决方案顾问的目标工作解构

相同目标工作的不同职位名称

售前顾问；

售前专员；

销售工程师；

解决方案顾问；

解决方案工程师。

6个职位描述中都要求的技能、职责、要求、可交付成果等

无。

5个职位描述中都要求的职责

向潜在顾客准备和交付有价值的销售推介和软件演示。

指导并参与以销售为目的的商务拜访，准备并展示解决方案及产品价值。

提供简单、有吸引力和令人信服的产品演示。

提供满足客户需求和演示有商业价值的解决方案。

参与演示设计和规划。

4个职位描述中都要求的职责

了解顾客的需求，确定顾客的问题领域。

确定业务驱动因素和解决方案的要求，并通过对话沟通阐明解决方案或推销产品。

评估客户需求，并将其转化为顾客能够理解的愿景。

将客户需求转化为面向解决方案的愿景。

与合作伙伴规划和执行业务发展战略

为合作伙伴提供培训，培养其销售人员的专业性。

向合作伙伴传达产品的优势和价值。

与销售团队和合作伙伴密切合作。

面向合作伙伴和顾客进行技术宣传。

与销售团队密切合作

充当销售人员和客户之间的技术支持和联络人。

与销售团队合作，记录销售和解决方案战略。

与销售团队和合作伙伴密切合作。

成为客户团队成员。

协助销售团队确定、开发和管理销售机会。

与销售团队中的其他人合作。

有关目标工作解构的内容，我们还会继续探讨，但目前已经可以让你有个大致的概念了。

下面是一个简单的“解构前与解构后”的对照示例，它将说明解构过程是多么有效。这是一个年轻的拿了计算机科学学位的毕业生初入职场时写的简历。我们第一次谈话时，她已经毕业快三个月了，曾接受过几次雇主的电话访谈和一次面试。由于她是外籍人员，需要找到一家公司为她提供担保，这使她找工作的事情变得复杂。即使在就业形势好的情况下，这也不是一件容易的事，何况在如今严峻的就业环境中更是一项重大挑战。下面的第一份简历是她过去一直在使用的简历，第二份则是她在完成“目标工作解构”后创建的简历。

完成目标工作解构之前的简历

雅蒂蒂·莫可比（Jyatiti Mokube）

地址：佐治亚州萨凡纳市阿伯科恩街10611号85室　邮编：31419

电话：401-241-3703　电子邮箱：softwaregal@gmail.com

教育经历

佐治亚州萨凡纳市阿姆斯特朗大西洋州立大学（Armstrong Atlantic State University）。

- 2007年12月获计算机科学专业理学硕士学位，GPA（平均成绩）为3.5分。
- 牙买加金斯敦理工大学。
- 2005年11月获计算与信息技术专业理学学士学位。
- 以优异的成绩毕业（GPA为3.7分）。

主要技能

程序设计

- 编程语言：C、C++、Java、VB. Net（可视化基础网络语言）。
- 数据库编程：SQL（结构化查询语言数据库）。

网站设计

设计语言或工具：HTML（超文本标记语言）、CSS（层叠样式表）、JavaScript脚本语言、Dreamweaver网页代码编辑器。

解决问题能力和领导能力

打磨出一套分析、逻辑推理、果断解决问题的方法，在本科最后一年担任研究项目组组长。

团队精神

- 在三个学期的销售点系统（Point-of-Sales）课程中，展示出强大的团队合作能力和沟通能力。
- 在攻读学位期间，作为理工大学计算机工程师协会（UTASCE）的公关员，展示了出色的书面和口头表达能力。

工作经历

2006年1月—2007年12月：佐治亚州萨凡纳市阿姆斯特朗大西洋州立大学。

- 计算机学院研究助理。
- 使用Python（爬虫）语言和3D API（三维应用程序界面）开发了一款触觉应用程序来展示人机交互。
- 使用自组织映射算法和MATLAB（矩阵实验室）数字图像处理软件开发了组织文本文档的应用程序。

2005年7—11月：牙买加金斯顿市牙买加有线与无线有限公司。

- 互联网协助分析员。
- 通过电话协助客户安装和排除调制解调器问题，解决与网络服务相关的问题。

2003年7—8月：牙买加金斯顿市牙买加国家商业银行有限公司。

- 变更管理团队的成员。
- 使用Visio（流程图和示意图绘制软件）、Word（文字处理软件）及Excel软件为正在开发的系统生成流程图和文档。

奖励与荣誉

2005年11月：GPA为3.75分，获得总统徽章。

2005年3月：因卓越的学术成就和品质获得拉契曼（Latchman）基金会奖。

2005年3月：获得计算机学院年度优秀学生提名。

2005年2月：被《牙买加拾穗人报》（*Jamaica Gleaner*）评为计算机与信息技术学院的尖子生。

2004年3月：获得德里克·邓恩奖（Derrick Dunn Award）提名。

2002—2005年：进入院长优秀学生名单。

语言

法语（流利），意大利语（基础）。

课外活动

唱歌、表演、下棋、读书。

计算机协会（ACM）会员，阿姆斯特朗大西洋州立大学学生会成员。

参考资料

可根据要求提供参考资料。

完成目标工作解构之后的简历

雅蒂蒂·莫可比

地址：佐治亚州萨凡纳市阿伯科恩街10611号85室　邮编：31419

电话：401-241-3703　电子邮箱：softwaregal@gmail.com

有才华、分析能力强、专业的软件工程师，在项目驱动分析和设计方面有很强的学术背景，熟悉各种技术，有兴趣学习新技术。

资历总结

学习成绩优异：硕士期间GPA为3.55分，学士期间GPA为3.77分（4年均入选院长优秀学生名单）。

- 熟悉软件开发流程，包括确定需求、设计、实施、集成和测试等一系列过程。
- 在Java开发、对象分析与设计方面有很强的技术能力。
- 对多种编程语言有很强的理解能力，包括C、C++、JavaScript、Visual Basic（可视化基础语言）和HTML。
- 熟悉CVS版本控制软件。
- 拥有良好的沟通技巧，有能力与队友建立牢固的工作关系。
- 在压力和明确交付期限的工作环境中表现出良好的团队领导力。

技能

语言：Java、JavaScript、C、C++、Visual Basic、HTML、SQL、VB.Net、ASP.Net、CSS。

软件：Eclipse可扩展开发平台、NetBeans开发平台、Java开发工具、微软办公软件套件，Access（微软关系数据库管理系统）、MATLAB。

数据库：MySQL数据库、Oracle（甲骨文）数据库。

操作系统：Windows（NT/2000/XP Professional）。

服务器：Apache（网络服务器）。

教育经历

2007年12月：在佐治亚州萨凡纳市阿姆斯特朗大西洋州立大学获计算机科学专业硕士学位。

完成有关计算机安全领域的论文《数字取证：苹果夹子的取证分析》。

2005年11月：在牙买加金斯敦理工大学获计算机与信息技术专业学士学位。

语言

可流利使用英语、法语和意大利语。

工作经历

计算机学院研究助理

2006年1月—2007年12月：佐治亚州萨凡纳市阿姆斯特朗大西洋州立大学计算机学院，研究助理。

- 使用Python和H3D API开发了一款触觉应用程序演示人机交互技术。
- 使用自组织映射算法和MATLAB开发了一款组织文本文档的应用程序。

2005年7—11月：牙买加金斯顿市牙买加有线与无线有限公司，互联网平台分析师。通过电话协助客户安装和排除调制解调器问题，解决与互联网服务相关的问题。

2003年7月—8月：牙买加金斯顿市牙买加国家商业银行有限公司，管理团队的成员使用Visio、Word和Excel为正在开发的系统生成流程图和文档。

奖励 / 荣誉

2005年11月：GPA为3.75分，获得总统徽章。

2005年3月：因卓越的学术成就和品质获得拉契曼基金会奖。

2005年3月：获计算机学院年度优秀学生提名。

2005年2月：被《牙买加拾穗人报》评为计算机与信息技术学院的尖子生。

2004年3月：获得德里克·邓恩奖提名。

所属专业团体

计算机协会会员。

推荐信

可根据要求提供推荐信。

如果没有做过研究，不能准确地定义顾客究竟想要什么，你就别想写出有用的简历，也别指望简历会在数据搜索时突显出来。而且，如果你对顾客的需求以及你能提供什么缺乏洞察力，那么这也会影响你的面试表现。我曾帮助过各类专业人士——从入门级人士到《财富》全球最佳雇主的高管，他们都说了同样的几点：如你所见，过程虽然痛苦，但这是一个合乎逻辑的、明智的、有价值的过程，很多情况下你花费的时间和付出是会获得回报的。

那么修改简历后的结果是什么呢？莫可比几乎马上收到了面试邀请。后来，她到那家公司工作且已经升职。

这份以目标工作为关注点的简历为她打开了大门，并提供了专业的定位和雇主想谈论的内容，也是她面试结束后强有力的“代言人”，最终使她有一个良好的职业开端。这一切之所以能够发生，是因为她花了时间去了解她的雇主是如何看待她想应聘的工作的。

以下是另一个例子，我们先从第 1 版简历开始看，之后这个人做了目标工作解构，形成第 3 版简历草稿，最后是她的第 8 版简历。最终版简历给她带来了 8 份面试邀请。几周后，我收到了她的电子邮件：“8 份工作邀请，收入是我预期的两倍，太棒了！”她是一位资深的公关人士，有着丰富的工作经验，4 年来一直将大部分精力放在抚养孩子上。如今，她重回职场，准备简历和求职的过程大概花了她 3 个星期。

看看这三个不断演化的简历版本，你会了解一份优秀的简历是如何产生的。第 1 版简历是她在没有做目标工作解构的情况下尽最大努力写出的；第 3 版简历体现出通过目标工作解构，她已找到了重点；最后到第 8 版简历，你会看到掌握求职攻略后的她取得了显著成就。

第 1 版简历

南希·赖特（Nancy Wright）

地址：弗吉尼亚州×××城市主大街123号　邮编：12345

电话：555-555-5555　电子邮箱：example@yahoo.com

公关经验

本人拥有超过13年的公关经验，主要专注于高科技企业和初创企业。作为奥运会游泳金牌得主，本人还曾在美国全国广播公司（NBC）和娱乐体育节目电视网（ESPN）等新闻媒体担任过12年的自由撰稿人。

2003年至今：赖特公司公关部，创始人及负责人。

除了为小型企业提供公关服务外，还为大型公关机构提供专业服务；开发和执行公关活动，满足每个客户的特殊需要；提供的服务包括企业和产品定位、全套公关战略和策划、领导力品牌开发、媒体培训、发言人安排和媒体联络。客户包括无线播放网络公司（AirPlay）、ProJet航空公司。

2001—2003年：三个男孩公关公司，联合创始人及负责人。

建立了一家硅谷公关公司，通过战略品牌定位和宣传帮助高科技公司实现目标。

客户包括：

- ABC系统公司——为美国服务提供商集团（U.S. Service Provider Group）副总裁查尔斯·史密斯协调所有年度销售会议的通信管理，帮助史密斯先生向1 000多名员工推介公司新的财政年度战略、目标和愿景。
- Next Link科技公司——利用市场广泛使用的行业标准网络软件（Great D），成功将这家初创企业定位为行业领导者。通过在所有目标出版物中发布正面报道，迅速扩大公司在行业的领导地位。

2000—2001年：ABC系统公司，市场营销经理。

在ABC系统公司收购游戏资讯技术公司及其技术后，为iProduct指导内部营销活动。 在ABC系统公司重组游戏资讯技术公司后，通过运作将iProduct商标授权给了苹果公司。

1998—2000年：游戏资讯技术公司，公关经理。

设计并执行所有公司战略与产品战略，在新闻及专业媒体上获数百次报道，包括《今日秀》（*Today Show*）、《瑞吉斯和凯西·李脱口秀》（*Regis & Kathie Lee*）、美国广播公司的彼得·詹宁斯（Peter Jennings）主持的2000年特别节目、《华尔街日报》、《纽约时报》和《快公司》（*Fast Company*）。在游戏资讯技术公司的公关信息发布18个月后，该公司被美国广播公司收购。

1996—1998年：XYZ公共关系部，客户经理、高级客户专员、业务代表。

为初创公司及未知软件、互联网和网络公司设计、管理所有公关策略和活动，管理由10余名公关专业人员组成的团队，每年都因为为以下客户提供的交付结果而得到晋升。

- 游戏资讯技术公司——将其从初创企业发展成互联网设备领域的领导者，引进了新的管理团队开发iProduct和其后端软件。
- Triiliux数码公司——帮助Triiliux及其首席执行官从默默无闻到快速崛起为无可争议的市场领导者。成功将公司的首席执行官定位为行业专家，为他创造演讲机会，并在Triiliux的所有顶级出版物中引用其言论，展现其形象。经过两年的公关活动，Triiliux被英特尔公司收购。
- 链接交换公司（Link Exchange）——将一家名不见经传的公司变为互联网广告领域的“玩家”。在包括《华尔街日报》、有线新闻网财经频道（CNN fn）和《广告周刊》（*AdWeek*）在内的商业和工业媒体上投放了数百篇报道。经过18个月的公关活动，链接交换公司被微软公司收购。
- 互联网商城（The Internet Mall）——向新闻界推出了这家默默无闻的公司，使其被《纽约时报》《互联网世界》（*Internet World*）等顶级互联网和商业出版物竞相报道。经过一年的公关活动，该公司被科技波公司（Tech Wave）即现在的网络商务公司收购。

其他相关经历

1989年至今：励志演说家、名人嘉宾。

以自己如何拼搏而得以参加奥运会为例，指导公司、商业论坛、学校和集会的观众如何有效地设定和实现目标。在全国各地的活动、集会和游行中客串嘉宾。以前的客户和现在的客户包括IBM（国际商业机器公司）、哈迪斯快餐（Hardees）、速比涛（Speedo）、布希公园（Busch Gardens）、阿拉莫租车（Alamo Rent-A-Car）等。

1998—2000年：电视体育比赛解说嘉宾。

- 为游泳赛事提供专业评论，包括美国全国广播公司播出的奥运会赛事。
- 为迈阿密热火队（the Miami Heat）提供半场采访。
- 在美国全国广播公司、娱乐体育节目电视网、福克斯运动网（Fox Sports）、体育频道、特纳运动（Turner Sports）、南部运动工作。

1991—1993年：大学会议副专员。

- 管理会议电视和营销套餐的各方面事务。
- 第一年会议的营销收入增长了33%。

1989—1991年：国际游泳名人堂，助理主管。

- 帮助推动新建筑的筹款工作。
- 担任名人堂的三位发言人之一，在社区活动中发表演讲。
- 成功地负责全国大学生体育协会（NCAA）名人墙的所有筹款工作。
- 制订社区事务计划。

奖项和荣誉

- 两枚奥运金牌（1984年，美国洛杉矶），一枚银牌和铜牌（1988年，韩国首尔）。
- 两届全美大学生体育协会冠军。
- 26次全美大学生体育协会冠军。
- 名人堂入选者：国际游泳名人堂、佛罗里达大学体育名人堂、地区游泳名人堂、地方高中名人堂。

教育经历

1989年：佛罗里达大学，新闻学专业理学学士。

第 3 版简历

南希·赖特

地址：弗吉尼亚州×××城市主大街123号　邮编：12345

电话：555-555-5555　电子邮箱：example@yahoo.com

客户主管

业绩简介

作为高科技公关方面的专业人士，在软件、互联网、网络和消费类电子产品等多个领域拥有11年的工作经验，其中7年在硅谷工作；在有关公司收购的公关活动方面有着丰富的经验；在战略和战术沟通的各个方面都有专长，包括开发和管理公关活动、运营多个账户、组建以结果为导向的团队、组织材料和撰写文章；拥有20年的励志演说经验和12年的自由职业电视解说经验；两届奥运会金牌得主。

核心竞争力

高科技公共关系	战略通信	法律顾问高管	管理团队
管理预算	多个账户	多个项目	领导力定位
公关信息	客户满意度	媒体培训	媒体关系
宣传媒体	组织内容	撰写文章	公关策略
媒体发布	辅助材料	研究和编辑	管理预算
管理团队	担任导师	强大的写作技能	注重细节
组织技能	激励能力	团队合作者	新业务开发

战略性公关领导力

将公司定位为行业领导者和稳健的投资目标。以下4家公司在公关活动开始后两年内被收购：信息装置科技公司（Info Gear Technologies）被思科收购，Triiliux 数码公司被英特尔收购，链接交换公司被微软收购，互联网商城被科技波即现在的网络商务公司收购。

执行通信经理

发展行政沟通体系，为集团副总裁×××创建定位，并在美国广播公司销售发布会上向他的1 000多名员工发布该定位，帮其改进演讲技巧和风格。

媒体报道

积极发布公关文章，并刊登在以下媒体：美国广播公司晚间世界新闻、美国有线电视新闻网、《今日秀》、美国联合通讯社、《巴尔的摩太阳报》、《波士顿环球报》、《商业周报》、《快公司》、《金融时报》、《福布斯》、《财富》杂志、微软全国有线广播网（MSNBC.com）、《纽约时报》、《大观》杂志（*Parade*）、《圣何塞水星报》（*San Jose Mercury News*）、《旧金山纪事报》（*SF Chronicle*）、《今日美国》、《连线》杂志（*Wired*）、《华尔街日报》、《广告周刊》、《通信设计》（*Comms Design*）、《计算机经销商新闻》（*Computer Reseller News*）、《计算机零售周》（*Computer Retail Week*）、《计算机购物者》（*Computer Shopper*）、《计算机世界》（*Computer World*）、中国科研网（CRN）、科技资讯网（CNET）、《电子工程时代》（*EE Times*）、因特网（Internet.com）、《互联网电话杂志》（*Internet Telephony Magazine*）、《轻松阅读》（*Light Reading*）、《网络世界》、《电话+》、《个人电脑杂志》（*PC Magazine*）、《红鲱鱼》杂志（*Red Herring*）、技术营销集团网（TMC net）、网络语音电话新闻（VoIP News）、网络声讯（VON）、至顶网（ZDNet）、迪讯公司（Dataquest）、福雷斯特研究公司（Forrester Research）、弗罗斯特和沙利文公司（Frost and Sullivan）、木星通讯（Jupiter Communications）和扬基集团（Yankee Group）。

工作经历

2006年至今：弗吉尼亚州赖特联合公司，公共关系部。

开发并提供满足每个客户特定需求的战略目标；推动所有公关战略和策略、信息、媒体培训、媒体关系、预算管理、新闻报道创作和投放；过去的客户或现在的客户包括信息装置科技公司、思科、下一跳技术公司（Next Hop）的前任客户和ProJet航空。

2001—2003年：加利福尼亚州红木城三个男孩公关公司，联合创始人及负责人。

这是一家与高科技客户合作以实现企业目标的硅谷公关公司，主要负责开发和管理公共关系的所有战略、战术方面的内容，包括思想领导、领导品牌、新闻材料、新闻报道、媒体关系和宣传。

- 思科公司——任其副总裁卡洛斯·多明格斯（Carlos Dominguez）的公关经理。
- 下一跳技术公司——担任公司首位公关顾问，将一个因商标淡化而受损的公司重新定位成了行业领袖。

2000—2001年：加利福尼亚州圣何塞市ABC系统公司，营销经理。

在思科收购信息装置科技公司及其技术之后，指导iProduct内部跨职能的营销活动；不久，思科解散了信息装置公司的管理设备业务部门，随后将iProduct商标授权给苹果。

1998—2000年：加利福尼亚州红木城游戏资讯技术公司，公关经理。

公司首位公关顾问，为首席执行官与市场副总裁提供全方位的公关建议，制定并实施持续的公关活动、战略和策略。

- 建立"iProduct评审"项目，获得数百篇正面报道。
- 管理并激励负责营销、运营和客户服务的跨职能团队。

1996—1998年：加利福尼亚州山景城XYZ广告公关部，客户主管、高级客户经理、客户经理。

因成功将不知名的初创公司发展成为行业领导者而每年得到晋升，为初创公司、软件公司、互联网公司和网络公司设计和管理所有公关策略与活动，管理由10人组成的专业公关团队。

- 帮助Triiliux数码公司及其首席执行官从默默无闻到快速崛起为无可争议的市场领导者，让其不断获得顶级的演讲资格和媒体的报道。
- 把无名的链接交换公司转变成了一个在互联网广告领域被广泛宣传的领导者，在商业媒体和专业媒体上投放了数百篇报道。
- 管理信息装置科技公司的发展战略，将其从一个羽翼未丰的公司发展成为互联网设备领域的领导者。
- 向所有顶级互联网出版物和商业出版物推介后起的互联网商城，并对其进行持续报道。

其他相关经历

励志演说家、名人嘉宾

- 1989年至今：代表客户有IBM、哈迪斯快餐、速比涛、布希公园、阿拉莫租车。
- 指导观众运用奥林匹克模式设定并达成目标，从而取得事业和生活上的成功。

体育运动电视评论嘉宾

- 1988—2000年：在美国全国广播公司、娱乐体育节目电视网、福克斯运动网、体育频道、特纳运动等担任游泳解说嘉宾。

- 参与报道巴塞罗那奥运会，担任迈阿密热火队和南方联盟比赛的中场记者。

奖项和荣誉

4枚奥运会游泳奖牌：两枚金牌，一枚银牌，一枚铜牌。

- 南方公司的奥林匹亚学术奖和体育领导奖。
- 东南部会议、美国全国大学生体育协会以及美国游泳冠军。
- 名人堂入选者：国际游泳名人堂、佛罗里达大学名人堂、太平洋西北游泳名人堂、华盛顿州游泳教练协会名人堂和默瑟岛高中名人堂。

教育经历

佛罗里达州盖恩斯维尔市佛罗里达大学：

- 新闻学专业理学学士。
- 辅修演讲。

第 8 版简历

南希·赖特

地址：弗吉尼亚州×××城市主大街123号　邮编：12345
电话：555-555-5555　电子邮箱：example@yahoo.com

集团经理·客户总监·公关经理

业绩简介

高科技公关专业人士；在软件、互联网、网络和消费类电子产品等多个领域拥有13年工作经验，其中9年在硅谷工作；在有关公司收购的公关及战略传播活动方面有丰富的经验；在战略和战术沟通等各个方面都有专长——从开发和管理公关活动、运营多个账户、管理以结果为导向的团队，到组织材料和撰写文章。

经验丰富的励志演说家和自由的电视解说评论嘉宾，两届奥运会金牌得主。

核心竞争力

高科技公关	编写与投放报道	预算管理	客户满意度
战略沟通	强大的写作技能	客户管理	组织能力
行政沟通	媒体培训	项目管理	思维领导
公关消息传送	多项目管理	细节主导	公关咨询
报道设计	报道投放	收购定位	社交媒体
附属材料准备	法律顾问	媒体招标	领导品牌
出色的编辑技巧	市场研究	关系分析	新业务拓展
组建和领导团队	协调媒体关系	团队管理	导师

战略公关领导力

精心策划公关活动，将公司发展为行业领导者和稳健的投资项目。为4家公司开发和指导公关活动，这些公司随后在两年内被收购：游戏资讯技术公司是第一个iProduct的创建者，后被美国广播公司收购；Triiliux 数码公司被英特尔收购；链接交换公司被微软收购；互联网商城被科技波收购。回头客和客户增长这两点证明了客户的满意度：在过去的10年中，与前游戏资讯技术公司的执行官签约担任内容链接科技公司、ABC系统公司和无线播放网络公司的通信顾问。

行政沟通管理能力

担任标志性执行官、公共发言人×××的执行公关经理，为副总裁和高级主管提供战略指导，开发信息沟通和平台。

媒体报道

积极发布公关文章，并刊登在以下媒体：美国广播公司晚间世界新闻、美国有线电视新闻网、《今日秀》、美国联合通讯社、《巴尔的摩太阳报》、《波士顿环球报》、《商业周报》、《快公司》、《金融时报》、《福布斯》、《财富》杂志、微软全国有线广播网、《纽约时报》、《大观》杂志、《圣何塞水星报》、《旧金山纪事报》、《今日美国》、《连线》杂志、《华尔街日报》、《广告周刊》、《通信设计》、《计算机经销商新闻》、《计算机零售周》、《计算机购物者》、《计算机世界》、中国科研网、科技资讯网、《电子工程时代》、因特网、《互联网电话杂志》、《轻松阅读》、《网络世界》、《电话+》、《个人电脑》杂志、《红鲱鱼》杂志、技术营销集团网、网络语音电话新闻、网络声讯、至顶网、迪讯公司、福雷斯特研究公司、弗罗斯特和沙利文公司、木星通讯和扬基集团。

工作经历

2003年至今：弗吉尼亚州赖特联合公司，公关部负责人。

- 开发并提供公关策略，如媒体培训、协调媒体关系、管理预算、宣传创作与广告投放。
- 代表性客户包括无线播放网络公司和ProJet航空公司。

2001—2003年：加利福尼亚州红木城三个男孩公关公司，负责人。

为硅谷的客户开发和实施公共关系提供战略、战术指导，包括思想引领、领导品牌创建、宣传报道、提供材料和故事供媒体宣传。

- ABC系统公司——担任著名的公共演说家、ABC系统公司副总裁×××的执行公关经理。
- 内容链接科技公司——担任公司首位公关顾问；利用广泛的市场知识和内容链接科技的行业标准网络软件，将一家因商标价值稀释而受损的小企业发展成为行业领导者。

2000—2001年：加利福尼亚州圣何塞市ABC系统公司，市场营销经理。

- 在ABC系统公司收购游戏资讯公司及其技术后，指导iProduct内部和跨功能的营销。之后不久，ABC系统公司解散了信息装置公司的管理设备业务部门。

1998—2000年：加利福尼亚州红木城游戏资讯技术公司，公关经理。

为首席执行官和市场副总裁提供全方位的公关建议，制定并实施所有战略指导并负责文章撰写。

- 改变了初创公司摇摇欲坠的形象，这一形象当时影响到了iProduct的销售；两次新闻发布会后，所有顶级贸易媒体和消费者媒体上都刊登了关于iProduct项目的评论、报道，数量多达数百篇；公司一跃成为互联网设备行业的领军企业，并开始准备收购事宜；iProduct现在是一个家喻户晓的名字。
- 管理并激励集营销、运营和客户服务于一体的跨职能团队：这个团队在工作职责之外，还为数百名对iProduct 2.0进行Beta测试的编辑人员提供优质的服务。

1996—1998年：加利福尼亚州山景城XYZ广告公关部，客户主管、高级客户经理、客户经理。

因为成功将不知名的初创公司发展为行业领导者，并采取稳健投资及收购战略而每年得到晋升；为初创公司、软件公司、互联网公司和网络公司规划所有公关策略和活动；管理由10人组成的专业公关团队。

- 重新定位、命名、发布并引入游戏资讯技术公司的iProduct 1.0和iProduct 2.0，将它们宣传定位为新兴互联网设备领域的引领者。
- 通过媒体宣传和高层演讲，帮助Triiliux数码公司及其首席执行官从默默无闻到加速崛起为无可争议的市场领导者。
- 把无名的链接交换公司变成了一个在互联网广告领域众所周知的领导者，在商业媒体和工业媒体上发表了数百篇报道。
- 向所有顶级互联网出版物和商业出版物推介互联网商城，并对其进行持续报道。

其他工作经历

1989年至今：励志演说家、名人嘉宾。

- 指导观众运用奥林匹克模式设定并完成目标，从而取得事业和生活上的成功。
- 代表客户：IBM、哈迪斯快餐、美国速比涛、布希公园、阿拉莫租车。

1987—2000年：体育运动电视评论员。

在美国全国广播公司、娱乐体育节目电视网、福克斯运动网、体育频道、特纳运动等担任游泳解说员，参与报道奥运会，担任迈阿密热火队和大学会议的中场记者。

奖项和荣誉

获得两枚奥运会游泳金牌，一枚银牌，一枚铜牌。

获得南方公司奥林匹亚学术奖和体育领导奖。

美国全国大学生体育协会东南会议游泳冠军和第26届全国大学生体育协会全美冠军。

所入选的名人堂包括国际游泳名人堂、佛罗里达大学名人堂、太平洋西北游泳名人堂、华盛顿州游泳教练协会名人堂、默瑟岛高中名人堂。

教育经历

佛罗里达州盖恩斯维尔市佛罗里达大学新闻学理学学士，辅修演讲。

第3章

撰写简历是一个过滤垃圾信息的过程

在第 2 章中，你已经了解了顾客的想法，对需要填写的简历内容有了更清晰的认识。现在，着眼于目标工作解构文件提出的要求和可交付成果，你要好好梳理一下自己的职业生涯了，将你最拿手的技能和最有价值的经历有条理地写入简历，以帮助你获得这份工作。

查看以往工作经历的正确方法

简历是一份讲述之前所有工作经历的文件。要写出一份有效的简历，你应该通过各个角度去查看目标工作解构以审视自己的工作经历。因为它简明扼要地指出了雇主的需求，这也是你描述自身专业性最有效的参考方式。你收集的信息应该只适用于你的目标客户需求，这些信息也是制作一份撒手锏简历的原材料。所以，你收集的信息越多越好。即使有一些信息不能列入简历当中，它们对你准备面试也有巨大的价值，因为收集信息的过程会提高你在实际工作中的洞察力。

充分的准备是成功的一半

终极简历写作服务的网络链接是：www.my.knockemdead.com/resumeservices。在这个网页上，你能找到有关收集问卷相关信息的二级链接。这个问卷是我为客户撰写简历时使用的，可以帮助你将职业生涯中所有与简历相关的信息集中到一起。为了帮助你从这个稍显无聊的问卷调查中收获更多，在此任务后，我们提供了许多关于“如何做以及为什么这么做”的建议。

很明显，在计算机上做此类工作是最佳方式，因为计算机有用不完的空间，你所有收集的信息都会被保存在一个 Word 文档里，等待被制成一份完整的简历。你可以在我们的网站 www .knockemdead.com 中的“下载”页面上找到有关简历和竞争性差异的调查问卷。充分的准备是成功的一半。这一步你需要做的是，仔细分析你所处的位置和你所做过的工作。这对你确定下一步的行动目标大有帮助。同时，它也可以帮助你确定职业技能发展规划。撰写简历意味着你正处于人生的转折点，需要去反省和计划，所以你要咬紧牙关，拿出时间来为自己的职业成功和个人成就进行投资吧。今天或者本周你所做的准备工作会真正影响到你未来的职业生涯。

简历调查问卷

请注意，电子文档是可扩展的，请不要局限于当前页面提供的列数或行数。

第一步是完成关键的目标工作解构过程，也是对你的工作的综合性描述，可以为你要写的简历内容提供重点。

名字(完全按简历要求填写)：________________________

地址：________________________________

城市：________ 所在区：________ 邮政编码：________

家庭电话：________________ 手机：________

电子邮箱：________________

你能接受工作调动吗？ 是（ ）否（ ）

你能接受出差吗？ 是（ ）否（ ）

请尽可能完整精确地回答下列问题。不是所有问题都需要回答，如果该问题与你的工作不相关，请标注“不相关”。

职位或职业目标：按喜好列出你最心仪的三个职位

如果这三个职位是相关职位（比如销售、市场营销、业务扩展），那么你的简历需要反映出交叉功能的目标。如果三个职位各不相关（比如火箭科学家、糕点厨师、景观设计师），那么你最好根据你的第一选择来撰写简历（后面会讨论如何创建附加版本的简历）。

1. ________________

2. ________________

3. ________________

期望的行业领域：________________

对你来说这是职业变动吗？是（ ）否（ ）

写简历的目的（比如换工作、换职业、晋升、发展业务、掌握营销工具）：________________

____

____

用几句话总结你在这个领域的经验。在这里，你不要呈现有关职位的细节——我们只想了解整体情况，用一两句话谈谈你的背景即可。比如：我在会计行业工作 12 年了，经过 3 次晋升达到现在的位置，在现在的岗位上工作两年了。

____

____

你在目标工作解构过程中发现你的工作有哪些特定的术语（关键词）？

____

____

你在简历中想要突出哪些关键优势？是什么让你从竞争对手中脱颖而出的？深入了解你不同于其他应聘者的本质所在。

____

____

目前薪水：______________ 期待薪水：__________

学历

请列出你取得的学位、资格证书、毕业证书、获得毕业证书的日期、毕业院校、院校地址。从最近开始依序往后填写。

学院 / 大学名称：______________________

城市 / 区：______________________

所获得的学位（理学士、文学士、工商管理学硕士、会计学准学士）：______________________

毕业年份：______________________

专业：______________ 辅修课程：______________

总平均分数：______________ 专业平均分：__________

荣誉（包括奖学金）：______________________

____

课外活动（包括领导职务、体育运动、出国游学等）：__________

____

____

学院 / 大学名称：______________________________

城市 / 区：__________________________________

所获得的学位（理学士、文学士、工商管理学硕士、会计学准学士）：______________________________

毕业年份：__________________________________

专业：________________ 辅修课程：________________

总平均分数：____________ 专业平均分：______________

荣誉（包括奖学金）：____________________________

____

____

课外活动（包括领导职务、体育运动、出国游学等）：__________

____

____

____

____

高中（没上大学的请填写）：________________________

名称：__________ 城市：__________ 毕业年份：__________

职业发展（培训课程、研讨会、工作坊等）

持续的专业教育是你成功的保障。如果你参加了许多课程，请列出最新的或与你的职业相关的内容，并指出你可以提供的其他课程信息。那些已经被时代和科技淘汰的课程则无须列出。

课程名称:____________________

完成时间:__________ 课程时长:__________

获得证书:__________ 培训地点:__________

主办单位:____________________

课程名称:____________________

完成时间:__________ 课程时长:__________

获得证书:__________ 培训地点:__________

主办单位:____________________

课程名称:____________________

完成时间:__________ 课程时长:__________

获得证书:__________ 培训地点:__________

主办单位:____________________

职业资格证

____

____

专业证照

____

____

部队经验（包括兵种、地点、职务、军衔、服役年限、荣誉退伍、主要成绩、特殊表彰、奖励等）

____

____

专业组织或附属机构

积极参加与职业相关的协会或社团是提高职业活力、取得成功的关键因素。

组织名称（包括市级组织或分会）：________________

曾担任的领导职务：________________

组织名称（包括市级组织或分会）：________________

曾担任的领导职务：________________

组织名称（包括市级组织或分会）：________________

曾担任的领导职务：________________

组织名称（包括市级组织或分会）：________________

曾担任的领导职务 ：________________

组织名称（包括市级组织或分会）：________________

曾担任的领导职务：________________

组织名称（包括市级组织或分会）：________________

曾担任的领导职务：________________

相关出版物或参加过的演讲

____

____

专利和版权

只要能写清楚你的实际贡献，你也可以把你为某项专利或版权所做的工作或付出的努力写上。

____

____

计算机技能

不管你是只会 Word 和 Excel，还是可以使用计算机语言和协议，在当今社会，不熟悉技术你就无法取得成就。这一栏需要你填上你熟练的技能并且定期进行更新。精通这些技能可能会使你的简历在数据库筛选时脱颖而出。

硬件：

____

____

操作系统：

____

____

软件应用：

____

____

其他相关技能：

____

____

外语（注明流利程度、是否擅长口语与书面写作）

____

____

国外经历及文化多样性意识

在我们的全球经济中，任何事物都是相互关联的。如果你经常旅行或者你是军人的孩子，抑或你在 10 个不同的国家长大，这些都是很大的优势。你只需填写上国家名字，具体情况则无须说明。

获得的奖励或表彰（注明何时何地获得）

社区或志愿者活动（组织名称、参与年份、任职情况）

爱好与兴趣

在工作之余多参加一些活动。你最好把有利于体现你专业性的业余爱好都写到简历上。比如，在应聘市场营销的简历中，你可以写上所有能够体现积极向上氛围的团队活动。就像有人会强调自己超强的分析能力一样，那些热衷于竞技曲棍球和马拉松的高管恨不得让全世界都知道他们的爱好。

动词

在你描述每个职位的工作经验时，从下面的列表中选择最能描述你日常工作、职责和权力级别的动词可能会对你很有帮助。此处不提供这些动词表达的具体信息，只是将其作为填写职位信息的向导。当然这些只是建议，你在真正撰写简历时请不要只局限于这些动词。

接受	完成	取得	行使	适应
管理	提升	建议	分析	评估

批准	安排	组装	分配	辅助
审核	任命	自动化	平衡	预算
建造	计算	主持	澄清	分类
收集	编译	完整	组成	推荐
和解	记录	招募	减少	委托
调节	恢复	改变	修复	代表
概念化	引导	包含	签订	做贡献
约束	协调	通信	批判	剪切
降低	定义	委派	演示	发展
发明	诊断	指导	派遣	区别
多样化	起草	编辑	培养	消除
修订	授权	鼓励	设计	参军
研究	决定	重组	改良	保存
预订	教育	筛选	评价	执行
扩大	解释	提取	制造	促进
熟悉	专注	预测	制定	成立
生成	向上	确定	说明	实施
改进	增加	教导	报告	发起
创新	检查	安装	鼓动	建立
通知	综合	解释	创建	形成
巩固	解决	具体化	刺激	加强
总结	调查	采访	介绍	创造
创立	演讲	领导	保持	管束
买卖	调解	缓和	监控	激励

协商	操作	组织	起源	检修
监督	说服	计划	准备	提出
优先顺序	处理	产生	编程	预计
提供	宣传	出版	购买	系统化
制表	传授	训练	旅行	修剪
更新	证实	写作		

成就或成绩

雇主会根据你过去的职业表现来衡量你的价值。在回答下面几页调查问卷时，请参考以下问题来回忆你过去在每个工作岗位上取得的成就。

- 你是否在之前的工作中为公司提高过销售额、生产率或产量？写出百分比或具体数额。
- 你是否为公司开发过新业务或增加过客户群？你是怎样做到的？当时的情况如何？
- 为了公司的发展，你是否和其他公司建立了伙伴关系或战略联盟？你是与哪家公司合作的，结果如何？
- 你是否为公司节省过资金？如果有，你是如何节省的，节省了多少？
- 你是否为公司设计过新的系统和程序？如果有，设计的结果如何？
- 你是否通过额外的努力在看似不可能完成的期限内完成了任务？如果有，它对公司有什么影响？
- 你有没有把一个大项目的花费控制在预算之内？如果有，你是怎么做到的？预算是多少？你在哪些方面节省了时间和资金？

- 你是否为推出一个新产品或项目提供过建议或帮助？如果有，你是带头人还是支持者？这个项目有多么成功？结果如何？
- 你是否承担了职责以外的工作？是雇主分配给你的，还是你主动要求的？雇主为什么选中了你？
- 你是否改善了公司内部的沟通交流情况？如果是，你是与谁沟通的，其结果如何？
- 你的公司是如何从你的工作表现中获益的？
- 你完成过什么特别的项目吗？是什么项目？项目结果如何？

请按照挑战、行动、结果（Challenge，Action，Result，缩写成CAR）三步模式来描述你之前的成就。

C= 挑战（你所面临的挑战和必须解决的问题）

A= 行动（你采取了什么行动）

R= 结果（你采取行动的结果是什么，它给公司带来的价值是什么）

不要在这儿回答所有问题，你只需在描述每一项工作时考虑 4~6 个你所做的最大贡献。最重要的是，问问自己你所在公司的目前情况比你初入职时有了哪些改善。

工作经历

现在你可以整合与自己的工作经验相关的信息了。从你现在从事的工作写起，包括自主创业、合同工、志愿者或与你目标工作方向一致的无偿工作等。

一定要把你在同一家公司所做的不同职位的工作分别列出，你可以多次复制下面这部分内容以便列清做过的所有工作。

公司名称：________________

所在城市：________ 工作日期：________

你的实际职位：________________

你的职能职位或工作职位（如果与实际职位不同的话，请填写）：________________

你上级领导的职位：________________

你管理的人数：________________

他们的职位或职能：________________

____

简要描述公司规模（产出量、收入、员工人数，是地方企业、国企还是跨国公司等）：________________

____

____

公司的主营业务什么？生产或销售什么？________________

____

____

公司在同行业竞争者中的排名如何？________________

____

____

公司雇用你做什么工作？

请简要说明你的日常职责和职权范围，使用数字对预算进行量化，说明你与谁合作，等等。用两三句话说明你的主要职责范围，并且按照其重要性依次排序。可以参考前面提到的动词列表进行头脑风暴。

例子

被选任重组、重振价值 6 500 万美元的业务部门，负责全美 4 个城市的 32 家直属单位。确立战略愿景，发展运营基础设施；管理供应链、物流配送、销售预测、系统集成、项目管理、合同管理和第三方现场运营。或者更简单地说，通过让 258 名工人轮班工作推动了世界上最大的墙板厂的生产力。

1.____

____

2.____

____

3.____

____

简要描述你在此职位上获得的三五项成就。简要叙述一些最能支撑你的职业目标的重要成绩或贡献，尽可能地使用数字进行说明，给出事实和数据。请注意将工作成就中的核心部分提炼出来。你的成就是怎样对底线绩效或投资回报率（ROI）产生积极作用的？

1.____

____

2.____

____

3.____

____

4.____

____

5.____

____

当成就难以明确时

雇主会根据你过去的工作表现和成就来判断你对团队的潜在价值。例如，如果你曾在销售部门工作，那么雇主可以确定你完成业绩毫不费力，但你应对其他工作可能就没有那么简单了。

每个部门都有两种类型的员工：干活的和监工的。有人想要有所作为，有人则只想在下班前混混日子。如果你能认识到每天可以通过努力来为自己及公司做出些成绩，那么它可以帮助你定义自己的潜在价值。

问问自己，无论是从总体来看还是从具体方面来看，你所在的部门、公司或者客户的情况是如何因为你的努力而得以改善的。你得想一下你引以为傲的成就、那些几经波折最终顺利完成的项目、那些得以避免的灾难性事故等，想想那些让你离职后仍感自豪的日子，并分析一下原因。

请用以下问题帮助回忆你之前的工作成绩：

- 你是否提高了销售额、生产率或产量？请列出百分比或具体金额。
- 你是否为公司开发过新的业务或增加过客户群？你是怎样做到的？当时的情况如何？
- 你是否为了公司的发展同其他公司建立了伙伴关系或战略联盟？

你是与哪家公司合作的？结果如何？

- 你是否为公司节省过资金？如果有，你是如何节省下来的？节省了多少？
- 你设计或建立过新的系统和程序吗？如果有，其结果如何？
- 你是否通过额外的努力完成了一个看似不可能完成的任务？如果有的话，你给公司带来了什么影响？
- 你有没有把一个大项目的开销控制在预算之内？如果有，你是怎么做到的？预算是多少？你在哪些方面节省了时间和资金？
- 你是否帮助过客户脱离困境？
- 你的工作是否解决了典型问题或者引发了评论？
- 你因为什么在工作中得到了表扬？
- 人们为什么喜欢和你一起工作？
- 你是否构思、设计或辅助推出了一个新产品或项目？如果有，你是主要负责人还是只提供支持？这一产品或项目有多成功？结果如何？
- 你是否承担了职责外的工作？是雇主分配给你的，还是你主动要求的？为什么雇主选中了你？
- 为提高生产力，你是否引入了更新、更有效的系统、流程或技术？结果如何？
- 你是否改善了公司的沟通情况？如果是，你是与谁沟通的？结果如何？
- 你完成过什么特别的项目吗？这些项目是什么？结果如何？
- 你负责哪些预算？

慢慢来：你在为事业成功打基础

确保留出充足的时间来撰写简历。你可能想匆忙搞定这个事情或者寻找某种捷径，但是记住，你目前收集的信息将成为简历中的最基本信息，而简历将是你最重要的财务文件。你需要把它做得尽可能完整和周密。

第4章

如何确定并创建一个理想的专业品牌

建立一个理想的专业品牌需要时间，毕竟，你需要推广一些值得推广的东西，一些能引起顾客共鸣的东西。建立起一个有价值的品牌不是一蹴而就的，需要经过多年的成长和发展。所以你需要找到着眼点，需要从现在开始做起。

随着时间的推移，可信度和可见度可以转化为不断提高的职业声誉，而且你在这些方面付出的努力越多，就能越快地进入部门、公司的内部圈子，最终进入你所在职业领域的核心圈。正是在这些核心圈子中，你才会获得工作保障、上好的任务、升职加薪的机会和专业的市场能力。

将你的“品牌”看作一份正式宣言，告诉你所在领域的专业人士你想让他们如何看待你。“品牌”中包含的简历和社交网络资料是用来介绍和维护“品牌”核心信息的主要工具。核心信息就是作为该领域内的专业人员的你展示给别人的形象。简历是介绍你自己的一种特定方式，简历中应该包含经验、技能和专业行为简介等，而这些都应该与你的顾客所需要的东西相关。

建成理想专业品牌的要素

一个可行的专业品牌必须建立在坚实的基础上。这意味着你必须了解在同领域、同水平的条件下，面对同一职位的竞争者，雇主雇用员工以及给员工升职加薪时看重的是什么。因此了解雇主的想法不仅对你求职的结果有很大影响，而且对你将来事业的发展也至关重要。你需要了解雇主如何将你的工作内容分解成不同的部分，你需要了解雇主对分解部分的排序及重视程度如何，最重要的是，你需要了解他们表达以上内容时的措辞……由此延伸出去，你还需要了解雇主会怎样奖励那些能够帮助他们实现目标的员工。

在这一章中，为了提高你的专业性，我们将研究另外两个同样重要的问题，它们会对你撰写简历、参加面试以及获得下一份工作的成功都有很大的帮助。具体来说，它们就是一系列的可迁移技能和职业价值观。无论你的工作是什么，它们都是你事业取得成功的基础。我还会解释一个过程，来帮助你识别那些“专业人士”的独特属性组合，并助力你根据这些属性来打造这样一个“专业的你”。

许多年来，我读了很多关于求职、升职和职业规划的书。虽然其中一些很有见地，但大多都是泛泛而谈。所有书中都提到一个荒谬、有害的主题——“做你自己”。

“你是谁并不重要，做你自己，你会做得很好。”错！还记得第一天上班时，你喝的第一杯咖啡吗？你找到了咖啡机，发现后面的墙上贴着一张手写告示，上面写着：你妈不在这工作，请自己接咖啡。你心想：“我自己接？哎呀，那我能不能像在家里一样，弄脏了不收拾就离开？”

所以你应该观察并效仿周围更成功的专业人士。你的言谈举止是否与环境相符，也反映出你的情商。随着时间的推移，你在工作中可能会探索出许多新方法，从而将自己打造成你所在领域内的专业人士。你并不是天生就会这些方法，而是因为你养成了一种行为模式，扮演了一个“专业的角色”，这使你能够在自己的专业领域生存下去。

有些人在做任何事情上都比一般人略胜一筹，因此他们会更加成功。成功不是偶然的，成功背后有一系列特定的可迁移技能和职业价值观，全世界各行各业的雇主都渴望在他们的候选人身上发现这些技能和价值观。无论是基层员工的候选人还是董事会成员的候选人，这些特质都非常重要。这些技能和价值观是每一项事业成功的基础，为什么在学校和大学课程里不讲授这些内容呢？这根本不需要很大的花费，真是不可思议的事情！这些技能和价值观可以细分为以下几类。

第一类，你当前行业内的技术能力。

正是这些技术能力让你有能力做好你的工作。完成一项任务需要你具备这些技能，还需要你具备更高效的使用诀窍。如果你想在你的行业内找到一份工作的话，那么这些技能是必需的。技术能力虽然可以迁移，但行业与行业之间大不相同，所以你目前的许多技术能力只能在你目前的行业领域内进行迁移。

第二类，适用于各行业的可迁移技能。

无论你的工作是什么，这套技能是你能够高效使用自己的技能的基础，它们是你现有的工作和可能会从事的其他任何职业（包括梦想的创业类职业）获得成功的基础。

第三类，职业价值观。

职业价值观与可迁移技能同样重要，二者相辅相成。雇主们高度重视这些价值观。职业价值观是一套相互联系的核心理念，它使专业人士能够在任何情况下都做出正确的判断。

可迁移技能和职业价值观非常重要，由此产生了一套全新的面试方法和招聘员工的科学方法，即行为面试法。这些行为面试技巧在雇主选择过程中占据了主导地位，因为它们能够帮雇主确定你是否拥有那些可迁移技能和职业价值观。

可迁移技能和职业价值观回顾

阅读以下可迁移技能和职业价值观的分类时，你可以这样做。举例来说，当你读到“沟通”时，你会想“我发现沟通技巧确实在各行各业中都非常重要，还好我的沟通技巧不赖”。花点儿时间回想一下你运用沟通技巧的事例，以及它们对你工作的成功起到的作用。

你可能还会读到“多任务处理技能”，意识到自己需要在这方面有所提高。无论何时，只要你确定了某种可迁移技能能够起作用，你就建立了一个职业培养计划，即提高这项技能的规划。不管你的工作是什么，对这些方面的关注，都会对你未来的职业生涯产生积极影响。

以下这些可迁移技能和职业价值观可以加快你求职和实现长期职业目标的进程。你会发现自己已经或多或少拥有了一些这样的技能和价值观。但是如果你想在未来生活中取得成功的话，你还需要进一步努力，以求掌握全部的技能和价值观。

可迁移技能	**职业价值观**
技术能力	积极性和专注力
批判性思维	敬业和可靠性
沟通能力	决心

多任务处理技能	自尊和正直
团队合作能力	生产力
领导力	遵守制度和程序
节俭	创造力

可迁移技能

技术能力

技术能力是你在当前职业取得成功的基础。没有这些技能的话，你连工作都找不到，更别说长期拥有这份工作或者升职的机会了。它们证明了你有能力胜任这份工作，因此这些技能在日常工作中必不可少。这些技术能力因工作和职业的不同而不同。

技术不断地改变着工作的性质和运行方式，因此你如果想保住工作，就必须掌握自己专业领域内的宝贵技能。

有些技术能力只对你的工作适用，依靠这些技能，你可以在当前行业从事不同的工作。除此之外，还有一些技能在其他行业、其他工作中也同样适用。拥有这些可迁移技能，你不仅可以提高自己在当前行业中的就业能力，还可以让自己在转行时更加轻松。有数据表明，在人们的职业生涯中，每个人至少会换 3 次工作。

任何雇主都青睐这样的员工：他们不仅具备工作必备的技能，还擅长书面沟通，会撰写公关文章或培训手册，知道如何组织和设计提案，敢于站起来做演讲（敢于表现自己），知道如何研究、分析和运用难以获得的数据。

工作种类繁多，以下是一些各领域都需要的可迁移技能。

- 销售能力。
- 项目管理能力。
- 六西格玛技能。
- 精益管理能力。
- 定量分析能力。
- 理论发展和概念思维能力。
- 提供咨询和指导能力。
- 公关写作能力、专业技巧或培训技能。
- 客户资源管理（CMR）能力。
- 研究能力。
- 社交能力。

虽然工作中的技能不一定都是技术性的，但可以肯定的是，几乎每项工作必不可少的都是专业技能。你必须精通与工作相关的所有科技和网络应用程序。即使你不在技术领域工作，熟练的技能也会提高你工作的稳定性，帮助你实现职业发展。

一些技能可能只与你当前的职业有关，而一些其他技能（如使用 Word、Excel、PPT 等）则适用于各行各业。在你的职业道路上，时刻更新重要技术及其相关能力，是你实现职业稳定、取得进步的重要基础。

在这个技术驱动的世界里，有些技能在各行业中都适用。如今从事任何工作都需要你熟练操作计算机，几乎每一份工作都要求熟练使用微软办公软件和许多其他的通信工具。

任何雇主都青睐具有以下技能的员工：会使用 Excel 和数据库，

能够更新网页，精通客户资源管理系统。即使在非技术性的工作中，拥有一些计算机技能也可以提高你的就业能力，这些技能包括：

- Access 数据库管理。
- 创建 Excel。
- Word 文件处理。
- 构建和设计演示文稿。
- 邮件和社交媒体沟通。

未来，越来越多的技能将会成为工作的硬性要求。事实上，你拥有的这些可迁移技能在你申请工作时已经成了加分项。

批判性思维能力

正如我之前提到的，不管你的工作是什么，你都需要解决问题，并防止你在专业领域出现问题。批判性思维和分析解决问题的能力能帮你处理在工作上遇到的麻烦。在遇到问题时，批判性思维能帮助你冷静思考、明确挑战，得出可行的解决方案，然后对所有可选项做出评估，最终找出最佳解决方案。

沟通能力

正如萧伯纳所说："沟通中最大的问题是，人们幻想它已经完成了。"现如今，各行各业都需要良好的沟通能力，但什么是良好的沟通能力呢？

职场的沟通能力不仅包括"听"和"说"，还包括 4 项主要能力和4项配套能力。

4项主要能力是：

- 语言技巧——说什么和怎么说。
- 倾听技巧——倾听时要去理解，而不是只等着轮到你讲话。
- 写作技巧——良好的书面写作能力能给人留下深刻的印象，这是任何职业生涯成功的关键。
- 科技通信能力——有能力评估可替代通信媒介的协议、优势和劣势，有能力选择适合你的受众和信息的媒介来进行传播。

4项配套能力是：

- 仪容仪表——告诉别人你是谁，你的自我感觉如何。
- 社交礼仪——你在各种情况下是如何对待他人的，这点定义了你的专业水平。
- 肢体语言——表明了你内心深处的感受，是先于语言的一种沟通方式。对于真正有效的沟通来说，你要说的内容和你肢体的表达肯定是一致的。
- 情商——你的情感自我意识，是你在全方位的人际互动中与他人打交道的成熟度。

所有的可迁移技能都是相互联系的。比如，良好的语言能力不仅需要你会倾听，而且需要你运用批判性思维，准确处理听到的信息。因此你可以根据听众的兴趣来组织自己的语言，使其更有说服力，也让听众更容易理解和接受。从构成沟通能力的 8 个方面来发展有效的技能，将使你获得对工作和生活的控制权。

多任务处理能力

多任务处理能力是 21 世纪最受人们欢迎的能力之一。然而根据大量研究发现，现代职业生活对多任务处理能力的需求，正使世界各地的专业人士感到无比受挫和崩溃。问题不在于这项能力，而在于一种假设，即多任务处理意味着人们要对所有即将到来的刺激做出反应，因此，当紧急情况来临时，人们会从一个任务直接跳到另一个任务。如此定义多任务处理能力，你当然会感觉自己就像热锅上的蚂蚁，焦躁且手足无措。

多任务处理能力的基础是合理的时间管理能力和组织能力。以下为其基础条件。

建立优先顺序

多任务处理能力基于以下三个方面：做事有条理，确定工作的优先顺序，管理时间。

制订计划，执行计划，回顾过程

每天结束时，回顾一下一天的工作：

- 今天上午、下午都发生了什么?
- 什么事情进展得顺利?
- 遇到了什么问题? 你是怎样处理的?
- 明天有哪些项目需要推进?
- 对每个项目进行排序。A= 明天必须完成，B= 最好明天完成，C=

做完 A 和 B 还有空闲时间就做。

- 列一个“待办事项”清单，并按照其重要顺序排序。
- 坚持下去。

这样在一天结束时，你可以知道自己完成了什么，意识到今天自己所做的都是一些重要的事情，明天会继续努力。凭借这种平和的心态，你的自我感觉和睡眠质量都会越来越好。因此，在第二天，你的注意力会更加集中，精神会更加充沛。

团队合作能力

公司依赖团队才能运营，因为各行业、各领域往往都是以营利为目的的，而这一过程存在着复杂的挑战，这些挑战需要团队成员不断地想出相应的解决方案。这意味着工作时的你既要有效率，又要尊重其他同事，虽然他们的责任、背景、目标和专业领域与你的有很大不同。诚然，你个人的主动性很重要，但作为一名专业人士，很多真正重要的工作都是通过团队合作来完成的，而你做的正是这些重要工作中的一部分。事业的长期稳定和成功需要你学习合作的艺术，掌握基于团队的决策能力和沟通技巧。

团队合作需要每个人都恪守职责，团队及其成功是第一位的。这意味着你接受一项任务是因为这项任务需要被完成，而不是因为它可以提高你自己的荣誉。

作为一名团队成员，你应该：

- 始终保持合作精神。

- 始终按照团队目标来做出决定。
- 始终与团队成员共享信息。
- 始终信守承诺。
- 始终荣辱与共，不责怪他人。

如果你想在职业生涯中成为一名成功的领导者，那么你首先应该是一名可靠的团队成员，因为领导者必须了解团队合作的动态情况，依靠团队合作来运营公司。团队合作能力与其他可迁移技能和职业价值观相结合会给你带来更大的责任和更多的晋升机会。

领导力

领导力是所有可迁移技能中最复杂的一种，并且结合了其他所有技能。当发展团队合作能力时，你愿意追随的是一位真正的领导者，而不喜欢与不尊重你的人、不关心你最大利益的人保持一致。别人只有相信你的能力、信任你能够把每个人的成功作为自己的目标时，才会追随你。如果你的行为能够激励别人多思考、多学习、多做事并取得更多成功，你就会成为一名领导者。这样你终将受到认可和奖励，并晋升到管理层。

- 作为一名领导者，你的工作是保证团队取得成功，而你的团队合作能力使你有智慧和能力把团队凝聚成一个整体。
- 凭借专业技术能力、批判性思维和创造力，你能够明确团队面临的挑战，并智慧地引领团队成员找到解决方案。
- 凭借沟通能力，你可以让团队认同你的指示和目标。最令人泄气的事就是，作为领导，你却无法讲清楚为什么团队需要做正在做的工作。

- 创造力（接下来讨论）来自你对工作以及所从事的专业和行业的广泛参考，使你能够提出其他人可能看不到的解决方案。
- 多任务处理能力基于合理的时间管理和组织能力，因此你能够为了取得成功制订一个切实可行的蓝图，同时也能够让团队成员全身心地投入到任务中，并按时交付预期成果。

领导力是所有可迁移技能相结合的产物，也是我们将要讨论的所有职业价值观的一种清晰的体现。在任何行业，领导力都不是天生的，而是靠个人奋斗成就的。

创造力

创造力来自你对工作以及你所从事的行业的广泛参考。这个广泛的参考框架能使你看到隐藏在挑战背后的模式，帮你将所有的要点联系起来，从而提出其他人想不到的解决方案。而其他人可能过于关注问题的细节，缺少一个整体的参考框架，因此他们不知道要退一步在大框架下看待问题。

创造力和有想法是有很大区别的。想法就像头痛，我们总是会突然感到头痛，但是它来也匆匆，去也匆匆。另外，创造力是利用战略、战术以及专业知识来发展这些想法并将其变为现实的能力。如果一个人的新想法带来了切实的效果，我们就可以说他是有创造力的。创造力还会帮助人们利用其他可迁移技能将这些想法应用于实际生活中。人的创造力来源于以下几种能力。

- 批判性思维能力：适用于技术专长领域（在这个领域内，技能可以提供一个参考体系，让你知道什么有用、什么没有用）。
- 多任务处理能力：再加上批判性思维和技能，可以使你把挑战分解成具体的步骤，并选择最佳解决方案。
- 沟通能力：你的沟通能力使你可以有针对性地向目标受众来解释自己所采用的方法及其组成部分。
- 团队合作能力和领导力：使你可以征募成员并将想法付诸实践。

想出应对挑战的创造性方法，你可能需要一定的时间，也可能一瞬间就想到了。但你花费越多的时间来开发把创造力应用于生活的辅助技能，你就能越快地想出解决方案。以下是你在职业生涯中培养创造力的5条规则。

第一，在生活中无论做什么，你都要全身心地投入。做任何事你都要注重能力的培养，因为对周围事物的参考范围越宽，在自己的职业领域内能看到的模式和联系就越多。因此，你要把想法充分表达出来，让更多的人接受它们，争取将其变成现实。

第二，每天学点儿新东西。把积累知识当作一种生活方式，你要尽可能地从每件事中吸收知识。信息可以锻炼大脑、充实思维，并使你的参考体系不断扩大，这样你就能够看到具体挑战背后的模式，最终建立起自己独立的知识架构，并开发出被人们认为具有神奇创造力的解决方案。

第三，记住每一个一闪而过的想法。把这些想法记在手机上，或一张小纸片上。什么都可以，只要能捕捉到点子就行。

第四，接受生活中的条条框框。生活中的条条框框可以促进思考，它们可以检测出你技能范围的大小和参考体系的广度，而且确实可以鼓励你发挥创造力。你可以向商业领袖、企业家、作家、艺术家或音乐家等任何一位成功人士请教一下是否如此。

第五，不要把时间花费在视频网站或者电视上。你需要好好生活，而不是任时间流逝。如果你要看电视，那么就从中学点儿什么，或者看一些科学、历史、生物类节目来充实自己，上网也要有一定的目的性。

培养创造力可以使你把想法付诸实践，发展上述 7 个相互联系的可迁移技能可以帮助你实现梦想。

职业价值观

职业价值观是一系列相互联系的核心信念，使专业人士能够根据任何特定情况做出正确的判断。这一价值体系受到雇主的高度重视，与可迁移技能一样不可或缺。

积极性和专注力

积极性和专注力表现在你对工作的参与度和热情上，反映了一种你对学习和职业成长的渴望，以及在追求有意义的目标时，既能吃苦也能享乐的心态。积极性总是通过你在工作上所花费的精力来表现的，标志着你总是愿意付出额外的努力来把工作做好。

敬业和可靠性

敬业和可靠性意味着你将全身心地投入工作，并从了解自己如何为整体做出贡献中获得力量。敬业表现在可靠性上，敬业的专业人士无论何时、无论多久，都愿意做任何事情来完成工作。这样做可能会涉及一些工作内容之外的任务，也可能被一些觉悟低的同事认为“低人一等”。

决心

面对工作中的困难表现出的决心，说明了你作为专业人士的活力，面对棘手的问题或情况时不会退缩。决心是一种职业价值观，标志着你愿意为解决问题而贡献力量。

意志坚定的专业人士会让自己每天都做出改变，因为这样做是正确的。

他愿意做任何事情来完成工作，他会代表所有拥有相同价值观的同事来表现出这种决心。

自尊和正直

如果一件事值得去做，那就要把它做好。自尊在工作中的真正含义就是，要关注细节并竭尽全力把工作做好。正直体现在所有与同事、领导、客户以及供应商的人情往来中，而诚实绝对是其中的上上策。

生产力

在职责范围内，你可以通过缩短时间、节约资源、削减开支和加倍努力来提高生产力。

节俭

还记得“节俭”这个词吗？节俭并不意味着贫穷或短缺，而意味着充分利用你拥有的东西，并最大效率地使用它们。知道如何节约资源的公司，无论在顺境中还是逆境中都会取得成功。你如果也知道如何节约，那么也会取得成功。

遵守制度和程序

遵守制度和程序是拥有其他所有可迁移技能和职业价值观的自然结果。通过这些方式，敬业精神可以使你意识到遵守制度和程序的重要性，并经仔细考虑后再采取行动。如果你总是遵循行政管理系统且对此习以为常，如果你故步自封且不鼓励他人改进程序，如果你做事方式没有成效或者影响了效率和收益，那么你就要通过创新来改变这些情况。

培养可迁移技能和职业价值观有助于你发现自我价值，它们能回报你更好的工作保障和更专业的视角。越投入自己的事业，你就越有可能加入各部门和公司的核心圈，你才能得到好的工作以及升职加薪的机会。

可迁移技能、职业价值观和招聘启事的背后含义

几乎每个招聘启事都有6个关键词：沟通技巧、多任务处理能力、团队合作能力、创造力、解决问题的能力和领导力。这些词被用得太过普遍，以至常常被认为是毫无意义的。

但是，它们绝不是没有意义的，只不过是只有少数求职者能

领会它们的意义。能被录取的员工都是能认识到这一点的人。了解招聘启事的隐含意义，可以让你的简历和求职信增色不少，还可以帮助你顺利通过面试。因为这 6 个关键词是你获得成功的必备技能，它们代表了具体的可迁移技能，无论做什么工作，它们都能使你出色地完成任务。之所以把它们视为可迁移技能，是因为不管你从事什么工作、学习什么专业，这些技能都可以决定你的成败。

解码让事情更简单

如果招聘广告提到“问题解决能力”，那就说明雇主需要的是那些真正了解自己职责范围的员工，他们能发现问题、预防问题，还能处理日常工作中出现的问题。雇主想要的是一个有想法的人，能够说出工作中各种问题的核心所在，并能提出相应的最佳战略和解决方案。

想想工作要求中提到的“团队合作能力”，想想它在工作中是怎样被运用的，想想哪些工作成果是你与他人或其他部门合作完成的，这些都大有裨益。例如，一位主要负责处理应收账款工作的会计人员会考虑问题账户，考虑为了此类账户自己需要如何与销售人员和非付款客户一起工作，以及如何在会计部的横向和纵向方面开展工作。

把每个可迁移技能和职业职责联系起来，你就会发现事业成功的秘密。如果能在简历和求职信中体现出这一点，你就会大大增加获得面试的机会。当你理解这些技能将如何影响你的行动时，你就可以向面试人员说明你是如何将这些技能运用到工作中的。这样不管是作为员工还是同事，你都会更受欢迎。

在简历中

你可能会用“业绩亮点”或“职业亮点”来突出强调你取得的特别成就。你通常可以写成一系列简短的分项介绍，各分项都针对公司的某一具体要求，从而强调雇主的需求和你的能力之间的契合度。你可以用简洁的语言举例说明。

业绩亮点

准时交货率提高了35%+客户投诉率降低了20%

有效的运营管理需要我了解每个部门的特殊问题和时间安排，在日常活动中，我因考虑到这些问题取得的成果如下：

- 在过去三个季度中，于财务和供应链环节节省了5.5万美元。
- 在提高生产力的同时将准时交货率提高了35%。
- 通过改善沟通，以及将采购、供应链、客户和客户服务联系起来，提高了准时交货率，并将客户投诉率降低了20%。

在求职信中

如果简历上有更多空间，则同样的成就也可以同上述公司的要求一起出现。

问题解决能力

透彻了解影响工作效率的问题，使准时交货率提高了 35% 。

与他人紧密合作

通过加强在采购、供应链和客户服务等方面的沟通，提高了准时交货率，并使客户投诉率降低了 20%。

多任务处理能力

有效的运营管理需要我理解每个部门的关键职能和时间安排，正是由于我在日常活动中考虑到了这些问题，在过去三个季度中，于财务和供应链环节节省了 5.5 万美元。

在生活中

当看到招聘启事提到任何可迁移技能或职业价值观时，你要想想该技能或价值观是如何应用于你工作的各个方面的。然后回忆一下具体的事例，来说明在日常工作中你是如何运用这些技能来识别和预防问题，并找到解决方法的。

了解招聘启事的深层含义不仅能帮你找到工作，还能改变你的命运。如果你将这种理解运用到职业生活中，他人就会认为你非常专业、非常优秀。你不仅能为人所知，还能得到人们的尊重，人人都想与你共事。

了解你拥有的可迁移技能和职业价值，并且知道它们是如何使你与众不同的，是确定你的“专业品牌”的重要一步。你运用这些技能的事例或者这些价值观对你的工作造成的影响，都可以被写进简历和求职信中，你也可以在面试回答问题时对此进行说明。但要想成功，最重要的是让这些技能成为你生活的一部分。

现在我将介绍发现竞争优势的过程，它可以帮助你精准地把握自己的专业优势和独特的能力组合，让你脱颖而出。

发现自己的竞争优势

要雇用你的人需要将你和其他候选人区分开。下面的问卷可以帮助你发现自己的优势。这些都是你的"专业品牌"的组成部分。

通过多年的工作，你已经获得了某些技能和价值观，这些都是你的"专业品牌"的组成部分。但你可能无法找出使自己与众不同的全部优势，因而我们需要改进这一点。

世界各地的雇主都推崇一系列可迁移技能和职业价值观，它们对任何工作、任何级别的员工都适用，它们描述了你取得职业成功的所有核心习惯和优先事项。

可迁移技能和职业价值观

理解可迁移技能和职业价值观可以帮助人们在职业领域取得成功，这主要体现在以下三个方面。

- 当你发现自己拥有某种可迁移技能或职业价值观时，你就会将其融入你的"个人品牌"中。它们会出现在简历中，变成你做任何工作时的一个有意识的部分，包括你在工作面试中如何回答问题。
- 当你发现自己缺少或者还有待改进某种可迁移技能或职业价值观时，它们便会即刻成为你职业发展计划的一部分来帮助你取得成功。
- 这些可迁移技能和职业价值观是你长期生存和职业成功的基础。培养和具备它们，你就能脱颖而出。

虽然可迁移技能和职业价值观可以在学习或其他活动中得到发

展，但雇主希望看到的可迁移技能和职业价值观在很大程度上是通过工作经验积累形成的。

当你发现自己拥有可迁移技能、习得行为和核心价值观中的某项时，它就会成为你的品牌特色。不断培养和持续运用它们是一个专业化的你不可或缺的要素。

它们可以也应该出现在你的求职简历中。

它们会影响你每天处理工作的方式。

它们会告诉你面试时回答问题的要点。

它们成了你的一部分，也会让你更加成功。

当发现自己不具备某项可迁移技能或习得行为时，你应该立即将其纳入职业发展计划中，因为这些技能和行为不仅仅是品牌概念，还是你长期生存和获得成功的基础。

竞争优势问卷

下面的问卷将帮助你发现自己的优势，它们都是你的“专业品牌”的组成要素。在问卷中，你不会发现惊天动地的事情，只是一些你一直做的事情和一直坚持的信念。但是你可能永远都不会了解其中的价值。之后，你会将它们整合到简历和面试问题的答案中，使你获得自己品牌的“所有权”，这既合乎逻辑又十分自然，你会认为这种做法再正确不过了。

你可以访问 www.knockemdead.com 网站，在下载页面中找到竞争优势问卷的 Word 版本。

列出“专业的你”中最具特色的可迁移技能、行为和价值，并对其进行排序。

____

____

你认为哪些可迁移技能、行为和价值对你进一步的职业发展有用？你对此打算怎么做？

____

____

在你的部门或行业中，你和那些最优秀的人有什么共同的技能、行为、价值或其他特点？

____

____

你依靠这些品质取得了什么成就？

____

____

与其他同事相比，你有什么不同之处？

____

____

你认为自己突出的 4 项可迁移技能和职业价值观是什么？每项技能和职业价值观是如何帮助你的？

____

____

你最突出的职业特征是如何帮助你为团队做出贡献的？

1.______________________________

2.______________________________

3.____

4.____

你最显著的职业特征是如何帮助你实现部门目标，或帮助你辅佐老板的？

1.____

2.____

3.____

4.____

为什么你能在工作或职业中脱颖而出？

____

____

如果你想脱颖而出，但目前还没有做到，那么用几句话来解释一下为什么你钦佩的人可以脱颖而出。为了做出改变，你有什么计划？

____

____

在工作单位中，你在哪些方面比其他同职位的人更优秀？

____

____

在你的工作职责中，最能激励你的是什么？

____

____

你在这些领域中的最大成就是什么？

____

____

你的同事如何评价你？

____

____

你的管理层如何评价你？

____

____

你在报告中是如何评价自己的？

____

____

你最擅长的 4 项专业技能是什么？

____

依靠这一技能，你取得了什么成就？

技能 1：______________________________

依靠这一技能，你取得了什么成就？

技能 2：______________________________

依靠这一技能，你取得了什么成就？

技能 3：______________________________

依靠这一技能，你取得了什么成就？

技能 4：______________________________

你最擅长的 4 项领导技能是什么？

____

依靠这一技能，你取得了什么成就？

技能 1：______________________________

依靠这一技能，你取得了什么成就？

技能 2：____________________________________

依靠这一技能，你取得了什么成就？

技能 3：____________________________________

依靠这一技能，你取得了什么成就？

技能 4：____________________________________

你认为工作中最重要的 3 个方面是什么？

对于自己的工作，你最满意的是什么方面？

将你的可迁移技能、职业价值观和成就结合起来，这个组合能给你的目标雇主带来什么价值？

现在编辑一下别人对你的背书。回顾一下你的工作生涯中的各个重要职责领域，写下别人对你的工作表现所做的任何正面的口头评价或者书面评价。

读完答案之后，用 3 句话来描述一下“专业的你”所具备的特质和竞争优势。

再看一下上面3个句子，并把它们改写成一句话，这就是你的竞争优势。

____

____

完成问卷并确定自己的竞争优势之后，你就会对"专业的你"有一个新的认识了，并将这个认识写到自己的简历中。在这个过程中你也塑造了自己的品牌。在此之前，我们再来看一下形成最终的"专业品牌"应该注意的事项。

真实可信的品牌

对自己创造的品牌进行宣传，必须基于以下两点，即你拥有的、适用于不同工作的可迁移技能和影响职业生涯的职业价值观。

人们很容易在简历中做出过多承诺，虽然雇主一开始可能会被这些承诺所吸引，但是雇佣关系的持续时间和质量还是取决于你是否符合雇主的价值定位。

如果一盒麦片与品牌的宣传不符，那么你可能只是下次不会再买它而已；但是，如果你夸大事实或凭借彻头彻尾的谎言获得了一份不属于你的工作，那么你很可能最终会失去这份工作，并且会对你未来的职业生涯造成损害。

确定专业品牌的优势

了解有利于职业成功的技能和特点可以帮你确定自己的专业品牌。但要想长期生存和获得成功，要想使自己脱颖而出，你就要知道自己是谁，有哪些优势，希望别人如何看待自己。如果你不仅了解自己，而且能将自己的观点表达出来，那么你就是专业的。

“专业品牌”和长期目标

在全球化背景下，工作比以往任何时候都不稳定，变化是常量。所以如果你把最初的“专业品牌”作为择业策略的一部分，那么即使你获得了新的工作也不会就此安于现状。

在这个新的、不安全的职业世界里，保持“可见性”是非常重要的。对“我”公司来说，准确的市场定位是最重要的。新简历中填写的职业身份或品牌将成为你保存在招聘网站和其他职业社交网站中个人资料的一部分。它会增加你在专业领域和招聘行业的可信度和可见性，因此，你会成为更加被青睐的员工，也会有更多选择的机会。

第5章

简历格式

每个人都有不同的工作经历。在整个职业生涯中，你可能只为一个雇主工作过，也可能在10年里换了5个不同的单位。你可能已经完全改变了职业轨迹，也可能还在固有的职业方向上前行。

简历的外观，即选择什么格式的简历，取决于你的个人背景能为这份工作带来什么。总的来说，简历有三种格式，但是它们的目标都是相同的，即如下几点。

- 将你的工作业绩在简历库中最大限度地凸显出来。
- 显示出你对将要交付的工作成果的全面理解和把握。
- 创造一个专业品牌表明你就是为此工作而存在的。
- 最大限度地展示你的相关业绩、特质以及你所积累的专业知识。
- 弱化你的任何劣势。

简历专家认为，递交给未来雇主的简历主要有三种风格：时间顺序型简历、功能型简历和综合型简历。因此，简历风格因人而异，具体情况还需具体分析。

时间顺序型简历

时间顺序型简历是目前最为普遍、最简单的简历格式。提起简历，大多数人都会想到按时间顺序列出工作职位和职责。首先从当前或者最近的工作开始写起，然后回溯到你的第一份工作。

这种格式可以很好地展示你在某单一职业中的成长过程。时间顺序型简历适用于有实际工作经验并且没有长期失业经历的人员。但是，如果你刚从学校毕业或者正在转行，这种格式并不是最佳选择，因为这很可能会让雇主注意到你缺乏具体的工作经验。

时间顺序型简历最显著的特点是将你的工作职责和业绩与具体的单位、职位和日期联系了起来。

时间顺序型简历

帕拉戈·古普塔（Parag Gupta）

地址：俄勒冈州比弗顿市真实西路104号　邮编：97006

电话：503-123-4286　电子邮箱：parag.gupta@technical.com

系统工程师

积极而又自律的信息技术专业人员，在自动化业务操作的设计、实施和强化体系方面有9年以上的实际操作经验。具有开发高性能系统、应用程序、数据库和接口的能力。

- 负责美国瑰婷公司（CND）TL 9000的部分审计访谈，帮助技术人员获得TL 9000认证，该认证在电信行业非常重要。拥有丰富的培训经验，优秀的组织能力，领导过许多成功的项目，比如TSS（分时系统）项目、EMXC（移动式电子电话交换机）项目和TOL（面向电话的语言）项目。
- 有很强的时间观念，能够战略性地管理时间并迅速解决问题，以获得最佳生产力和最高利润额，能够高效地指导多个任务。
- 具有强大的技术背景和优秀的客户服务历史。
- 能够运用沟通技巧与管理层、用户、团队成员和供应商进行有效的联络和沟通。

技术能力

操作系统：Unix操作系统、Windows（2000/XP/7），磁盘操作系统（DOS）。

语言技能：C语言、C++语言、Java语言、汇编语言（Z8000/808x/DSP）。

应用技术：TL 9000（电信业质量体系要求与质量体系法则的指南）、数字六西格玛。

熟悉软件：微软办公软件、Adobe页面排版软件、MATLAB。关系型数据库管理系统：DOORS、数据库Oracle7.x版。

熟悉网络协议：传输控制协议TCP / IP，7号信令系统综合业务数字网（ISDN）用户部分（ISUP），协议A1，美国国家标准协会通信协议（ANSI），事务处理语言管理协议（TL1），简单网络管理协议（SNMP）。

使用工具：ClearCase（配置管理工具），ClearQuest（缺陷及变更管理工具）和Visio。

其他：CDMA（码分多址）电信标准——第三代合作伙伴项目2，国际电信联盟电信标准化系统（ITU-T），高级移动电话系统（AMPS）。

工作经历

1999年1月至今：在俄勒冈州希尔斯伯勒地区主要的网络部门任技术员一职。

2004年11月至今：担任产品系统工程首席主管工程师。

- CDMA电话处理和计费功能领域的直接负责人。
- 为分时系统和短讯服务（SMS）入门产品创建客户需求文档，将所有可交付成果都准时或提前高质量地完成。
- 独立负责创作和分配，负责客户评价，支持其他系统工程师，负责开发和测试，并管理客户文件编制小组。
- 支持征求建议书（RFPs）、客户特色需求优先处理报告，影响报表和预算报告中的产品管理。
- 指导初级工程师，2007年提交了一份专利报告。
- 解决了已经部署的客户需求问题或内部需求问题，对实现虚拟零缺陷质量目标做出了贡献。
- TOL流程冠军，参加美国瑰婷公司焦点小组座谈会，使非真实感绘制（NPR）图形的增删改查（CRUD）积压减少了25%，故障率试验（FRT）周期时间减少了40%。
- 公认的TL 9000专家，信息产品分类和转换代表。
- 2007年5月因对质量改进的贡献获得美国瑰婷公司质量奖。

2002年5月—2004年10月：任管理支撑系统（MSS）高级工程师一职。

- 领导由12名工程师组成的团队，负责分时系统产品的三个主要软件，包括提升大约80多个性能，从而创建T-Gate（专业网络代理软件）交付成果。
- 指导初级工程师跟上分时系统产品的发展速度。
- 为分时系统产品创建需求文件，为5个主要的软件提升功能。被公认为全面的产品专家，专注于产品的电话处理功能和计费功能。
- 在开发专有分时计费系统过程中发挥了重要作用。
- 为产品数据管理公司提供支持包括巴西维沃移动通信有限公司（Vivo）、美国斯普林特移动通信公司（Sprint）、加拿大泰勒斯电信公司（TELUS）、趋势科技公司（TM）、印度塔塔集团（Tata）、欧洲电信运营商Inquam公司、阿拉斯加电信系统集团、印度瑞来斯电信公司（Reliance）、巴基斯坦电信有限公司、孟加拉国太平洋电信公司、毛里求斯电信公司、西班牙电信公司、巴西电信公司和安哥拉共和国电信公司。

- 主动识别需要改进的覆盖功能，解决多个问题，完善客户文件，为其他客户提供参考。
- 2003年10月荣获超越绩效奖。

2000年8月—2002年4月：任EMX开发项目高级软件工程师一职。

- 成功领导并协调一个由30位工程师组成的跨职能开发团队，确定设计、代码和测试完成日期，以保证T-Gate的性能。
- 领导、开发并行语音与数据服务功能，该功能是日本电信运营商KDDI最大的创收功能。
- 负责开发寻呼通道的短信功能，负责调整需求量和设计，在实施阶段领导由5个工程师组成的团队，支持网页和产品的发布测试，创建客户参考文件。
- 担任中继线经理，开发A1接口的功能区域。为内部和客户知识共享及功能区域转换召开了为期两天的技术研讨会。
- 为主要的EMX发布、客户网络解决方案中心（CNRC）提供客户现场测试和第一办公室应用软件（FOA）支持。
- 2001年5月、2001年9月、2002年1月荣获布拉沃奖。

1999年1月—2000年7月：任EMX软件开发工程师。

- 作为中继线管理人员，开发SMS功能的设计和代码，协助产品的网络发布、测试等工作。
- 协助客户发布文档，支持功能级SMS在不同的内部实验室和客户网站的测试，使短信系统成功在客户网站部署。
- 开发虚拟电路功能，评估内部和客户的问题，并对其进行分类。
- 创建实施流程为新员工做参考。
- 在2000年过渡期间为客户网络解决方案中心提供支持。
- 荣获2000年1月、2000年12月超越绩效奖，1999年6月获杰出成就证书。

教育经历

1998年，在波特兰市（Portland）波特兰大学取得计算机工程专业理学硕士学位。

1996年，在印度科技学院（Techonology and Science Institute）取得电子学工学学士学位。

重要培训

曾参加开源软件培训，全球互通微波存取（WiMAX）技术培训，软件工程的敏捷管理培训，客户需求流程培训和产品安全培训。

功能型简历

功能型简历侧重于你能为目标工作带来的专业技能，而不强调你何时、何地以及如何获得这些技能。这种简历会把雇主和雇佣日期放在第 2 页的位置来弱化这类信息，通常第 2 页的内容不如第 1 页那么显眼。因为你需要别人关注的是你的技能而不是你获得技能的背景和时间，所以职务和雇主在这种格式中会占较小的比重。

功能型简历仍有人在使用。尽管人们认为它的效果不如其他格式，但可能是因为人们会在更具挑战性的情况下选用这种格式来申请工作，比如下列情况。

- 拥有丰富的专业知识和工作经历的成熟专业人士更换工作。
- 入门级专业人员，他们工作经验太少可能不适合使用时间顺序型简历。
- 对于那些处在职业过渡期的人士，他们希望人们专注其技能而不是获得工作经验的场所，因为经验是在不同的专业环境中累积出来的。
- 长期离岗后重返工作岗位的人们。

虽然功能型简历比时间顺序型简历更自由，但它们也应该具有以下一些共同的结构特征。

目标职位

记住，任何一份简历都必须有一个明确的目标职位，功能型简历更是如此。因为它更注重你在某一领域的技巧和能力，而不是与岗位直接相关的工作经历，所以你必须在头脑中有一个明确的就业目标。

业绩简介或职业总结

在描述目标工作后应该有一段简短的文字来介绍你的专业能力，证明你的专业能力就像你在目标工作解构中得出的结论那样，可以满足目标工作的能力需求。

核心能力

在功能型简历中写入核心能力将有助于提升简历在数据库中的表现，使用重要的关键词能够向雇主表明你具备了这份工作的基本技能。

业绩亮点

在确定目标工作的基础上，这部分是用来证明你的技能、行为和成就是最符合这份工作的。

日期

如果你的工作经历不连贯，功能型简历可以在一定程度上通过调整日期在简历中的位置来弱化这一缺点，但如果完全没有就业日期则会让雇主注意到这个潜在的问题。

一份有用的功能型简历

功能型简历已经不像之前那么受欢迎了，但是在某些情况下，它仍然是最好用的。以下是某人申请艺术画廊或博物馆馆长一职所使用的功能型简历，他之前只做过艺术老师。在看完第 1 页简历后，你可以试着问问自己是否知道一个优秀的艺术画廊或博物馆馆长需要懂什么。关于这份简历我有几个有趣的发现。

- 它的语气比你在本书中看到的其他例子都要随意，但它真实反映了人们在从事这个职业中的真实状态——人的个性是很重要的一部分。简历开头第一句话他就将读者吸引到与一位热情而坚定的专业人士的对话中，有些职业（比如教育、艺术和护理）的雇主更容易接受不那么正式的语气。
- 很明显这个人真的了解策展工作。第一次使用这份简历时，他在 72 小时内就获得了面试机会，1 小时后就收到了工作通知。他通过目标工作解构使简历重点突出，为回答面试问题做了充分的准备，这使他获得这份工作成为可能。
- 他在第二次使用这份简历时增加了核心能力部分，从而增加了简历在数据库中的可见性。在 2008—2010 年的经济大萧条期间，他以高出期望值 50% 的薪水受聘管理美国一家一流画廊。

这份功能型简历之所以成功，是因为作者花了一些时间进行目标工作解构，这样才做出了一份吸引人且真实可信的简历，从而证明他确实具备该工作所需要的资格。

功能型简历

查尔斯·查莫斯（Charles Chalmers）

地址：纽约市曼哈顿　邮编：11658

电话：212-555-2578　邮箱：fineartist@earthlink.net

资深策展人

业绩简介

我的职业生涯专注于艺术及其所包含的一切：绘画、雕塑、摄影、视频和音频制作、表演和艺术研究。我的私人生活同样丰富多彩，我最近搬到了曼哈顿，打算利用我的知识和热情为纽约艺术界做出贡献。

核心能力

编辑、绘画、雕塑、摄影、视频和音频制作、表演和艺术研究、培训和策展。

突出业绩

艺术史

对艺术史有透彻的了解：从洞穴时期的拉斯科（Lascaux）到现代艺术家［比如布里斯·瑙曼（Brucc Nauman）、杰西卡·斯多克霍尔德（Jessica Stockholder）和卢克·图伊曼斯（Luc Tuymans）］都了然于心；熟知从卢米埃尔兄弟（Lumiere Brothers）到阿莫多瓦（Almodovar）的电影史，了解当前最重要的批判艺术和电影理论；并且还与马修·巴尼（Matthew Barney）、路易斯·布儒瓦（Louise Bourgeois）和安迪·戈兹沃西（Andy Goldsworthy）等人一起持续召开研讨会和讲座。

与新兴的艺术家一起研究

参与纽约和波士顿的艺术社区和画廊的相关活动；融入罗德岛设计学院、哥伦比亚大学、波士顿博物馆学校、新英格兰艺术与设计学院和现在的大众艺术学院的教师、学生和校友网络中，通过这些活动与最前沿的艺术和艺术家联系起来；参加曼哈顿画廊开业20周年活动；与纽约现代艺术博物馆、纽约PS1现代艺术中心、古根海姆博物馆、惠特尼博物馆、大都会博物馆、电影论坛、国际摄影中心等讲习班的艺术家们建立联系。

采购艺术作品

通过本地艺术家、区域和全球艺术家网络、跨文化艺术家交流、校友团体、一流的私人收藏家、个人和家庭网络以及互联网等渠道征集作品。

艺术和社区

策划和实施主题化、资源化、程序化的表演来活跃校园和社区，提高人员参与度；重新配置现有的艺术空间以创造与参观者的动态对话；提供教育和外展服务项目。

装置艺术

在准备展览时，保持画廊空间的流动性，同时考虑到艺术作品的大小和时间，以确保展品存在于一个和谐的环境中。灯光、装饰和标签有序放置，在作品之间创造对话。

宣传材料

制作充满活力的邀请函、综合新闻资料袋、插图新闻稿和艺术家活页夹材料；敏感地将艺术置于历史和文化背景中；熟练使用Photoshop（图像处理工具）。

管理经验

14年艺术人员管理经验，包括课程开发；负责艺术指导、艺术处理、员工维护，并与印刷、餐饮和图形艺术工作人员协同合作。

工作经历

1994—2005年：任绿荆棘学校（The Green Briar School）视觉艺术主任。

职责：开发课程，准备作品集、月度内部演出和外部演出、戏剧集、月度视频新闻秀，教授艺术史，管理3名员工。

1989—1994年：任艺术工作室主席。

职责：经营私人艺术工作室和讲授艺术史课程，管理4名员工；带领私人团体前往曼哈顿博物馆和画廊参观。

1980—1989年：自由艺术家、摄影师和编辑。

其他亮点：在曼哈顿三一学院任摄影教师；担任雷蒙斯乐队（The Ramones）的摄影师；保险行业杂志《先锋》（*Pioneer*）的编辑；导演克劳迪娅·韦尔（Claudia Weill）的助理，纪录片制作人，电影《女朋友》（*Girlfriends*）的导演。

教育经历

1983年以优异成绩从哥伦比亚大学毕业，获艺术硕士（MFA）学位。

奖项：获得×××影评奖。

在×××大学教授本科生电影入门。

订阅的杂志

《美国艺术》《艺术新闻》《艺术论坛》《纽约时报》《帕克特》《视觉与声音》《电影评论》《现代画家》。

会员资格

拥有纽约现代艺术博物馆、惠特尼美国艺术博物馆、古根海姆博物馆、大都会艺术博物馆等会员资格。

近期展览

2004年：纽约南安普顿科科伦中心画廊（Corcoran Center Gallery）。

2005年：纽约西33街37号，海盗船画廊（Corsair Gallery）。

2006年：马萨诸塞州布罗克顿富勒博物馆（Fuller Museum）。

2002年，2007年：马萨诸塞州剑桥时代精神画廊（Zeitgeist Gallery）。

综合型简历

综合型简历已经成为以数据库为主导的世界中首选的简历格式。这种简历具有的灵活性和优势在于其将时间顺序型简历和功能型简历的特点结合了起来。

- 可以最大限度地灵活展示你对这份工作及其可交付成果的全面理解和把握。
- 支持更强的数据密度和信息细节，以提高数据库的检索性能。
- 为建立专业品牌提供了更大的灵活性和空间。

目标职位

（这是我要找的工作 。）

业绩简介

（在这里简要介绍我能做的事情。）

核心能力

（这是能帮助我做好工作的关键专业技能）。

技术能力

（选填项：这是能帮助我做好工作的技术能力。）

突出业绩

（选填项：这是我的杰出成就。）

工作经历

（工作经历的时间和地点。）

制作综合型简历需要你花费更多的精力，但是它是简历数据库中最高效、最吸引人的格式，并且为创建强大的专业品牌提供了最大的空间。

选择一个模板

如果你还没有做好准备，那现在就是开始选择一个模板的最佳时间了。翻到第 10 章简历部分，找到一个可以满足你需要的例子。也可以在 www.knockemdead.com 的“终极简历和模板”中找到 100 多种简历模板。

通常，人们会找一个与自己职业相同的简历模板，但这远远不够。简历模板的设计是为了展示一个人特定的工作史，不管那个简历模板中显示的职位名称和工作经历是什么，你应该寻找的是一个你认为最具有吸引力并且最符合你需求的模板布局。

在选择模板时，你要以能够产生视觉吸引力的方式来填写你的情况。你可以在本书后面的示例部分找到这些例子，也可以在 www.knockemdead.com 的电子书部分找到现成的 Word 版简历模板。

综合型简历

约翰·威廉·威舍（John William Wisher）

工商管理学硕士（MBA）

地址：伊利诺伊州西芝加哥市贝恩布里奇大道1234号　邮编：60185

电话：630-555-1234　电子邮箱：example@email.net

成本效益供应链、供应商和项目管理方面的专家

管理经验简介

本人专注于供应链和物流行业，眼光独到、具有前瞻性；从业20多年，促进了许多行业的发展，在精简业务方面成绩斐然；本人拥有优秀的谈判技巧和关系管理能力，能够激励团队超越预期目标；通过战略模型提供同步供应链的可靠记录，及时反映业务计划，极大地优化了投资回报率，降低了管理风险。

供应链战略：成功领导了500多个供应链管理项目，所涉及的商业范围广泛，谈判协议金额从5 000美元到2 700万美元不等；实施技术解决方案和精简流程以减少冗余程序和人员工时，提高了生产效率；所涉及行业领域包括汽车和工业制造、消费品、政府和国防、医疗保健、高科技和零售。

行业知识：从实际的行业经验获得了广泛的专业知识，例如：在码头从事运营工作，拥有多站点零售运营管理经验；在美国联合包裹服务公司（UPS）工作21年，有定制供应链战略开发的经验。

供应链流程成本核算：建立了几个总体拥有成本（TCO）信息包，促进了几个C级谈判来识别和确认机会；致力于提高利益相关者对效率投资回报率的认识；3年内为客户节省了375万美金的成本。

运营重组：设计和实施了新的销售人员调整和报告结构；将每日电话销售额增加了20%，出差里程减少了23%，员工人数减少了9人，每年节省的费用总额为92万美元。

基于信任的领导能力
供应商、客户谈判
跨职能协作
供应链管理
财务物流分析
应急管理
风险管理
竞争分析
危险品合规管理
库存规划、控制和分销
招聘、培训、开发
项目管理
组织变革管理
分批计算
预算管理
劳动关系管理

物流：对各种运输方式都有丰富的经验，包括海运、空运、陆运、邮件服务和小包装等。根据成本和交付需求进行复杂分析并制定策略。

项目管理：完成了11个新的UPS客户中心的重新设计和规划，总价值120万美元；管理供应商和租赁谈判、制订预算、培训和维护销售结构。

成本和流程改进：为大型光学分销商设计了新仓库；通过集成和自动化技术，实现海、陆、空物流服务同步，优化了仓库运营；运输费用减少15%，生产水平提高25%，库存减少15%，人员效率提高20%。为一家全国知名的高尔夫俱乐部制造商定制供应链，提高了30%的服务水平，减少了45%的损失，并集成了支持运输过程自动化的技术，减少了50%的计费人员工时。

专业背景

1986年至今：伊利诺伊州艾迪生市联合包裹服务公司。

成为世界上最大的包裹递送公司和全球供应链服务的领导者，为客户的货物、信息和资金的同步流动提供了广泛的选择，为全球200多个国家或地区提供服务，并且拥有最大的特许经营权运输链。

2005年至今：总监、区域经理，负责供应链销售。

获得晋升以负责芝加哥地区商业咨询供应链的管理工作，领导和发展了员工人数为18人的跨职能销售团队；指导、开发了所有运输模式的供应链管理解决方案，密切配合客户的业务计划，采取需求响应模型的领导团队，快速调整内部和外部资源，以适应不断变化的市场需求、情景需求和关键任务需求；管理1亿美元的损益账目。

业绩

- 每年实施100多亿美元的供应链整合，计划年增长8%，实际实现年增长14％。
- 培养未来的组织领导者，通过有效的指导和培养，晋升4名员工。
- 为一家全球快餐连锁店策划了一场供应链活动，在一天之内从环太平洋地区将30万箱货物运输到1.5万个场所。利用海、陆、空运输服务，实现同一时间在全国范围内向不同地点同步发售。
- 为全国公认的健康食品补给分销商设计并实施自动化逆向物流程序；自动化的退

货流程可减少人员接触，并减少昂贵的时间成本；使用技术和网络自动化取代了前端电话联系。

2004—2005年：市场经理。

快速跟进以简化销售流程、提高业绩，对销售区域、历史数据、运营路线、报告结构和销售趋势进行分析以制订解决方案；管理、指导区域经理制订业务计划和执行销售策略；在降低成本策略和合规要求方面为员工提供发展机会；负责5亿美元的损益账目。

业绩

推动当地市场销售额超过5亿美元，2004年、2005年年度收入分别增长了12%和7%。

2002—2004年：零售渠道、运营经理。

负责扭转这个表现不佳的业务部门；管理整个伊利诺伊州北部新零售战略的开发和实施；重新命名UPS客户中心和商店；与供应商进行了谈判，并与9个地区合作以支持公司发展。

业绩

- 通过多种渠道开发关键的创收项目，实现了可自由支配销售额65%的增长，几大策略在全国各机构中得以推广应用。
- 为1 000多个卸货点重新设计库存，通过周度测量、单位库存水平开发、订单流程自动化和订单合并等方法减少了45%的租赁费用和40%的多余库存。
- 在1 100个地点实施了新的零售关联组织结构，在全国神秘顾客服务水平评价中得分最高。
- 被选为企业收购整合的团队成员。

2001—2002年：项目经理。

被选派去支持几个业绩不佳的业务领域；管理1 000个空投点的业务计划和合规措施的关键部分；向公司管理层汇报情况，管理16名办公室员工；与供应商磋商并制订租赁协议。

业绩

- 在所有地点推出并管理正在实施的危险品合规管理计划。
- 通过跨职能领导项目创造了600万美元的销售额，并将参与率从20%提高到100%。
- 通过认真谈判和耐心说服，得到了工会对增长项目的赞助。

1999—2001年：高级客户经理。

在实现110万美元计划销售增长的基础上实现了280万美元的增长，在负责创收的53名经理中排名第三。

1997年—1998年：客户经理。

在53名生产商中排名第一，计划销售额50万美元，实际销售额达到130万美元。

1994年：包装操作主管。

管理65家全职服务供应商；进行日常分析、运营策略制定、合规、薪资、服务故障恢复和新技术实施；100%符合运输部和危险品合规的要求；将交付后的人员配备时间减少了50％，将错过接载时间的比率降低了65％。

1988—1994年：中心运营主管。

管理100名工会员工和雇员，每天处理7.5万件货物，涉及40多个出港码头；执行复杂的人员调度并保持较低的人员流动率；设计新的管理报表格式，减少20%的管理时间，提高了30%的码头负载量。

1986—1987年：负责码头工人的业务操作和培训。

教育经历

工商管理学硕士

伊利诺伊州惠顿市国立路易斯大学（National Louis University），GPA为4.0分。

供应链管理专业，商业文学学士

伊利诺伊州埃尔姆赫斯特市埃尔姆赫斯特学院（Elmhurst College），GPA为3.84分。

其他专业课程

供应链映射，20小时；财务物流分析，10小时；危险材料，20小时；劳工关系，30小时；经理领导力，100小时；危险材料，20小时；用心经营，30小时。

第 6 章

最简单、最聪明且最快速的简历写法

没有人喜欢写简历，但如果我告诉你我的简历写法最简单时，你一定会投来质疑的目光。事实上，以下是我知道的优质高效简历的最精简写法。

优质简历 5 步法

简历就是一份简洁的销售文件，需要用短短几页的篇幅来呈现你的职业生涯。写一份优质的简历通常需要 5 个步骤。

第一步，写第一份草稿，在简历模板上写下全部最重要的内容。

第二步，花一周或者更多时间来修改简历，调整单词和短语，写出更多版本简历，不断提高简历质量。适当地进行增删、剪切、移动和粘贴，直到没有可以进一步完善的地方。在这一周左右的时间里，你要反复进行职位搜索，同时每天花几个小时简历修改。你会意识到自己需要重新设计简历才能在新的工作环境中更好地表现自己，你还可能需要重新调整求职策略。

第三步，你要将确定的专业品牌在整个简历中体现出来。

第四步，你可以把自己所有的工作经历粘贴到不同的简历模板中，并选择一个最适合你的。此时，你很可能仍需调整单词顺序。

第五步，这一步是给格式化的简历定稿，你可以在此时编辑语法并对文本进行润色。

整合初稿

有了完整的目标工作解构、简历以及竞争优势问卷调查后，你就了解了顾客想要什么，也因此了解了你必须提供什么。那么现在你需要把这些材料用最有效的方式整合起来。

为了帮助你高效地完成这个任务，我创建了一个简历布局模板。你可以使用此功能按模块来搜集信息，并对简历内容进行审核。当然这个模板并不是让你写出最终版简历，它只是一个把一份出色简历的所有组成部分集合起来的地方。在它的帮助下，你可以熟悉所有的简历构建模块。一旦确定下布局和模板，一切准备就绪，你只要剪切和粘贴即可。

姓名

地址　　　　　　　　　　　　　电话　　　　　　　　　　　　　邮箱

目标职位

如下例所示，目标职位后面可能带有品牌声明，这是选填项，有助于提高数据库的可见性并将重点放在简历读者身上。选填的简短的品牌声明可以传达你能为工作带来的价值主张，例如：

药品销售

有望在制药软件销售中达到大型制药公司取得的销售业绩。

业绩简介

这里应该写什么？从目标工作解构中提取出最常见的要求，并将其改写为业绩简介或业绩综述，这样可以提高简历在数据库中的可见性，能立即引起读者的共鸣。在这部分当中，最多5行文本就要另起一段，或者插入一个分项标题。

核心竞争力

列出你在目标工作解构中确定的所有技能，再根据你所应聘的工作把每一项技能都重复一遍。这增加了简历在数据库中的可见性，能够立刻抓住读者的注意力，如下所示。

口腔四手操作技术	感染控制	预防护理
口腔外科（拔牙）	印模	急诊处理
牙根管手术	X射线诊断	器械灭菌
假牙修复	牙齿美白	放射诊断

技术能力

根据职业相关性选填。

突出业绩

根据个人经历选填。

工作经历

雇主名称	日期
公司的重点领域	
职位	

如果要把什么加粗的话，那就是你申请的职位。

每页的顶部都要有你的联系方式。注意保证简历结构的紧凑，但不要担心页数问题。原因在于：现在的工作比以前更加复杂，提供额外信息可以提高简历在数据库中的表现，只要简历里的内容与所应聘工作相关，招聘者是不会介意的。

雇主名称	日期
公司的重点领域	
职位	

要重复必要的工作经历。

教育经历

可以先写那些与工作紧密相关的关键的专业证书（如医学、法律等），或者先写那些突出了某项重要优势的专业资质。

证书或专业资质

可以先写那些关键的资质，尤其是相关的资质，或者可以强调一个具有重要优势的资质。比如，接受的可持续的职业教育，参加的专业组织或联盟，或者发表的文章、专利、演讲。

语言能力

在业绩简介的最后添加你的语言能力，并在此处进行重复。

业余爱好

如果你的爱好与工作相关，就将其写在这里。爱好体育说明你身体健康，喜欢国际象棋等益智游戏代表你善于分析，这些都与工作有关。

结尾品牌声明

结尾品牌声明不是一定要写的，如果要写的话也不用加标题，如下所示：

我相信，以身作则的领导和认真负责的绩效管理是我们部门保持客户满意度的基础。

证明材料

切勿在简历中列出证明材料目录，那样雇主会认为你已经附上了证明材料。

当然你可以在结束时大胆做如下声明：

如有需要，可以提供证明材料；可根据要求提供完备的证明材料；我的证明材料将验证简历中的所有内容。

为什么你现在还不能选择简历模板？因为选择模板要根据简历的布局，而且要看模板是否适合简历的内容。这就意味着你首先必须确定好简历的所有内容，而这只有在你把所有相关信息都收集到一起时才能确定。所以，现在选择最终模板还为时过早。

布局模板并不用作最终的简历模板，而是作为一种工具来帮助你学习简历的组成部分，使简历最大限度地发挥作用，还能使你在简历开发制作的过程中感到自己在不断进步。

你可以在 www.knockemdead.com 网站上找到电子版的《终极简历模板》一书，里面有 100 多个简历模板。

如何制作简历

姓名

仅提供你的名字和姓氏就可以，因为这是你当面向某人介绍自己的方式。无须包括中间名，除非中间名的首字母是大家耳熟能详的，否则不要在简历中使用中间名。

不必把先生、女士、小姐或夫人等称呼放在名字前面，除非你的名字像杰米（Jamie）、卡罗尔（Carroll）或莱斯利（Leslie）这样的中性名字。如果你认为有必要的话，明确写出杰米·琼斯先生（Jamie Jones）或杰米·杰克逊女士（Jamie Jackson）也是可以的。如果你为避免和同名的人混淆，在签名时经常标记 Jr.，那你可以继续这样做。

地址

如果你在地址中使用缩写，例如街道的缩写（St.）或公寓的缩写（Apt.），请保持一致。但是你所居住的州总是要缩写的，例如：明尼苏达州缩写成 MN，西弗吉尼亚州缩写成 WV，路易斯安那州缩写成 LA。简历中可接受的地址格式如下。

马克斯韦尔·克里格
纽约州纽约市
中央大街 9 号 38 号公寓

从保护个人隐私的角度来看，不少人认为简历上不需要写明街道地址，所以如下这种格式也同样可以接受。

马克斯韦尔·克里格
纽约州纽约市

如果简历的空间不足，那么你可以把联系方式都写在一行上：

纽约州纽约市，马克斯韦尔·克里格

现在人们认为不再需要写确切的地址，只要有州和城市名就足够了。

如果你还没有辞掉现有工作，是在秘密地找工作，那么姓名和地址都不写也是可以的。姓名可以替换为目标职位，然后是电子邮件和电话联系信息。

电话号码

在填写固定联系电话时，请务必写上区号，并且千万不要使用工作电话。如果你有固定电话，现在大多数电话公司都提供主铃声功能，允许你的座机上设两三个不同的号码，每个号码都有独特的来电铃声，而且不需要额外付费。用一个这样的备用号码作为你永久的职业管理号码可能是个不错的主意。这样无论它何时响起，你都可以做好准备后再拿起话筒。

当然别忘了写上手机号码，这是联系你的主要方式。因为我们一般都是随时接听手机的，因此如果电话来得不是时候，你应该说自己很想谈，但需要回电谈。

作为营销工具的电子邮件

通过互联网找工作时，邮箱地址是一个强大的营销工具，但对大多数求职者来说，他们通常会失去这个营销机会。招聘人员或潜在雇主第一眼看到的就是你的邮箱地址，所以这是一个获得应聘资格的好机会。

确实应该停用像 binkypoo@yahoo.com、bigboy@hotmail.com 或 DDdoll@live.com 这一类的邮箱地址了，或者至少在与工作相关的事情上不再使用它们，这样才不会影响你的职业声誉。

你可能有许多不同的电子邮件地址，你只需添加一个专门用于求职和职业管理的电子邮件账户即可。

创建一个能显示你的专业的账户名称，比如：SystemAnalyst@hotmail.com。用这类电子邮件地址充当标题能告诉读者是谁写了这封邮件，并提供一些有关交流内容的信息。如果已经有人已使用了诸如 topaccountant@yahoo.com 之类的邮箱名称，则建议你改用诸如 topaccountant1367@yahoo.com 这样的邮箱名称。

你如果还没有这样做，那请先试着在邮箱地址里添加区号（topaccountant516@yahoo.com）或者邮政编码（topaccountant11579@yahoo.com），这两个代码都会给本地目标市场的雇主提供有用信息，但对该市场以外的人来说意义不大。

使用职业化的电子邮件地址有双重作用：它既能简洁地介绍你的职业，又能保护你的身份。在竞争激烈的求职过程中，一些小事能够产生重大影响，自我介绍的方式就是其中之一。最后，电子邮件地址是联系信息的组成部分，你应该在自己的简历上创建超链接，招聘者单击一下它可以很轻松地联系到你。这也许是你的竞争对手想不到的。

简历上的联系信息还可以包含通往你的领英个人资料的链接。

我们正进入这样一个世界，即在简历上添加与社交媒体资料相关链接正成为创建有效简历的标准要求。从专业角度来说，我们一直是在电子邮件地址下面添加链接的。

我们在出版这本书时，还在 www.knockemdead.com 上提供专业的简历撰写服务。我们正在测试该版本的一个变化，就是将领英图标放在简历的结尾处。我们一直认为，除非招聘人员对应聘的候选人感兴趣，否则他们不会点击一个社交媒体地址。

我还无法告诉你这是否有效，但我建议你可以尝试一下我们的方法。我们为客户创建了不同版本的简历，有的将图标链接添加在了在前面，有的将其添加在了后面，并建议他们每个版本发出 20 份，看看哪种版本的效果更好。

目标职位

80% 的简历缺少明确的目标职位，这使简历更加不容易被忙碌的招聘者关注到，因为他可能只会花 5 秒钟的时间浏览你的简历，接着就会转到另一位求职者的简历上，因为该求职者的关注点比较明确，有更好的沟通技巧。

招聘人员会使用目标职位在数据库中进行搜索，因此在简历开头使用一个职位有助于将简历从数据库中提取出来让招聘人员进行审阅。此外，一旦简历被摆上桌面，一个明确的目标职位可以立刻引起招聘者和招聘经理的关注。

目标职位紧跟在联系信息之后，通常位于简历的顶部、居中的位置，字体比正文要大，一般用粗体来表示。它的作用与电影、电视节目、书籍或博客的标题的作用相同，那就是通过大众的关注点来吸引读者。

任何一个读简历的人要看的第一点就是简历的目标职位。它说明了简历存在的目的。你要提取自己在目标工作解构流程中收集的所有相关职位的名称来确定一个通用的目标职位，这样可以增加你的简历被关注的机会。以下是从终稿简历中摘取的一些示例。

- 认证的职业健康护理专家；
- 全球运营主管；
- 活动现场总监；
- 市场营销主管；
- 人力资源或劳资关系专员；
- 职业服务专员；
- 运营主管；
- 医疗保健审查员——临床顾问；
- 农业或环境经理；
- 园艺采购员——具有国际采购经验 。

将专业品牌整合到简历中

你的专业品牌应该在整个简历中得以传达，但最有效、最重要的部分当然是开头品牌声明（有时是结尾品牌声明）。确定目标职位是建立专业品牌的开端，它能让你意识到究竟何种工作能用到你的专业技能，并能助你创造属于自己的专业品牌。

目标职位和紧随其后的精心打磨的品牌声明可以使读者快速关注到简历的核心内容以及简历所代表的应聘者是什么类型的人，它明确了你能为公司带来什么好处。

开头品牌声明

请注意，下面的品牌声明是将重点放在你能为工作带来的好处上，而不是放在如何实现这些好处的细节上。专业品牌声明通常以动词开头，如“准备”、“交付”、“致力于”、“带来”、“定位于”或“构建”。

制药销售管理专业人士：

在制药软件销售方面表现突出，业绩与各大制药公司持平。

高级运营专员或工厂管理专业人士：

致力于提高生产力、精益六西格玛、启动和周转运营、兼并与变革管理、流程与生产力优化、物流与供应链。

银行信托管理：

在减轻损失、收款管理方面表现出色。

机械设计或结构工程师：

为制造、建筑、发电行业的全球公司提供大量的复杂结构和设计项目。

客户管理经理与客户沟通经理：

切实实现金融服务行业的绩效改进。

营销传播：

始终如一地提供成功的战略营销、媒体关系和特别活动策划。

行政人员、办公室支持专员：

有准备、有意愿、有能力且注重细节的问题解决者，能始终与全体人员建立有效的工作关系。

高级工程主管：

在快节奏的环境中能发挥良好的技能，具有极高的业务敏锐度和管理技能。

用标题来引导读者

标题就像路标一样，能够引导因疲惫而注意力分散的简历读者继续浏览你的简历。简历的作用就是为你打开尽可能多的大门，并通过让你的目标客户尽可能地获取你的信息来实现这一点。在简历中使用标题是视觉理解和文本理解的辅助手段，可以帮助那些视觉疲劳、注意力无法集中的读者理解你的信息。以下是你最有可能使用的标题，可以给简历读者以指引，使他们更加轻松地阅读简历。

目标职位

——这是我要找的工作。

业绩简介或业绩、职业、行政概要

——这是我能为贵公司做的事情。

核心能力或专业能力

——这是可以帮助我出色完成工作的所有关键专业技能。

技术能力

——这是帮助我做好工作的相关技能。

突出业绩

——这是我运用您所感兴趣的专业知识取得的一些业绩实例。

专业经验

——我在何时何地获得的经验。

这些标题能够帮助读者快速获取你能带给他们的益处。招聘人员一旦注意到你，他就会认真阅读整篇简历。

一致的品牌信息

在写简历时，你要把自己的专业优势，也就是你的品牌的基础组成部分都整合进去。在修改和完善简历时，你务必进行检查并做出调整，以确保所有的信息都支持你品牌的核心概念，特别是如业绩简介，专业能力，突出业绩，专业经验和结尾品牌声明部分。

业绩简介

在你的目标职位和开头品牌声明之后是业绩简介。每位人事经理（招聘主管）的工作本质都是绩效管理，他们每年都会花一部分时间进行思考和绩效评估。因此，“业绩简介”这个新颖而有力的标题会引起每位经理的共鸣。标题反映了你对工作的把握和你的目标定位，也促使你继续关注那些对目标读者来说非常重要的问题。

通过目标工作解构法找到主要的工作要求，然后将其转换为 3~5 个句子，或者如果没有段落间隔的话文本不要超过 5 行，业绩简介应该清楚地传达你对顾客的优先关注点的理解。

可以使用诸如“职业概要”之类的标题，但你要知道这些传统的标题只鼓励你思考自己所做的一切，并不关注顾客的需求。

切勿谈及工作目标

请尽量不要谈及工作目标（或者职业目标），原因如下：

首先，在这个阶段没有人关心你想要什么，招聘人员唯一关心的问题是，你能否胜任这项工作。

其次，工作目标这种标题无助于提高简历在数据库搜索过程中的表现，也不会引起招聘人员的共鸣，因此这无异于消费你宝贵的“销售空间”。

如果你刚开始找工作、没有经验而必须写上工作目标，也没什么大不了，因为你的竞争对手和你是同样情况。你可以在自己的工作目标前先写上“有机会做……”，然后参照目标工作解构法练习中的内容，把目标工作的主要优先事项设定为工作目标。这样做将大大提高你的简历的入选率。

简历中的这一重要部分包含三个传统标题——“职业简介”、“工作目标”和“业绩简介”，你会发现“业绩简介”这一标题是作用最大的。招聘人员和人事经理之所以会做出回应，是因为这一部分简洁地记录了你能为工作带来的收益。

如何写业绩简介

简历中的“业绩简介”或“绩效总结”部分位于“目标职位”之后。这样就能使读者在简历的最前面看到工作的关键技能以及与之最相关的关键字了。这就为读者指出了本简历的重点，使其在数据库搜索中更容易被发现。要创建功能强大的业绩简介，请你遵循以下步骤：

- 从你的目标工作解构法练习中提取 3~6 个最重要的或最常见的要求，并写下 3~6 个能反映你技能的分项陈述，这些技能要与你在目标工作解构法中确定的优先技能相关。
- 把所有信息整合成 3~5 个简短的句子，它们可以清楚地展示你能为目标工作带来的好处。

- 对照你的目标工作解构法进行检查，以确保尽可能地使用与雇主相同的词语。
- 密密麻麻的文字让人看不下去，如果文本超过 5 行，请分成两段。

业绩简介的目标是，证明你拥有雇主招聘此类人员所寻求的技能。这是促使招聘者打开你的简历进行阅读的一种有效方法，既可以通过简历搜索引擎发挥作用，又可以为读者提供他们所需的信息，因为你是在根据招聘者需求的优先顺序来解释你能为他们带来什么的。

最终的产品就是一份业绩简介，因此，你需要用最有可能在数据库搜索中使用的词汇来展示一个专业的你，而这些词汇都是招聘经理耳熟能详的。

在业绩简介中使用关键词

招聘人员在搜索简历数据库时，会将雇主在职位发布中使用的词语作为关键词进行搜索。因此，在简历中使用雇主在职位发布中所使用的相同词语将有助于你的简历从数据库中被提取出来。立即使用这些词汇吧！因为搜索引擎的算法会让位于文档顶部单词的权重，所以要在业绩简介中尽可能多地使用关键字。

以下是一位负责公司沟通管理的专业人士的业绩简介。

业绩简介

9 年的战略传播经验，在媒体、娱乐和技术实践领域为消费者和企业受众制订了具有高影响力和高成本效益的媒体推广计划；有管理公司的经验和个人危机沟通的经验；以目标和最后期限为导向，拥有 5 年的内外部沟通和管理经验；擅长与多个团队和利益相关者合作。

专业能力

“专业能力”部分旨在以一种简洁易用的格式呈现出你能为工作带来的全部技能。把你的核心专业能力想象成一张电子名片，可以与电脑进行联网。搜索引擎偏爱文档顶部关键字所在的位置，这将有助于提高你的简历在数据库搜索中的排名，每一个关键词都能激发起招聘人员的兴趣。

招聘人员喜欢用专业能力部分来概括简历的重点。每一个关键词或短语都是对一个技能领域的肯定。在简历中提早确定很多要讨论的话题对确定你的候选资格有很大的帮助。它作为正文的前言，相当于在说：“看，这是所有的标题，它们背后的故事就在下面。”所以读者对此会更加关注。

下面是一个公关领域专业人士的部分简历示例。

专业能力

高科技公共关系	项目管理
战略传播	注重细节
行政沟通	收购
公关信息和媒体关系	定位
工艺与场所报道	媒体销售
较强的写作能力	市场研究
媒体培训	团队建设和团队领导
多项目管理	指导者
故事编排	客户满意度维护
法律顾问	组织能力
战略战术	思想领导
较强的编辑能力	公关顾问
抵押材料	社交媒体
新业务开发	领导品牌推广
团队管理	故事设计
预算管理	关系分析
账户管理	

这是酒店管理领域的求职简历中的一个例子：

核心能力	
收入优化	每天 250 人份的饮食供应
员工发展	300 份戏前套餐
西班牙语	采购
客户服务	销售点系统
品牌完整性	招聘与选拔
损益表	运营管理
工资单	政策与流程
食品成本缩减	会计与销售点支持
培训手册	库存控制
成本控制	问题处理
团队建设	酒类库存
时间管理	现金对账
生产率增长	管理
客户关系	营销与广告

如果你从事技术工作，或者说你已经积累了大量的技术能力，则可以添加一个“技术能力”部分。最好把技术能力和专业能力写在不同页面上，这样会更有利于读者消化吸收。

添加专业能力

简历是一份“活”文件，其内容会随着你的求职进程而发生变化。每当你在职位发布中遇到能反映自己能力却没有出现在简历中的关键词时，就应该将其添加在简历上。如果没有其他合适的地方，至少应该将其放在“专业能力”部分。

要经常使用关键词

首先，要把最重要的专业能力最先写入简历中的业绩简介中。

其次，在专业能力部分列出一份完整的技能清单，即与你的专业技能相关的技术缩略词和专业术语。

最后，简历中的专业经验部分也应该尽可能多地使用关键词，它们可以展示出你发展和应用这些技能的背景情况。

这种策略可以让简历中的数据更密集，可以证明你拥有相关的技能，也可以让招聘人员以一种更直观的方式了解你。当然，这会增加简历的篇幅（我们稍后会讨论这个问题）。不过你现在只需要知道，这样做会使你的简历更有可能从简历数据库中被提取出来，因为它的内容完全与工作需要相关，更容易被招聘人员注意到，所以其回复率会大大提高。

为简历中的辅助技能留出空间

如果你希望自己的简历可以从数据库中被提取出来，那么它就要专注于单个目标工作所需的技能。但是，雇主仍然希望了解你的辅助技能。

例如，一位 IT 领域的同事兼招聘经理说：“我不光想看到某人是微软网络框架领域的能手，我还希望看到他可以使用其他编程语言。这样如果将来公司引入了一种新的编程语言，这个人是能处理的。”

你也可以把这些关于辅助技能的重要信息添加到你的专业能力部分，但这不会占用你太多的空间。

你在这部分的开始应该写那些对自己的目标工作最重要的技能，同时把所有能支持你全面专业化的辅助技能都写在后面。

把辅助技能写在专业能力部分可以使你的简历在数据库搜索过程中有更好的表现，且因为它们是辅助技能，所以即使你填写的从事过的工作中没有包含这些技能也没有关系。

技能优先排序

专业技能写三四栏最容易被注意到。这部分包含你重要的专业技能列表，需要将其放在简历顶部的原因如下。

其一，这些技能反映了雇主需求的优先顺序，放在顶部不仅有助于提高你的简历在简历数据库中被发现的可能性，也加大了它对经验丰富的读者的影响力。

其二，招聘人员在简历数据库中搜索简历时，会使用 ATS（申请者跟踪系统）程序。这个程序会青睐于计算文档前面部分的单词，以此来判断该文档与搜索关键词是否相关。因此，你的专业技能必须与目标工作相关，并被写在简历顶部。

其三，最近的一项研究表明，从简历数据库中提取出一份简历后，招聘人员首次浏览一份简历平均会花 6 秒钟。这意味着你的能力必须在这 6 秒钟内脱颖而出。要做到这一点，你可以使用一个目标职位，然后填写绩效总结，绩效总结要反映你在目标工作解构中确定的优先事项。接下来是专业技能部分，该部分用相关技能列表支持你上述声明中的所有专业能力。这使得招聘人员在首次6秒钟内将主要精力放在你的能力方面。

然而，到了简历的专业技能部分时，因为这份简历最终会由真正了解这份工作的人来读，他们知道什么是“必须具备”的能力，什么又是“锦上添花”的技能。

最简单的方法是什么？举个例子：几年前，我们为一位牙医助理准备了一份简历，她给我们列出了她工作中所有的重要技能。我们将这些技能放在三栏里，以使其容易被发现。这时我发现了一个严重的问题：她所列技能的第一项是“牙齿美白”，最后一项是“口腔四手操作技术”。很多人可能会疑惑这有什么问题？所有的技能都列出来了。

是的，所有的技能是都列出来了。但通常我们是从左到右，从上到下进行阅读的，即工作最重要的技巧应该排在次要技能的前面。因此我们立即调整了这些词的位置，把“口腔四手操作技术”这项高度市场化的技能排在第一位，而将“牙齿美白”这项更常规的技能排在了最后。

你在创建专业技能部分时，请记住：对技能进行优先性排序就是在用一种巧妙的方式告诉最终雇用你的人——你已经牢牢掌握了工作中所有必要的专业技能。这一点使简历前半页的重点更清晰、更有力量。如果遵循这些指示，那么你的简历的开头部分会显示出这样的信息：你能胜任这份工作，你的技能列表足以支撑你声明的能力，你了解工作各个组成部分的相对重要性。

这样做的结果是，仅用你简历的前半页，仅在6秒钟的浏览时间内，你就很有可能被列入到面试候选人名单中了。

简历格式中的网格和表格

刚才我提到了 ATS 系统，这个系统是 30 多年前出现的，旨在帮助招聘人员在不断增长的数据库中查找简历。早期，ATS 系统在处理斜体、线条、框、粗体、某些项目符号、表格以及某些字体方面存在一些问题。此外，系统在阅读不同的简历布局方面也遇到了困难。

30 多年来，科技取得了长足的进步，公司也不会再用那样的软件了。

因此，有些我很信任的同事认为这些格式问题不再像以前那样重要了，我个人也这样认为。比如，在技术方面，你通常会认为欧洲和其他地方落后于美国。几年前，我们为一位居住在奥地利维也纳的欧洲药品代理营销人员写了一份简历。他的简历是使用表格制作的。他先是把简历上传到 25 个数据库中，并在两周内接受了 7 家主要目标公司的面试。格式化没有任何负面影响。常识告诉我们，虽然公司倾向于更新软件版本——即使它们没有更新，也肯定不会使用 30 多年前的软件。

如果你非常谨慎认真，即便不用表格，也可以获得相同内容的简历，但这需要你花费更长的时间，因此最终由你决定是否使用。

突出业绩

在填写简历问卷时，你收集到工作中的成就和贡献的依据，然后尽可能地对其进行量化。再选择其中的 2~4 个（取决于你的经验）作为你最突出的贡献，用自信的语言表述出来。

> **突出业绩**
>
> 准时交付量增长了35%，客户投诉率减少了20%
>
> 有效的运营管理需要我了解每个部门独特的问题和时间表，对其深入了解后，我提高了以下方面的业绩：
>
> - 在过去三个季度中，为金融供应链节省了5.5万美元。
> - 生产力得到了提高，准时交付量增长了35%——主要通过改善采购、供应链和客户之间的沟通实现的。
> - 客户投诉率减少了20%。

工作经历

公司名称

每一项工作都需要有雇主确认，虽然它们不需要包括具体的联系信息，但是包含省、市这样的信息是有帮助的。如果你在多部门的公司工作时，那么你需要列出各部门负责人。

工作日期

没有标注工作时间的简历要比标注工作时间的简历效果差很多。在简历上标注的日期必须准确，因为雇主可能会去验证。如果你有稳定的工作经历，没有工作空白期，那你可以把简历日期写得非常具体，比如：2007 年 1 月—2011 年 9 月。

如果你在2008年有6个月的工作空白期，你可以用下面这种方式来加以掩饰。

2006—2008年：MBO公司。

2008年至今：XYZ公司。

这并不是建议你在工作经历上撒谎，如果有雇主询问时，你必须做好准备来诚实、毫不犹豫地回答。

如果你缩写了工作日期，那么一定要保证前后一致。只列出年份而不具体到月份是可以的。记住：雇主检查证明材料时，首先要核实的就是你的工作日期和离职工资。如果你谎报了这两方面的信息，那么它会成为雇主解聘你的理由，而且还会影响你未来的工作和发展。

在日期和工作的布局设置方面，如果你的工作经历中没有因工作太多而导致的问题，那么你可以着重强调一下日期，这样可以让读者更容易地收集到信息，比如，2009年至今：微软公司。

如果你在公司任职期间曾获得晋升，那么你应该让雇主在第一时间看到这条信息。在我们给出的例子中，有的求职者在10年里做了4份工作，而且一份比一份责任大，所以这个工作列表首先列出其全部工作，然后按职位和日期详细地说明每一份工作。

2009年至今就职于微软公司

2012年至今：高级业务分析师。

2010—2012年：销售业务助理。

2009—2010年：销售补偿分析师。

2012年至今：高级业务分析师。

我们从上述工作详情中可以看出，其就业的连续性是显而易见的，并且我们需要对每个工作依次进行说明。

个人工作

简历的每一部分都代表着一个交流你独特成就和贡献的机会。要注意替换掉简历中专业经验部分的过时言语，比如：

替换前：负责识别和开发新客户。（带有强烈的行动宣言的感觉。）

替换后：通过持续建立网络和追逐被遗忘的市场份额来使停滞的业务恢复活力。被遗忘的市场份额包括销售损失、规模较小的业务、尚未开发的业务或由于竞争而被忽视的销售前景等。

你在每一份工作中的职责和成就，都与你在目标工作解构法中确定的客户需求有关，这一点是你简历的重点。你在填写这一部分时，要参考目标工作解构法，提醒自己不要遗漏目标雇主最想阅读的详细信息，以及在数据库搜索中发挥作用的关键词和短语。

你在这里确定的职责和贡献是与目标工作需求最相关的内容。它们不仅与你如何度过大部分的工作时间相对应，也与你可能更愿意如何度过工作时间有关。我最近收到的一份简历也许可以为这一点做出最好的说明，如下所示：

负责鼓励 6 名销售人员，负责招聘、培训和管理工作。我的工作目的是提高销售额，而作为销售经理，我也确实提高了销售额。

这位女士把所有内容的重要性顺序完全弄颠倒了。毕竟，对于未来的雇主来说，他们最想招聘的就是能够给他们增加销售额的人。她还浪费篇幅来解释这条显而易见的原因。现在让我们看看重组语句后的效果：

受聘扭转销售停滞不前的局面；成功招聘、培训、管理并激励了 6 名销售人员，使第一年的销售额增长了 22%。

请注意这种表述如何清楚地将重点放在了对于任何销售经理来说都应该是工作要点的方面，即为公司增加收入。

“受聘扭转销售停滞不前的局面”，展示了她的技能和工作职责。

“成功招募、培训、管理并激励了 6 名销售人员，使第一年的销售额增长了 22%”，说明了她随后与销售人员一起做的工作，以及她做得怎么样。

这样修改之后，鉴于雇主需要解决的问题，她的职责和成就变得更加重要了。确保你的叙述符合雇主的需求以及该目标工作的重点，避免夸大你取得的成绩，因为那是完全没有必要的。

成就

事实上，商业的利益可以归结为两个字——赢利，且只有 3 种方式可以实现它，其一，为公司省钱；其二，通过提高生产率，从而节省时间和资金，并利用节省的时间赚更多的钱；其三，为公司赚钱。

这并不意味着你在简历中只能提到这几点，而忽略那些无法量化却有价值的贡献，你应该尽可能量化你的成绩。

你可以从每个职位中选择 2~4 项成就，把它们编辑成像电报一样的小块，填写简历时就好像你必须按字为每一条信息付费一样，这种方法可以帮助你把很多信息压缩在一个很小的空间里，由此产生的缩写风格有助于向读者传达一种即时感。下面用一个例子来进行说明：

负责新车和二手车的销售，2014 年和 2015 年荣获“年度最佳销售员”奖，一年内售出最多汽车纪录保持者。

下面是另一个例子，来自一个筹款人的简历：

- 创建了一个年度捐赠项目来筹集运营资金，共筹集到 200 万美元。
- 定位、培育并征求包括个人、公司、基金会以及州和联邦机构的资源来筹措资金，共筹集了 165 万美元。
- 筹集资金用于表演艺术学校的设施、资本支出，以及音乐、舞蹈项目等，共筹集 635.6 万美元。

现在尽管你可以告诉读者你的这些成就，但一定不要解释你是如何取得这些成绩的。注意，这里的关键在于“特别含糊”。简历的目的是激发起读者对你的兴趣，然后向你提出尽可能多的问题。向你提出问题就代表雇主对你有兴趣，有兴趣意味着雇主想和你交谈。而开始对话是简历的首要目标。

将你的成就按优先顺序排列，并在恰当的时候尽可能地将其量化。

有可能的话，把每一段都缩短到 5 行内。这样可以保证你的定稿简历有足够的空白，使读者读起来更加容易。如果有必要，你也可以把一段分成两段。

业绩评估的背书和摘录

尽管你不会经常在简历上看到业绩评估的背书和摘录，但它们可以为你提供强有力的支持，在这些支持中量化成绩最为有效。当然背书不是必需的，尽管它可以为简历增色不少，但也不能被过分使用。尽管有的简历中的每一条工作业绩描述后面都跟着一条背书，但事实上背书有一两个就足够了。下面这些例子可以说明如何写好这部分内容：

- 使销售额从 9 000 万美元增加到 1.75 亿美元，该业绩被公认为“年度最大的单项收益”。
- 使收益从 900 万美元增加到 1 800 万美元，被戏称为：“总是对公司的底线有看法。”
- 专业表现如下：

年份	预期销售额（美元）	实际销售额（美元）	百分比
2011	240 000	425 000	177%
2010	90 000	106 200	128%
2009	102 000	114 000	121%
2008	114 000	123 120	117%
2007	185 000	192 816	109%
2006	120 000	121 000	102%

图表和图形

一图胜千言，所以如果你能用图片来说明问题，那就把它加到简历中，因为人们在简历中很少见到图表，所以它完全可以引起读者的注意。下面我们将简历中对该成就的描述与销售业绩增长图形进行一下对比。

成就描述：收入增长——在波动的经济中保持了持续的同比增长。

销售业绩增长图形：收入增长——在时而强劲时而低迷的经济中，保持了稳定的逐年增长的态势，销售额从 5 万美元增长到 120 万美元，如下图所示。

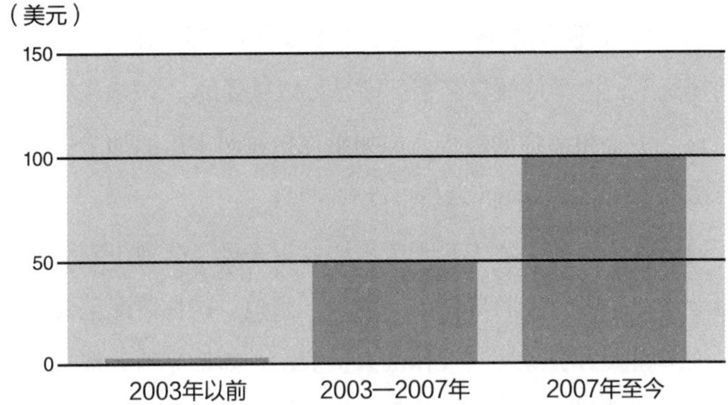

不要夸大你在工作上的成就，因为这是没有必要的。

教育经历

通常你需要将教育经历放在最能帮助你解决问题的地方。具体的位置可根据你工作经历的长短、你在工作方面的学术成就，以及你的职业重要性而有所不同。

如果你刚从学校毕业，没有什么实际工作经验，那么学历可能就是你的主要资本了，你应该把它放在简历的开头部分。

在专业领域工作两到三年后，对于大多数行业来说，学历证书就不再那么重要了，因此教育经历这一部分也应该被放在简历的最后面。但是在学历占主导的领域就另当别论了，比如医学和法律专业。最高水平的学术成就总是排在第一位的：首先是博士学位，其次是硕士学位，最后是学士学位。对于有学位的专业人士来说，没有必要写上所有的教育经历。预科学校也是可写可不写的。

缩写学位是很正常的，比如，博士缩写成 PhD，硕士缩写成 MA，文学学士缩写成 BA，理学学士缩写成 BS 等。在教育程度很重要的情况下，把学位放在名字后面是可以接受的。一般来说，这样做一直是医生和律师的特权。但如果你想在名字后面加上比如工商管理硕士（MBA）这样的学位也没有问题。

列出奖学金和奖项。对于应届毕业生来说，会列出主修专业和辅修专业；对工作经验丰富的专业人士来说，这种情况就要复杂一些。许多在人力资源部门工作的人员表示，如果应聘者把主修专业和辅修专业都列出来的话，他们会感觉轻松一些，因为这样他们可以进一步地筛选申请人。然而，这对他们方便，对你可能就没什么好处了。简历是面试的敲门砖，而不是对你的迎面一击。省去专业并不会影响你获得面试的机会，因此我建议为了保险起见，除非这些专业与目标工作直接相关，否则就不要列出。

如果你高中毕业，上过大学但没有毕业，你可能会先写高中文凭，然后写你的大学名称。这会给读者一个信息：你是一个大学辍学生或高中毕业生。在这种情况下，你应该列出你的大学和专业，而不提及较早的教育经历。

雇主们非常欣赏那些为自己的未来进行教育投资且在美国教育部有证据证明的人。在美国，被大专学历教育录取但没有毕业的高中毕业生中，48% 的人得到了更好的工作，29% 的人获得了加薪。但是如果他们真的顺利毕业了，情况会更好：71% 的人得到了更好的工作，而 63% 的人获得了加薪。

显然，接受继续教育写在简历上看起来不错，致力于事业的教育是有百利而无一害的。攻读学位不需要花费很多钱，在其他相同条件的情况下，比如：当工作需要一个管理学学士学位时，哪怕只是一个“预计 ×××× 年 9 月毕业”的会计学管理学学位也可以帮助你满足雇主的强制性要求。

不要夸大自己的学历。有研究表明，每 10 份简历中就有 3 份夸大了自己的教育资质。因此，核实学历的说法屡见不鲜。如果在你被录用后被雇主发现夸大了学历，那可能会让你丢掉工作。

持续的专业教育

确定你参加过的所有相关的专业培训课程和研讨会，它们体现了你的专业能力，也表明你对自己的专业的投入。这也表明雇主会认为你值得投资。技术正在迅速地改变所有工作的性质，所以如果你不是每年都在学习新技能，那么你获得的报酬只能是同日益过时的技能等价的报酬。持续加强专业学习是一种明智的职业管理策略。

证书、专业执照和公务员等级

如果执照、证书或者公务员等级是你职业中的硬性要求，则你必须清楚地标明。如果你即将获得一个专业的证书或执照，那你应该在简历上写清楚：

×××× 年 9 月通过了注册会计师考试（CPA），预计 ×××× 年 3 月获得认证。

如果你申请的是政府承包商、分包商或任何与政府机构做生意的雇主的工作，那么公务员的等级很重要。

专业协会

拥有与你的专业相关的协会或社团的成员资格表明你有很强的专业素养，也会提供给你很多社交机会。如果你目前还不是你所在行业的专业协会的成员，那么你应该认真考虑加入。

注意标题中对“专业”的强调。雇主几乎只对你的专业协会和社团感兴趣，不要提及任何宗教、政治或其他可能引起争议的从属关系，除非你对某公司有一定了解，确定它会肯定这种关系。

当你的工作中人脉是最有价值的财富时（比如公共关系、销售、市场营销、房地产和保险等工作），你的会员资格、社区活动、教会组织等都非常有价值。你的参与表明你作为一个专业人士也参与社区活动，说明你是一个性格外向的人，拥有广泛的社交圈子。

同样，参与市议会、慈善事业或者筹款项目等都表明了你愿意参与其中，并且你在这些活动中的头衔可以证实你的组织能力。如果简历空间允许的话，这些都是值得被写入简历的内容，因为它们展示了你在社区中一种向善的力量。

认真承担社区责任的公司经常会寻找与它们感觉和行为相一致的员工。因此，你可以这样写：

美国心脏协会：地区筹款主席。

如果你是刚进入职场的新人，那么有意义的课外活动就尤其重要了。列出你在校报或者学生会中的职位，在俱乐部的成员资格，或者任何能证明你是一个有潜力的高效员工的项目。然而，随着职业的发展，未来的雇主会更关心你的工作情况而非你的学校生活。所以，一旦你工作了两三年，这些活动就应该被成年人世界中的类似活动所取代。

出版物、专利和演讲

对于应聘者来说，有出版物、专利和演讲经历是非常罕见的。这 3 种能力可以有力地说明你的创造力、组织能力、决心和跟进能力。它们可以告诉读者，你为自己的职业投入了大量的个人时间和精力，这会让你在竞争中脱颖而出。

公众演讲在每个行业都受到尊重，因为这是一件非常可怕的事情，即便我已经有 20 年在世界各地发表演讲的经验了，也依然会这样说。出版物也总是受到他人尊重的，在某些行业（比如学术界）它具有更大的分量。在本书的简历范例中，你可能会注意到作者列出了出版物的日期和名称，但通常不会包含版权信息或者专利号。因为对于简历来说，这些都不是必需的信息。以下是如何引用出版物的示例。

2002 年，我在《美国医学》杂志上发表《慢性疼痛的根治性治疗》一文。

2000 年，我在《科学与健康》杂志上发表《疼痛：是想象的还是真实的？》一文。

获取一项专利需要几年的时间，并且在获取专利的过程中人们要花很多钱（我有两个光学方面的专利，因此了解这些）。专利体现了你的远见、创造力、对细节的关注以及坚韧性。拥有专利对于你应聘技术和制造领域的工作有绝对的优势。

当你把这些信息拼凑在一起时，简历几乎一定会超出一两页的范围。但是不要担心，传统的考虑简历页数的做法已经过时了，而且你现在还没有对简历进行编辑。

语言

随着当前通信技术的发展，所有公司都可以在国际范围内开展业务。因此，文化意识和语言能力是应该被写进简历的。如果你会说外语，可以这样写：

西班牙语和法语流利。

能够阅读德文。

可以读写塞尔维亚—克罗地亚语。

会说普通话。

如果你的目标是那些具有国际影响力的公司，我建议你在业绩简介中写上语言能力，或许在简历的最后你还可以再写一次。

部队经历

如果你有部队经历的话，一定要将其写进简历。部队经历要比其他事情更能彰显你的决心、团队合作能力、目标导向以及你对系统和程序的理解。在许多大型国际公司中，高级职位严重倾向于有军事背景的男性和女性。事实上，我遇到过的最好的老板是彼得·埃伯（Peter Erbe）上校，他曾经是一名空降兵，曾任西点军校培训主管。每个人都会尊重你在军队里培养起来的奉献精神和技能，这对你的事业大有裨益。

个人灵活性——搬迁

如果你愿意为了合适的工作机会而搬迁，那就一定要进行明确说明。这本身不会让你得到面试机会，但不会有害处。将此信息放在简历的前半页中，以便雇主在看你的地址时可以扫到这则信息。

需要自己判断是否填写的事项

这些内容通常不会出现在简历中，是否填写你要视自身情况而定。

暑期及兼职工作

这一条只在你刚刚进入职场或者间隔很长时间重返职场时才会被用到。职场新手可以放心地列明时间、地点和日期，而重返职场的人应该列清自己所获得的技能，但应尽可能地减少描述兼职经历。

离职理由

面试时你经常会遇到这个问题，那么为什么要引出一个可能产生负面影响的问题呢？所以离职原因一般不会出现在简历上，你可以更有效地利用这块空间。

然而，如果你经常被招聘到裁员、合并或其他具有更大责任的岗位上，那么列出这些原因是有必要的，这样可以充分证明你不是一个经常跳槽的人。

证明材料

雇主们通常认为你应该提供证明材料。如果你不能提供证明材料的话，那么你便有麻烦啦！然而，有一种情况是在简历结尾加上一句“根据要求提供证明材料”。也许我们不一定说是因为要求才提供参考，但加上这几个字也无可厚非，甚至可能会帮助你在众多应聘者中脱颖而出。因为这几个字传递出这样一则信息：“你看，我没有任何见不得人的事情。”但是只有在空间允许的情况下你才需写这句话——如果你必须省略一部分内容，可以首先去掉这句话。

切勿在简历上列出证明材料的名称：面试官很少会在与你见面或对你产生浓厚兴趣之前查看证明材料，因为这非常耗时。此外，法律禁止雇主在未经求职者书面同意的情况下检查其证明材料，所以他们必须先跟你见面才能得到你的证明材料。

在申请表的最底部、签名区域的正上方，有一行非常小的字来声明材料的真实性，你在下面签名就意味着授予了雇主检查证明材料的权利。

证明材料和其他引用

有将近 50 种方法可以在简历上布局证明材料、引用、出版物和专利等，但我建议你最好按照我们样本简历中所使用的布局。

更改姓名和你的证明材料

如果你工作时曾使用过不同的笔名，那你在提供证明时必须考虑到这一点。

我认识一位刚刚离婚的女士，在简历和面试中使用了笔名，她尽管在面试中表现很出色，却浪费了这次大好机会。因为她忘了告诉雇主她的证明人只会用她的本名来称呼她。这个疏漏的结果是灾难性的，她以前的三位雇主都说从未听说过面试官提及的名字。

名字和种族偏见

我们最近为一个有西班牙名字的美国人做了一份简历，她叫冈萨雷斯（Gonzales），她发出 20 份简历后，得到的回复率是 1/20。后来她订婚了，她的新姓是卡林顿（Carrington）。当她开始用新姓名发送简历时，简历的回复率为 1/2。

当一个人把让西方人很难发音的名字改成比较容易发音的名字时，我们也得到了类似的结果。比如，我们有一个客户是第二代移民。她的名字叫法拉马蒂什（Faramadish）。当我问她名字的正确发音时，她说："哦，叫我法拉吧，其他人都这么叫我。"与之前的例子类似，她改名字前后的简历回复率也大不相同。

这是事关个人选择的问题，但是选一个不那么吓人、你未来雇主能够读准的名字，结果会好很多。很多人这样做都取得了很好的效果。这并不是欺骗，而是入乡随俗，是做符合自己最大利益的事情。

如果你选择这样做，当有工作机会并且公司代表要求你提供证明时，请按照证明列表的顺序回答，并告知对方你在那家公司工作时所用的名字。

婚姻状况

有一些权威的简历机构认为你的婚姻状况很重要，因为这关系到工作稳定的问题。然而由于 1/2 的婚姻以离婚告终，平均婚龄低于 15 年，所以填写婚姻状况很少会让你赢得面试机会或者只会让你丧失面试的机会，省略不写才是最保险的办法。在某些领域，婚姻状况有时被视为一项录用参考，比如外部销售、卡车运输和一些教堂的工作。

书面证明

最好不要在简历中附书面证明，如果你在面试中被问及，则可以提供书面证明来支持你简历上的内容。但如果你是刚入职场，或者在长期离职后重返职场，那么书面证明会很有帮助，你可以利用证明中的内容来完善你的简历和面试内容。

个人兴趣爱好

如果简历空间允许的话，你一定要写一些个人兴趣。这些兴趣爱好能很好地反映出你的个性和专业性。提及一些能证明你的道德规范的活动（比如，自愿参加临终关怀等）或者在某种程度上与工作相关的活动，都是非常有效的。

光辉国际（Korn Ferry）的一项研究表明，简历上有团队运动经历的高管的平均年薪要比那些内向、不参加运动的高管的年薪高出 3 000 美元。不论你的个人兴趣是跑步、爬山、骑自行车等，还是桥牌、国际象棋、龙与地下城等，这些都可以被写进简历中。同样这条经验法则也适用于某种可以帮助你被录用的活动。

兄弟联谊会和姐妹联谊会

由于时代的变迁，人们对在简历中列出兄弟会和姐妹会的想法也发生了改变。通常来说，我建议不要写这些。除非你的简历是为个人或者某公司量身定做的，而这种组织中的会员资格可以引发“强烈的认同感”，那么无论如何都要将其写上。

结尾品牌声明

使用结尾品牌声明可以有力地强化你在整个简历中一直努力打造的品牌。简历结尾处的结束语既可以用作感叹，也可以与开头品牌声明前后呼应。

大多数简历都是用第三人称写的，这样你在介绍自己时就显得比较客观。但是转换为第一人称是很有效的，它能使简历别具一格且更具有对话性。

比如：“我认为绩效管理是确保销售部门获得最大利润的关键工具，我在工作中执着的精神一直激励团队积极进取、成绩卓越。”

或者：“我理解客户服务是公司对外的窗口，我认为与客户的每一次互动都是我们成功的关键。以身作则的领导力和认真负责的绩效管理是我部门保持持续客户满意度的基础。”

许多人把专业化的语气要求和拘谨的形式混为一谈。但是你会发现，简历中最有效的语调是把正式的语气与非正式的或者谈话性的语气结合起来。

在简历的结尾改用第一人称的效果是这样的：在整个文档中，你一直以第三方身份客观地讨论某人的专业背景，而在结束时使用第一人称跳出来发表一个声明，来宣示对这份文件的所有权。

整合品牌声明是一个新颖的想法，这也是许多简历都没有的。做得好，你就能真正脱颖而出。但是，如果你尚未完全定义好自己的品牌，或者认为在进行品牌推广之前还有工作要做的话，那就先不要做整合品牌声明。

你也可以使用第三方背书做结束语，比如：

> 他是我共事过的最有道德、最认真尽职的审计师。
>
> ——佩特拉·汤普思金（Petra Tompkins），财务总监

这样的背书就像是一个品牌的最终声明，一个明确“你的产品”价值的大胆宣言，这是结束简历的好方法。如果你自己有合适的背书，那么用在这里是最完美的。

永远不要写入简历的内容

有些信息不可以写在简历上。如果你失误写上去了，好些的情况是简历会失去一些优势，最坏的情况是你无法获得面试机会。

个人灵活性和搬迁调动问题

如果你愿意为了合适的工作机会而搬家的话，就一定要明确说明。但反过来，千万不要说你不愿意为工作而搬家。不要让任何事情妨碍你获得工作的机会！你应该把不想要的工作机会转化成你想要的工作机会。

各类简历标题

无论你用什么做标题，它们在一份结构合理的简历上都是多余的，带有简历标题就表明你的简历还亟待改进。因为仅仅简历标题

就占了一整行，而这一行原本可以更有效地被利用。你可以用节省下来的空间写更有影响力的信息，或者直接空着不写，让读者可以注意到其他信息。

可以入职的时间

工作之所以存在是因为有需要解决的问题。因此，面试官很少花时间去等那些暂时还不能上岗的应聘者。如果你还没有准备好开始工作，那为什么要浪费大家的时间呢？作为经验法则，你应该把是否可以立刻入职的问题留待面谈时再提出。因为在见到你之后，雇主更有可能会一直等到你有时间再上班。但通常来说，如果你暂时或者近期（比如说两三周）都不能入职的话，雇主根本就不会给你面试机会。

要在简历中包含此内容的唯一合理的理由是，你希望在完成一个项目之后再开始一份新的工作，而不想在项目完成之前就离职去到新的岗位上。

薪资

不要在简历中提及薪资问题，无论过去的和现在的薪资都不要提——因为这太冒险了。太高或太低的工资预期都可能使你还没听到开跑的发令枪就被淘汰出局了。即使招聘启事中要求说明薪资，你也不要在简历中提及相关信息。只要简历写得好，即便不按要求提及薪资，你也仍然能够获得面试机会。何况你在与公司讨论的过程中，无论如何都会谈到薪资问题。如果公司要求必须给出薪资要求，你就在求职信中给出一个薪资范畴就可以了。

年龄、种族、宗教、性别和国籍

美国政府在20世纪60年代和70年代颁布了一项政府立法—— 在大多数情况下，禁止在年龄、种族、宗教、性别和国籍等方面进行就业歧视。因此，除非这些问题被视为与工作相关，否则最好避免提及。

照片

在过去，人们在简历的右上角贴上照片是非常重要的。现在不流行这样了。除非模特、演员和媒体等工作，因为在这些行业中，外表是你产品组合中不可或缺的一部分。

照片应该出现在领英和其他社交网站上的个人资料部分。稍后，我们将把社交网络个人资料作为简历的另一个版本进行讨论。

健康状况

记住，你是在找工作，不是去约会。 除非外表与这份工作直接相关，比如健身教练、模特、演员和媒体人等，否则不要写这些内容。如果你想要证明自己的健康状况，就用一些业余爱好来达到这个目的。

第 7 章

如何给你的简历增加亮点

阅读和回复简历的招聘人员和招聘主管是很讨厌这份令人麻木的苦差事的。阅读、回复简历会让人眼睛疲劳、思想走神。所以你的简历必须像我们前面讨论的那样具有可读性，让人很更容易看进去。而且你需要确保你使用的词汇都有意义，很容易被理解，并能通过直接满足客户的需求来产生冲击力。

你可以想象任何读简历的人都希望招聘到人员来填补职位空缺，但阅读简历却让他们麻木了。准确地理解这种感受会帮助你打造一份完美的简历，让视觉疲惫、注意力分散的招聘人员和招聘主管很容易看到你的简历。

假设你自己现在是一名招聘人员，每天的大部分时间都在看简历，今天你刚刚在简历数据库中完成了搜索，找到了 20 份符合要求的简历。如果你之前没有按照我建议的那样做，那么现在去样本部分找 6 份简历阅读一下吧，中间不能停下来休息。要努力去读懂每一份简历，但你读每一份简历的时间不能超过 1 分钟。

接下来，你的身体会出现如下反应：首先是耳鸣，接着视力模糊，无法集中注意力。大约 15 分钟后，你会意识到为什么在简历中要重点强调有关内容，为什么清晰的布局和使用令人信服的语言是简历可以被人们阅读并理解的关键，以及为什么使用标题会如此受人们欢迎。

自定义你选择的模板

尽管本书的简历布局和模板都是基于常识和监测市场的反馈，但你仍然可以自由定制自己的简历布局。根据经验，与你应聘的职位最相关的信息应该被放在首位。例如，如果你现在没有任何经验，那么你的学历可能就是你最大的优势了，所以要把它放在简历的最前面或者中心位置。随着时间的推移和你的经验的增长，在大多数职业中，教育经历就变得不那么重要了。这也是为什么你通常会在简历的结尾处看到教育背景，除非一些工作领域特别要求将其放置在最前面（比如医学、教育和法律）。

然而，你选择的简历模板并不是不能修改的。你可以根据自己的需求，自定义布局。比如，你可以把语言技能、特殊的培训经验和其他通常放在简历末端的信息放在开头，以此来增强你的优势。如果这样做有道理的话，那你就这样修改吧。

填写模板

浏览已选择的模板，将之前准备好的信息誊写上去，这样你就立即有了一份初现成品样子的简历了。

紧缩句子

使用动词的句子读起来更有力量。比如，一位在律师事务所做了 10 年文书的女士在她原来的简历中这样写道：

"我学会使用一个新的数据库。"

深思熟虑以后，她改写了句子，使句子更具冲击力：

“我分析后决定对数据库、档案和检索系统进行全面升级；我负责选择并安装‘云计算’档案系统；在一年的时间内，我拥有了一整套涵盖全公司信息的档案系统。”

工作的时候，你可以注意一下动词是如何展示事情的发生过程的，它们在简历中也起到同样的作用。请注意，这些动词在告诉读者你做了什么、怎么做的同时，也会支撑对你起决定作用的品牌声明。

现在添加一个第三方陈述再来看看上面的例子：

“我分析后决定对数据库、档案和检索系统进行全面升级；我负责选择并安装‘云计算’档案系统；在一年的时间内，我拥有了一整套涵盖全公司信息的档案系统。一个搭档对我说：‘你带我们走出了黑暗的时代，并且在整个过程中，你和公司都没有受到任何影响！’”

虽然现在内容明显变得更加有力了，但是句子却很笨拙、啰唆，需要缩短句子。

紧凑的句子产生更大的影响

简历空间是很宝贵的，对读者产生影响是你的目标，所以应使句子字数控制在 20 字左右，追求简单明了。具体通过两种形式：其一，通过减少不必要的词来缩短句子；其二，将两个句子合成一个长句，但同时又不能让句子拖沓冗长，因此要尽量缩短句子的长度。

你也可以用一个简洁的短语开头，后面加冒号，然后接下来是各分项信息，且每个分项信息都支持主句，具体如下。

我通过分析决定对数据库、档案和检索系统进行如下全面升级：

- 负责硬件和软件的选择。
- 负责选择并安装“云计算”档案系统。
- 负责硬件和软件的兼容升级。
- 负责从办事员到管理员的所有用户培训。
- 在 6 个月内实现了全面升级、整合和上下级有序。
- 同事评价：“你带领我们走出了黑暗的时代，并且你和公司都没有受到任何影响。”

注意，在这个例子中，删除了人称代词和冠词后的简历更加简练易读，也证明了这是一位专业人士的简历，他知道快速提供相关信息的重要性。

使用大词还是小词？

招聘人员和招聘经理知道这本书中的每个技巧，他们看到过所有能够吸引人们眼球的做法，却不为所动。业余简历写手（甚至专业的简历写手）常犯的两个最大的错误是：

其一，使用专业词汇。它们会让你看起来更专业，但最终却给人浮夸、不可理喻的印象。

其二，使用形容词。当你用形容词来描述自己，比如优秀、高级等等，招聘人员往往会不屑一顾，咕哝一句：“我倒要看看是不是真的。”在第 10 章的简历部分你可以看到一些这样的例子，但是要注意最高级的使用是有限度的，还要你有确凿的事实来支撑。

简历的目标是进行快速有效的沟通，使用短句和一些常见词就足够了。它们很容易理解，可以使沟通清楚明了、简单高效。记住：使用短词、短句、短段可以缓解雇主的视觉疲劳！

语气和时态

简历中使用的语气取决于几个重要的因素：用最小的空间展示最多的内容、实事求是、用最好的方式包装自己。

句子可以通过省略人称代词（如我、你、他、她、它、他们等）和指示代词（如任一、这、那等）在一定程度上缩减长度。省略代词是一种节省空间的技巧，而且可以让你在夸赞自己的同时不显得在自吹自擂，因为它给人的印象好像是别人在描述你。

将“我使办公变得自动化”改为“使办公自动化”。但有时用第一人称会让你听上去很有风度。如果用人称代词，也不要在每句话中都用——它们会使行文显得单调，而且占据了有价值的空间。简历通篇使用第三人称，只在末尾用第一人称做品牌声明，以深刻剖析你的价值。前面一个功能型简历的例子中使用的第一人称语气几乎起到了神奇的作用。

在简历中使用第三人称、省略人称代词和指示代词不仅能节省篇幅，还能营造出一种权威的语气。

简历的长度

过去的规则是每 10 年的经验写一页，最多不超过两页。然而，随着工作变得越来越复杂，它需要你做更多的解释。相较于简历内容与目标工作的相关性来说，简历的长度不再那么重要了。简历首页的前 1/2 至 2/3 的篇幅应该紧紧围绕一个特定的目标工作，添加目标职位、业绩简介、专业能力和职业亮点部分。这样读者能很快看出你有能力胜任这份工作。

招聘人员如果认为你能够胜任这份工作，就会继续看你的简历。考虑到工作的复杂性、从经验的广度和深度，以及雇主对数据密集型简历的需求，我们不再限制简历的长度。

最糟糕也是最不可饶恕的是，把经验丰富的专业人士的工作经历用非常细小的字体写在一两页的空间里。为什么这么说？根据现实，我们联想到：如果你是一位经验丰富的专业人士，有需要用到复杂技能的辉煌的工作经历，而且你的事业正在更进一步，那么看你简历的很可能也是一位成功的、经验丰富的专业人士。使用小字体会让每一位看你简历的专业人士感到恼火。忙碌的高管甚至根本不会看你的简历，因为这样的字体反映了你糟糕的判断力和沟通能力。

你可以在简历中使用功能强大的表格。如果经过严格的编辑后依然需要 3 页才能把简历讲清楚、才能使重点明确又具有可读性的话，那你就写 3 页吧。

遗漏一些内容意味着你的简历不太可能从简历库中脱颖而出，即便招聘人员真的读了你的简历，这份有遗漏的简历也不太可能成功地把你的技能推销出去，除非上面有你引以为傲的技能。

假设你用第 1 页清楚地展示了你对目标工作的透彻理解，那么你完全可以在第 2 页和第 3 页毫无顾虑地讲述你的就职经历。

在简历样本章节中，你会看到合理延长的高管简历示例，这些简历需要更长的篇幅才能把复杂的工作能力信息尽量简洁地传达出来。

写简历时过多地考虑篇幅问题会适得其反。如果你的简历第1页的论述是适当的，那么其他部分也会被认真阅读。一份较长的简历意味着你有更多的空间填写相关关键词来推销你的技能，也意味着你有更多的机会来建立自己的品牌。然而，你应该保持一种“宁缺毋滥”的态度，尽一切努力保证简历的重点突出。

如果你有20多年的工作经验，那么你在职业生涯第一阶段积累的许多技能现在都已经过时了。所以重要的是，只要你的简历是简明扼要、令人信服的，那么你需要写多长就写多长。从来没有合格的应聘者因为简历页数过多而被拒。

我的简历内容合适吗

书写简历并对其进行改写、编辑和润色时，你要把注意力集中在简历表述的重心上。你可以不时地参考目标工作解构法来强化这个重点，把事实和证明进行分层陈述。写完简历后，你可以通过问自己以下问题来对简历进行润色：

- 我的陈述与目标工作相关吗？
- 哪里有重复的地方？
- 可以删掉哪一段吗？
- 可以删掉哪句话吗？
- 能把两个句子缩短成一个句子吗？如果不能，我可以将一个长句子分成两个短句吗？
- 可以省略掉一些词吗？
- 可以删掉个别代词吗？

如果你心有怀疑，那就删掉吧，只留下重点突出的内容和行动动词即可。

简历层层演进

简历的书写是分层次的，任何人都不会将草稿当作成稿简历来用。一份成熟的简历是你无数次修改的结果。在写这本书时，我们也在和一位公共关系方面的专业人士一起准备她的新简历。她当时已完成了目标工作解构和简历问卷部分。在完成成品简历之前，我们写了 8 个不同的版本。我们对每一个版本都反复加工润色，直到最终做出一份完美的成品简历。这份简历花了她大概两个半星期的时间，但随后在一周的时间里，她获得了 8 个面试通知。这再次证明了好的准备是成功的一半。

校对终稿

你可以根据以下几点检查自己的简历。

联系信息

- 姓名、地址、电话号码、电子邮件地址都正确吗？
- 每页都有你的联系方式吗？
- 电子邮件地址是否有超链接，以便招聘人员在电脑上阅读后可以随时通过这个超链接与你联系？

目标职位

- 做目标工作解构时，你是否有一个目标职位与你所收集的职位名称和内容相一致？
- 目标职位后面是否有一句简短的品牌声明？这个品牌声明能否体现你的专业素养？但要记住，只有当你真的值得做品牌声明时，你才去做。

业绩简介

- 业绩简介是否给你这位专业人士做了与目标工作相关的简要介绍？
- 你所使用的语言是否反映了该职位的典型信息？
- 内容的优先顺序是否与雇主对这份工作的需求相吻合？
- 内容有没有超过 5 行？读起来容易吗？如果多于 5 行，可以将它分为两段或进行分项陈述吗？
- 你是否提及了对成功起关键作用的可迁移技能和职业价值？如果在这里不适合提及，你要确保其出现在核心竞争力部分。

专业能力

- 所有的拼写和大小写都正确吗？
- 还需要添加其他关键词吗？
- 你在所列出的每个领域都有经验吗？你能在面谈中证明自己的经历吗？

突出业绩

如果你在简历中加入了突出业绩部分，那么这些业绩能支撑简历的中心观点吗?

工作经历

- 简历中，你的工作经历已按照雇主需求的优先次序考虑了吗?
- 是否在不必要的雇主姓名和地址上浪费了空间?
- 如果被录用，是否需要规避现任雇主的名字?
- 是否遗漏了任何有关离职原因的信息?
- 是否删除了所有关于过去薪资、现在薪资或者期望薪资的信息?
- 是否删除了有关何时可以入职的信息?

教育经历

- 教育经历是否被放在了合适的位置?
- 最高学历放在最前面吗?
- 简历中是否包括了支撑你候选人资格的专业课程?

时间顺序

- 你的工作经历是按时间顺序排列的吗? 你最近的一份工作被放在最前面了吗?
- 如果选择了时间顺序型简历或者综合型简历，那么在每一个公司的工作都是从最高职位开始写的吗？

- 简历是否强调了你的相关经验、贡献和成就？
- 如果有第三方背书并且与工作相关的话，你是否使用了其中的一个或多个来支持自己的工作？
- 你能想出一个强有力的品牌声明来结束简历吗？这个声明能够支撑你简历的重点和内容吗？或许你也可以先读读自己的简历，以此来决定你的哪些可迁移技能组合是最相关的，然后提出一个最切合的声明。
- 是否省略了无关的信息来保持简历的冲击力和重点？
- 有没有在简历中写入能够增加自己候选人优势的志愿者活动、社区服务活动或课外活动？
- 如果简历上还有空间，并且没有其他有价值的东西可以写的时候，看看是否遗漏了证明材料，还是只提及可以提供证明材料？
- 有没有把招聘人员当傻瓜，在简历开头写上“简历”二字？

写作风格

- 有没有把长词换成短词？
- 你有没有将原来用两个字表述的地方改用一个字来表述？
- 简历的平均句长不超过 20 个单词吗？你有没有把超过 25 个字的句子缩短或者把它们分成两个句子？
- 你有没有把段落控制在 5 行以内？
- 你的句子是否尽可能以强有力的动作动词和短语开头了？
- 你有没有省略掉指示代词和人称代词？

拼写和语法

在拼写和语法上犯错一定会惹恼招聘人员，而且还会让他们注意到你糟糕的书面沟通能力。这在任何求职中都不是一个好的开场白。拼写检查器并不是绝对正确的，你需要自己检查一下拼写和语法，然后把简历发给你认识的最有文化素养的人，让他们也帮你检查一下。

在 www.knockemdead.com 网站上，我们的专业编辑提供语法、句法和拼写的检查服务。我们会对你的简历进行审核，并在 36 小时内退还给你，提供跟踪修改意见和建议。

你需要与你所做的创造性努力保持一定的距离才能更客观地看问题。对于完成一份成品简历需要多长时间并没有硬性规定。如果你认为已经完成了简历的话，就先不要管它——最少将其搁置一晚上。第 2 天先读一下目标工作解构内容，再读简历，这样你就能以招聘人员的心态去读简历并且看到需要调整的地方了。

第 8 章

高效求职所需的简历及其格式

你可能需要：

- 为特定职位定制简历。
- 为其他你可以胜任或者想从事的工作准备一份或者多份简历。
- 一份美国信息交换标准码（AASCII）格式的简历。
- 为你的社交网站准备一份简历。
- 一份商务名片简历和一份 HTML 简历或者网络简历。

为特定职位定制简历

简历是一份鲜活的有生命的文件，它需要我们一直润色打磨。随着你在求职过程中对招聘市场所需技能和经验的深入了解，随着你对客户语言的熟练掌握，你也需要不断地对简历进行修改和完善。

最重要的是，每次在为特定职位定制简历时，你都需要对简历进行修改。在针对任何一个岗位投简历之前，你都应该根据职位描述对简历进行评估、调整，从而使简历能够清晰有力地证明你符合该职位的需求。

你会注意到，我们在“终极求职系列”丛书中提到的可迁移技能（团体合作能力，沟通技巧，多任务处理技能，解决问题的能力等）经常会出现在招聘广告里。

“团队合能力”是指一个有团队精神的合作者为团队的整体利益、为共同承诺的可交付成果而努力。

“沟通技巧”是指能倾听、理解别人的意见，并提供有效指导。它还涉及你的口头表达能力和写作能力、着装、肢体语言、社交风度和情感成熟度。

“多任务处理技能”并不是指从一个紧急情况到下一个紧急情况你都是轻率行事，它意味着你会根据科学的时间管理和组织谨慎地安排活动。

“解决问题的能力”是指在采取行动之前，你会仔细考虑行动可能产生的影响，并且对自己的专业领域有足够的了解，能够识别、预防和解决日常工作中的问题。

调整简历以呼应关键词

把招聘启事和简历进行对照，看看你用来描述某些技能的词语是否与雇主使用的词语相匹配。然后思考一下，比如“团队合作能力”这样的职位要求如何适用于雇主的每一项具体技能要求，这些要求需要你与他人或其他部门进行互动，从而完成工作。例如，处理应收账款的会计在听到“团队合作能力”时，可能会考虑到问题账户、与销售和未付款客户合作，以及会计部门内的横向和纵向工作。

当你认真考虑自己的工作经验时，发现自己的成就能直接反映雇主列明的需求时，你就可以在简历或求职信中提醒招聘人员注意你与他们的需求相契合。

求职信中的关键词

在求职信中，你可以把公司声明中出现的关键词先用引号引起来，然后在后面介绍你于这个方面的成绩，如下所示。

“分析思维、批判性思维、解决问题的能力”：

对影响生产率的问题有透彻的了解，将准时交货率提高了35%。

“团队合作能力”和“沟通技巧”：

通过改善与利益相关者（采购、供应链、客户和客户服务）的沟通，提高了准时交货率，将客户投诉率降低了20%。

“多任务处理能力”：

有效的运营管理要求我了解每个部门的关键职能和时间表。我将这些因素融入日常活动中帮助财务和供应链在过去3个季度节省了5.5万美元。

另一份工作的求职简历

只要在专业领域工作过几年，大多数人的工作经验都能使他们胜任不止一种工作。你的主简历是围绕着某一工作而写的。但这并不意味着你不能胜任别的工作，也不意味着你不想做别的工作。

完成主简历之后，你再为任何其他工作创建简历都会变得更容易。有了主简历，你就相当于有了一个模板，加上日期、布局、时间顺序、联系方式即可，甚至很可能连雇主信息都是一样的。有一种方法可以帮助你快速调整重点，把主简历重新编辑成对应第二份或者第三份目标工作的简历，方法如下。

- 保存一份主简历副本，并将其保存在新的目标职位下，因为尽管工作不同，大量的信息和简历布局还是要保持不变的。

- 完成下一个目标工作的解构。
- 在以第二个目标工作的名称保存的简历副本上，使用新的目标工作解构法编辑出的详细信息进行替换。
- 对简历进行编辑和润色。

这样你就有了一份针对第二份或者第三份目标工作的定制简历。

主要的简历格式以及你需要它们的原因

在线求职意味着你可以为特定职位定制简历，将其上传到简历数据库，然后直接发送给招聘经理或网络联系人。为此你需要准备三种不同格式的简历：微软文字处理格式 Word 版简历，PDF 版简历，ATS（求职者跟踪系统）友好型简历。

Word 版简历

你需要保存并用到 Word 版简历、PDF 版简历和 ATS 友好简历，但是简历的原文档一定是 Word 格式的，因为这种格式的设计、布局、颜色和文本的灵活性是最高的。

我建议用 Word 格式创建主简历，因为如果一份工作值得申请，那么它就值得你定制一份简历，而前面提到的 Word 文档的灵活性使你有更大的选择做好简历。

然而，你在搜索时简历的版本大多数是 PDF 版或者 ATS 友好型，是因为 Word 版在以下情景中会出现问题：

- 从个人电脑（PC）平台过渡到苹果电脑（Mac）平台时；
- 从 Word 的一个版本转换成另一个版本时；
- 在不同的打印机上打印时。

比如，在发送 Word 版简历时，你会遇到这样的问题：在一页的底部有一行跳转到了下一页的顶部，有时 Word 甚至将该页的剩余部分留空。这些都会影响你的职业形象，虽然这只是偶尔发生，但这些问题确实存在。墨菲定律告诉我们，这些问题只会发生在最有破坏性的时候。

在创建 Word 简历时尽量用 .docx 版本，因为它有极大的灵活性，可以用清晰而有吸引力的方式来传达你的信息。但是一旦文档创建好了，你就应该将其保存为一个干净的源文档，可以复制副本并为某特定职位制作相应的简历，并将修订后的简历文档保存为其他格式。这一点我们稍后讨论。但是在应聘某职位时，除非这个招聘有特别要求，否则不建议你发送 Word 版本简历给招聘启事的联系人、猎头或潜在的雇主。

Word 转换问题

当文档从个人电脑传输到苹果电脑时，或者当发送者和接收者使用 Word 的不同版本时，又或者这两者情况都存在时，Word 就会出现问题。因此，如果你被特别要求发送 Word 版本的简历时，你应该意识到转换的问题，并提前做一些控制。

页面跳转

你可以把简历发送给朋友和同事，或者接收朋友和同事发来的简历，用这种方式来测试简历，如果你发现简历页面的最后一行跑到第二页的第一行，从而破坏了文档的整体布局时，那么你有以下两个选择：其一，打开 Word 文档后，进入页面顶部的“插入”菜单，然后在“中断”菜单的下拉菜单提供的选项中选插入分页符，这样就可以插入一个硬分页符；其二，你也可以同时按控制键和回车键（CTRL+ENTER）在页面末尾插入一个硬分页符。

如果你想在撰写简历时使用段落标记，则必须在简历完成后将其删除。页面末尾的段落标记可能会导致简历跳至其他空白页面。

使用符号

使用符号可以让简历生动起来，但是你必须小心两点：其一，使用符号来增强理解，而不仅仅只是为了美化文档；其二，使用跨计算机平台和简历跟踪系统可识别的符号。

无论在什么计算机平台或打开什么版本的文档的软件，所有增强其可理解性的符号都被称为 Unicode，统一的字符编码标准符号。你在谷歌上搜索“Unicode”就能找到所需的内容。你可以在 http://unicode-table.com/en/- miscellaneous-symbols 上找到完整的 Unicode 和排版列表。

边缘留白和简历打印

现在的打印机可以处理更小的简历边距。这使你在一个页面上有更多的空间写简历，还可以留有足够的空白让你的信息更容易被人理解。符合了这些惯例的话，你就可以在任何标准打印机上打印简历了。

如果使用老式打印机，那么你可能无法处理如此紧凑的边距。如果是这种情况，那你必须在一台能够处理较紧凑边距的打印机上测试打印你的简历，几乎所有公司的打印机应该都能处理这种边距。

PDF 版简历

将简历保存一个 PDF 版本——PDF 是 Portable（可移植）、Downloadable（可下载）、File（文件）三个单词的首字母缩写。当你给文件命名时，可以在 Word 中弹出的“另存为”对话框中找到这个选项。点击格式选项并选择 PDF。PDF 格式是一种永久的、锁定的、不可损坏的格式，无论在什么设备上查看或打印都不会被更改，会完全按照你发送的格式进行显示。你应该这样做：

- 用 PDF 版简历作为电子邮件附件发送给网络联系人、招聘人员、猎头和潜在招聘经理。
- 千万不要使用 PDF 格式将简历上传到数据库，因为 ATS 很难访问到被锁定的信息。

你在通过电子邮件的附件发送 PDF 简历时，请在邮件正文中提及附件：简历请见所附的 PDF 文档。

ATS 友好型简历

简历数据库是我们要面对的一个无法改变的现实存在。在求职过程中，你可能会多次将简历的一个版本上传到这些数据库中。而招聘人员则使用 ATS 软件访问这些数据库。

那什么是 ATS 友好型格式？基本上，它是用 Word 保存的简历版本，并且去除了大部分的格式（当你命名文件时，会弹出“另存为”对话框，你可以从中找到这个选项）。

大多数的 ATS 软件都可以正常读取 Word 版简历，但是如果你申请的公司使用的是 Word 的旧版本，我们仍建议你继续使用 ATS 友好型格式。在下面这个例子中，你会看到一份简历，它只有单一的字体大小、左对齐、没有分列、颜色和其他格式。

使用 ATS 简历版本将信息剪切并粘贴到雇主或商业简历数据库对话框中。如果你想覆盖所有的基础信息，也可以上传一个 Word 版本或者 .docx 版本。

TXT 简历与 ATS 友好型简历

过去我们通常将 .txt 版本的简历上传到简历数据库，但目前人们更多使用 ATS 友好型简历。

如果雇主或招聘人员要求提供简历的 .txt 版本或 .rtf 版本——虽然这种情况极少发生，你也可以在 60 秒内创建一份。复制 ATS 简历并保存，这样会打开“另存为”对话框，点击格式选项，你会同时找到 .txt 和 .rtf 选项，单击你需要的那一个。

更受雇主欢迎的格式

我们已经讨论过了合乎逻辑并广受雇主欢迎的简历格式和提交方式，但有两种情况比我说的一切都重要，那就是雇主的提交要求。

一定要查看雇主的要求，无论我们要求或建议了什么，你应该用的只能是他们要求的格式。

珍·埃利斯（Jen Ellis）

地址：密苏里州布兰森市　邮编：65615　电话：417-234-3640　电子邮箱：j.ellis@gmail.com

高级信用分析师 / 贷款顾问

专业简介

分行经理兼信贷员，拥有12年管理分行业务和贷款活动、改进业务流程的经验，领导金融服务专业团队，每年产生约900万美元的贷款。

专业技能

银行产品和金融服务	战略业务规划	新业务发展
抵押贷款和承销	经济学、会计和财务	人员培训和监督
资产管理与投资组合估值	统计分析和市场趋势	团队协作
资产保护和损失预防	州和联邦法规合规	口头沟通和书面沟通
贷款申请和处理	需求诱导	潜在顾客开发
信用管理与信用分析	财务报表和财务审计	客户账户设置
信用质量与财务管理	信用评分	数据输入和数据库管理
客户关系管理	平面文件和数据库	电子表格
卓越客户服务	资金文档	总账会计核算
交叉销售机会	担保贷款的抵押品分析	薪资分析
数据验证与欺诈分析	调查研究	数据完整性、安全性和保密性
组织和时间管理	损失预防和索赔缓解	多任务处理能力
应收与应付账款、账单与收款		批评性思维和可靠性判断

计算机技能

微软办公套件（包括Word、Excel、PPT等）。

突出业绩

- 战略业务领导者，利用财务数据和市场趋势分析来驱动业务决策。
- 作为信贷专员精通客户访谈、财务信息收集、贷款申请处理、分析和解释贷款批准或拒绝的原因，关闭基于资产的贷款，在销售银行产品和提供优质客户服务方面提供最佳的实践机会，培训、指导银行分支机构的员工。

- 拥有符合公平贷款和银行法的合规资源。对社区再投资法案（CRA）、机构间公平贷款审查程序（IFLEP）和社区再投资法案审查程序（IEP）有深刻的理解。
- 作为贷款经理具有资产管理与估价方面的知识和经验；能够管理数百万美元的房地产投资组合；有处理不良资产的经验；审查包括应收账款账龄、存货报告、销售日记账、现金收款机、应付账款清单和其他财务报告在内的附属报告；仔细分析现场检查结果，协调所有与银行贷款相关的信息系统，管理贷款状态报告，并监督账单和收款。

工作经历

2003年5月至今，密苏里州布兰森市美国富国银行集团分行经理。

2004年7月，由分行副经理晋升为分行经理，负责业务开发和销售，提供个人和房地产贷款以及信用保险。每年产生900万美元的贷款，提供卓越的客户服务，并建立强大的客户关系。

- 招聘、培训、监督和评估分行员工在贷款和贷款回收方面的工作表现。
- 监督和指导贷款活动，分析并防范与个人和房地产贷款相关的风险，执行尽职调查，对客户进行全面的信用风险评估，提供准确的风险概况和投资组合分析，以保持投资组合的价值和分支机构的增长。
- 与客户会面，确定其贷款需求，与客户讨论利率、条款和承销要求；协助客户申请贷款，分析贷款申请人的财务数据，以确定其信用价值，包括收入、物业估值、信用报告、信用记录等。

简历中颜色的使用

在简历中使用不同的颜色是非常流行的。在视觉世界里，一点点颜色就能让简历大受欢迎。你可以在 PDF 和 .docx 简历中使用颜色，但是 ATS 在处理颜色方面还存在问题。所以，如果使用颜色，记住不要在 ATS 版本中。

颜色会给人留下深刻的印象，但也不要过分使用。最多使用两种颜色，尽管我个人认为一种颜色就足够了。

网页式简历或 HTML 版简历

网页式简历或 HTML 版简历是“锦上添花”而不是“不必可少”的。先创建出一份结构合理、品牌鲜明的简历——能够准确地描述出你希望自己被别人看到的形象，并且你已经创建了 .docx、PDF 和 ATS 友好型简历，否则不要有这个想法。

网页式简历或 HTML 版简历不仅仅是份普通的简历，还可以有视频和声音等附加功能。但其实你的领英个人资料也可以实现这些功能。在少数几情况下，这种选择是可行的。比如你从事艺术、教育、通信或技术领域的工作，能够在简历中添加音频和视频剪辑，那么音乐和图片等就是你的加分项。在这些领域中，你需要控制宽带频率，以保证观众体验的质量，因为它体现着你的技术和能力。你最好把时间花在建立领英个人资料上它可以达到同样的效果，并且你可以用更少的努力让更多人发现你。

简历及其在数据库中的可发现性

你的简历将进入数据库，为了使它一上传就被别人发现，它所包含的相关信息必须处于一种恰当的平衡状态。我们通过目标工作解构法了解了雇主的优先需求以及他们用来解释这些优先需求的词语，从而开始了简历的构建过程。

用这些信息作为筛选简历内容的总体指导方针，这需要你特别努力地确保目标工作解构法标识出的优先需求以及表示这些优先需求的关键词可以在简历中的许多地方出现，如：目标职位，业绩简介或绩效总结，专业技能，以及在谈到发展和应用这些技能的工作的中。

ATS 软件现在能够识别上下文中的关键词，并推荐那些使用了关键词的简历，因此你一定要做到这一点。

更新简历

一旦找到了新工作，你就开始了职业生涯的下一步，你需要每周或者每月在简历文件夹中更新你的工作和成就。因为这周你做的一些特别的事情可能你在几个月内还能记住，但是如果几年内你的工作都没有变动，那你就需要努力想着这些事情了。但如果你定期在简历文件夹中记录下这些工作，那么后续更新简历就容易多了。

什么时候需要更新简历？大多数人会等到最后一刻才去做。但这份文件太重要了，不可以一蹴而就。我建议你最好在找工作前 90 天开始更新简历。

社交网络资料

专业的社交网站来说，有一个是你必须注册的网站，即领英。因为超过一半的美国从业人员都是领英的会员，这对招聘专员来说是很有吸引力的。我的一位招聘专员好友认为，使用领英就像在“桶里捉鱼”一样易如反掌，另一位则说领英就是一个“蜜罐”。

全世界有超过 5 亿的专业人士使用领英进行社交，因此忽视这个网站实在是太不应该了。社交网站的建立有两个原因：找人和被人找。作为一个工作没有任何保障的“打工者”，注册了领英这样的社交媒体网站不仅能让你在找工作时被人发现，平时你也会得到他人的持续关注。这意味着你将有机会建立一个由同领域的专业人士、招聘人员和猎头组成的不断增长的社交网络。即使你对这份工作不感兴趣，了解一家想雇用你这类人员的公司也是很有用的情报。在与那些招聘人员和猎头公司打交道时，你要始终保持礼貌、专业、乐于助人的态度。可能你现在不需要他们，但 6 个月或一年以后呢？

招聘人员在寻找像你这样的工作人员时，会使用他们写在招聘启事里的关键词和短语。因此你的个人资料的相关性会决定：你是否会被 5 亿以上的领英用户发现和招聘人员是否会与你联系。

最重要的事情最先做

你在查看领英个人资料的标题和类别时会发现其流程同我们介绍的简历流程是一样的，我并不是在暗示领英模仿了我们的流程，而是想说以下两点：

其一，这些相似之处会让你对自己正在做的事情有相当大的信心。

其二，你可以把ATS友好型简历的各个部分剪切粘贴到领英个人资料的相应部分，这样你就可以快速创建或升级个人资料。

不过，我希望你先把简历上传到你的个人资料中，这样别人就可以看到并下载你的简历了。要上传简历的话，你可以遵循以下步骤：

第一步：单击主页顶部的个人资料按钮。

第二步：将光标移到“查看配置文件为”按钮旁边的选项上，然后选择“导入简历”。

第三步：单击“选择文件”或者“浏览”，在计算机中找到你的简历。

第四步：点击“上传简历”，你会看到从简历中提取出来的信息页面。

第五步：仔细检查所有字段，以确保信息完整无误。

最后，单击“保存”按钮。

如何创建绝妙的领英个人资料

你所创建的个人资料将使你在搜索引擎中具有可见性，使其他人能够找到你：这就像你在高速公路旁放了一个大的广告牌一样。此外，已经看过你简历的猎头公司和招聘人员通常喜欢查看你的社交资料，以了解更多关于你的信息。这就是为什么我建议在简历中添加一个领英个人资料链接，因为一旦你被选中，你的简历和个人资料传递的都是同样的信息。

你的领英资料以及你随后开发的任何其他社交网络资料都是你的公众形象，也是你最重要的营销工具，让你一直能被那些可能对你的职业生涯起关键作用的人看到。

一切都从照片开始

你的照片会出现在领英资料的左上角，这是招聘人员或者其他访问者人首先看到的内容。超过 90% 的人力资源专业人士表示，他们会在邀请应聘者面试之前查看他们的社交媒体资料，尤其是领英和脸书（Facebook）上的资料。照片就是你向世界展示的品牌形象。

这就意味着不合适的照片可能会影响你成功的机会。每 10 张社交媒体照片中就有 5 张会让我哭笑不得甚至失去食欲。有的照片拍得太近（你需要掩饰一下皱纹或痤疮），有的又离得太远（我需要看到你的脸），有的太性感，有的太随意，有的像天生的低能儿一样咧嘴笑，有的像杀人狂一样凶神恶煞。这些问题照片说明人们不懂得第一印象的重要性。

每张照片都讲述一个故事

照片不再是名人的专利，它已经是我们所有人树立专业形象的重要组成部分。不论你喜欢与否，照片是会讲故事的，所以你要确保自己的照片讲的是合适的故事。

我们都是基于视觉的第一印象做出判断的。有了搜索结果，带有照片的个人资料会比没有照片的个人资料获得更多的点击量，访问者会在阅读你的个人资料之前根据你的照片形成一个观点。你的照片如果看起来非常专业且平易近人，也会令人印象深刻。可以肯定地说，拍好照片是非常重要的。

想被录用还是被约会

我们在工作和娱乐中的角色是不同的，所以把交友网站上的撒手锏照片放在领英个人资料中就会铸成大错。社交媒体资料可以为读者提供有关你是谁以及你的形象的视觉线索。你的外表和面部表情为其提供了线索，这些线索都是通过照片来传达的。不管你愿意与否，它都会发生。所以唯一明智的选择是确保照片呈现出的是一个自信的专业人士。如果你的照片看起来既专业又友好，它会鼓励人们接受你在个人资料中对自己的评价，而过于随意或者性感的照片则会让你的专业判断受到质疑。

可否使用自己拍的照片

只要你看起来够专业，不需要由专业摄影师为你拍摄，但是照片不是平常的随意快照，你应该像参加面试一样打扮下自己。

可以让你的朋友或爱人在一个简单的背景下给你拍一组照片，这样你就可以从中找出一张令人满意的非常自然的照片。因为在我们在职业生涯中都需要这样的照片，要找到一个能够拍摄这样的生活照的摄影搭档还是很容易的。

数码相机的美妙之处在于，你可以根据需要拍摄任意数量的照片，从中挑选出最好的，甚至可以做一些基本的美化工作。直拍，然后调试距离。一旦确定了距离，再尝试一下不同的角度，看看哪个更令人满意，最后调整光线以获得最佳效果。

你需要拍出最好的照片并立刻将它用起来。要记住，夏天是更新社交媒体照片的最佳时间，因为在夏天，你看起来更快乐、更轻松。对于肤色较白的人来说，日晒后的棕褐肤色会使你看起来更漂亮、更健康、更有吸引力。

内容摘要

看了照片之后，招聘人员接下来会注意到你的内容摘要。内容摘要应该说明你是谁，你做过什么工作。通过内容摘要让招聘人员有一个关注点是非常重要的，这也是搜索引擎在建立搜索排名时非常重视的领域之一（这个摘要仅限 120 字符作为照片人物的简短传记，所以摘要应该包括目标职位和能够最简洁地描述你工作的关键词）。你可以在领英上搜索自己的目标职位，看看那些出现在搜索结果前几页的人是如何通过简历摘要来增加成功率的。利用这个观察结果来调整你的信息。

总结

总结应该包括以使你最大限度被发现的信息。总结应该用来概述和肯定你的专业能力，而不是用来抒发希望和梦想的，因为你被录用是基于你的资历而不是你的潜力。

领英资料中的总结（与其他社交网站上的一样）提供的空间通常比求职简历中的总结部分的空间要大。如果你已经创建了简历，则只需上传简历并将其修改为第一人称即可。如果你还没有创建简历，那就通过目标工作解构找到所需的原始材料，写出 6 个句子，简明扼要地描述你在每一个雇主所关注的领域内的能力。

领英资料中的总结和工作经验部分包含大量的文字。长长的文本块在视觉上会让人难以辨识，对于那些只是进行浏览而不是阅读的招聘人员来说更是如此。因此，你需要确保任何段落都不超过 6

行。你还可以使用分项符号来分享重要信息，从而提供视觉上的多样性，缓解阅读者的视觉压力。

一些职业“专家”建议在这里写写兴趣爱好，这是很愚蠢的。在知道你能够胜任这份工作之前，没有招聘人员会关心你的兴趣爱好，所以此类信息对于招聘人员来说是无关信息，白白浪费了这个宝贵的销售空间，并且会让读者失去兴趣。此外，领英也提供了写此类信息的地方，就是在你个人资料的末尾。

请使用任何剩余的可用空间列出你具备的对工作至关重要的技能。稍后也会有一个地方可填写专业技能，但是在此处列出这些技能对招聘人员非常有帮助，而并不会因此降低资料的可发现性。

第一人称还是第三人称

虽然简历总是使用第三人称，但社交媒体资料已经演变成一份更长、更具揭示性和个性的文档了，因此很多人认为应该使用第一人称：“我做了这个，我做了那个，等等。”

我不同意这种想法，因为以第一人称谈论自己的责任和成就会使你听起来像是在自夸。建筑设计界有一种说法是“形式服从功能”，这句话在这里很适用。你在领英上进行注册是希望建立一个专业的人脉网络，从而被招聘人员和猎头发现。对我而言，这表示普遍适用的职业简历规则在此处依然适用。

我们总是让客户在不同问题上自己做出选择。最近，我们为一个拥有几家投资公司但主要角色是作为董事会成员和外部顾问的人做了一份个人资料。对于这个问题他回答说：“天哪，请用第三人称，如果用第一人称来介绍我的背景，听起来就像是自恋的小丑。没有人愿意和这样的人一起工作。”

联系信息

拥有一份社交媒体资料的关键是要与你的专业世界保持更密切的联系和更好地沟通。为此，领英提供了多种使他人与你联系的方式，同时提供了更重要的“站内信”功能。同样，你需要在个人资料中留下足够的联系信息。

最重要的联系信息要出现在你的名字和标题之后、总结部分之前，该部分被称为“联系信息”。如果你够聪明，就会把电子邮箱地址放在这里。但遗憾的是我每天收到的联系人中，有 1/4 的人没有写出电子邮箱地址。

你还可以在个人资料的末尾添加联系信息，在此处粘贴上所有适当的联系信息。在资料的开头处和结尾处填写电子邮箱地址会方便人们与你沟通。通过尽可能地帮助读你简历的人，你可以为自己打开机会之门。

工作经历

个人资料的工作经验部分应该从你目前的工作经验开始写起。同样，你可以先从简历中复制、粘贴这一条目，然后再加上你认为相关的附加信息。

检查这些条目，看看你是否还想添加其他经验。这部分有足够的空间，所以只要你的标题和每个工作的条目都以目标工作解构法确定的重要信息开头，你就可以继续添加额外的支持信息，直到用完空间。

无论你是做什么工作的，都不要偷懒，不要仅列出你现在的工作，这给人的印象是你只有一份工作。领英会告诉你，当填写了多个工作时，招聘人员发现你的可能性会提高 12 倍，可能是因为这些其他工作使你在每个工作的标题上填写了足够多的关键词，因此招聘人员会更容易在简历数据库中搜索到你。

在每一份工作的标题和细节中加入关键词，会让你更加显眼，从而有助于招聘人员了解你的专业能力。如果你在填写每一份工作简历中都这样做，你的可发现性会在搜索结果中稳步上升。

特殊项目

如果你想添加更多关于工作的细节，比如，说明某个特殊成就背后的努力或者对某个重要项目的细节，那么你可以将这些经历添加到每项工作中。这是一个不错的选择，但不要忘乎所以地去说明每一个工作细节。记住，你的目标是尽可能快速、频繁地与那些能雇用你的人进行沟通，所以领英个人资料是一种营销手段，它可以吸引招聘人员与你交谈。这意味着信息太多会使你还没有获得谈话机会就被排除在外了。根据经验，在这种情况下你要适度填写，告诉潜在雇主你能做什么，但不要告诉他们你是怎么做的，将其留到谈话时去讲。

专业能力和技术能力

领英有一个“技能”区，可让你填写多达 50 项不同的技能。通过目标工作解构来确定客户寻找的技能，然后在你的领英资料中添加该专业技能。

获得技能背书并控制技能背书

一旦你的资料公布于众，人们就可以为你的每一项技能进行背书（你可以发动人们帮你背书，也可以为别人背书）。你的技能获得的背书越多，你就越容易被招聘人员发现。将这些技能加入你的领英资料与将其写入简历具有相同的好处：可以让你的简历在数据库搜索中更容易被发现。

你最多可以在对话框中发布 50 项技能，但是，你也希望你的人脉认可你的这些技能，因此列出较少的技能可能意味着每项技能都可以得到更多的背书，而更多的背书则有助于你被发现。随着人际网络的扩大，你肯定会有处于找工作过渡期的人脉，相互背书技能对你们彼此都有帮助。

在领英数据库搜索中的可见度并不取决于你列出了多少技能，而是取决于这些技能获得的背书数量：10 项技能，每项有 100 个背书，比 50 项技能，每项只有 10 个背书要好得多。这不仅因为它适用于数据库算法，也因为它传递给招聘人员的信息不同。

在个人页面设置上，你还可以决定是否允许其他人将技能添加到你的列表中。但你最好控制个人资料上显示的内容，因此请勿使用此选项。

教育经历

填写教育信息时，从最高学历开始往后写。尽管在简历中教育经历通常只写到大专学历就可以了，但在填写领英资料时，你可能会考虑填上高中学历，这可以增加你的社交机会。就在撰写本书的一周前，我收到了一个千里之外的高中朋友的联系请求，而我在很多年前就与他失去了联系。

资质认证

要把你所有的专业证书都填写上，它们表明你的雇主或者你本人认为对持续的专业教育进行投资是正确的，还说明新雇主不必再进行此项投资了。另外，它们还可能被招聘人员用作搜索词，使你更容易被发现。

兴趣爱好

最后，在适当的地方加上你的业余兴趣！如果有人读到这里，了解到我喜欢历史、皮划艇、秋千、伦巴舞和乡村舞蹈，了解到我是一个痴迷于留声机、鸡尾酒调酒器和解放艺术的收藏家，而且是世界上最差的贝斯手，那么他可能会对我感兴趣，因为读者看到了一个立体的人，但是你如果把这部分写在前面，则只会分散读者的注意力。

协会和奖项

要添加你加入的任何组织和协会，你得首先列出与专业相关的组织和奖项，然后列出与你个人兴趣相关的协会和奖项。

阅读列表

你应该在这部分写上与自己专业相关的材料。这不是一个分享的场所，如果它与你的职业形象无关，并且还会向专业的读者传达出完全错误的信息。

拼写、标点和语法

简历中对拼写、标点和语法应用的注意事项也适用于社交媒体资料的填写。如果你在创建个人资料或编辑个人档案时遇到问题，请访问 www.knockemdead.com，我们可以为简历客户创建了适配的领英个人资料，并提供编辑社交网络资料的服务，类似于我们为简历提供的服务。

推荐信息

领英希望你的个人资料中至少包含三条推荐信息，并且只有当你的资料中包含三条推荐信息时，领英才会认为你的资料是完整的。这也符合你的最大利益，因为同事、工作伙伴和以前的经理的推荐会使你的个人资料更有深度，能够增加其对招聘人员的吸引力。获得推荐的最简单方法是为同事做推荐，然后让他们给你做推荐。领英会向接收人发送你的推荐，并询问他是否要上传推荐，是否愿意回馈一个推荐。如果接收人在几天之内没有回馈推荐，你就发送一条个人请求。无须告诉别人他欠你一个推荐，只需要说明你会非常感谢他。

如果你离职一段时间后重返职场，则可以使用来自志愿者工作的推荐。另外，你可以联系给你写书面推荐的人，让他们帮助你在领英上再写一份推荐。你可以给这些人发一封附有推荐信的电子邮件，这样事情会更容易。

将简历链接到社交媒体资料中

一旦完成了个人资料，并使其与简历中的内容相吻合，你就可以按照指示上传简历了。在社交媒体资料中链接你的简历是很有用的，因为简历仍然是分享专业技能的最简洁的工具，招聘人员会用它来进行记录，并与招聘经理一起审查。

简历也应该有一个领英资料链接（放在超链接的电子邮箱地址下面），这样人力资源或招聘经理就可以点击它来获取更多关于你的信息了。

隐私和文件保存

建立个人资料可能需要一周时间，因此你应该知道，每次你在领英个人资料上更改一个句子然后退出时，领英都会自动向你的人脉网络发送状态更改。你可能会进行多次更改，但你不必每隔几分钟就通知联系人，为了避免这种情况，你需要做以下三件事。

第一，使用与网站标题相匹配的标题在 Word 文档上撰写草稿。然后对内容进行修改直到自己满意为止，这样你就不会有无意间将编辑的内容共享给全世界的风险了。在上传简历时，如果你仍然想对文件进行调整，就要保持隐私状态。

第二，从主页右上角姓名下方的下拉菜单中选择“设置”，然后查找“隐私控制”，在更改资料文件时选择“私人”。这样你的更改信息就不会被公开，直到你完成全部资料并释放以公开显示为止。

第三，将最终发布的草稿中的所有内容保存到一个 Word 文档中。这样当你加入其他社交网站时，这个文档可以为你提供完整的社交媒体资料，以便你进行快速修改。要对文件进行备份，如果你不进行备份，有可能会在某个环节丢失了文件。

你还可以使用“公共配置文件设置”来自定义现有的领英网址（URL），以使其更能吸引别人的关注、更有信息量——因为它或许可以反映出你的职位名称。

个性化领英网址

领英会自动为你的个人资料提供一个地址 https://www.LinkedIn.com/in/Jim-Dowe-715594236，这样别人就可以找到你，你也可以让别人来查阅你的资料，但你可以做得更好。领英允许你为个人资料创建一个个性化的网址。你可以缩短或删除它后面的数字。

你可以用自己的名字做地址，但是用一些和你的工作有联系的词汇要好得多，比如“高级会计师”或者“人机交互作用（HCI）专家”。因为招聘人员或招聘经理第一眼看到的就是领英个人资料地址和电子邮箱地址。所以一个有助于识别你职业形象的地址是大有裨益的。通常你可以采用明显以职业为导向的地址，比如上面提到的地址。但是我们在前面的章节中曾经讨论过如何创建一个针对你的职业的电子邮箱地址，你可以根据它找到很多创建个性化领英资料网址的办法。

在领英上你可以找到自定义个人资料的详细信息，网址如下：www.LinkedIn.com/help/LinkedIn/answer/87。

领英标志

现在领英有一个可以链接到你的领英网址的标志，它有多种设置方式，下面是其中的一种。

如果你正在阅读本书的电子版，则可以点击它，它会将你带到我的资料页面。领英使创建标志和使用标志变得非常简单。你要了解如何在简历上做到这一点，请点击 www.linkedin.com/profile/profile-badges。

完成此操作后，你就可以下载针对你的地址定制的领英资料文件按钮，并将其添加到简历中。这是整合你的简历和社交媒体资料的重要一步。但是，两者的信息必须保持一致，因此如果你没有完成简历，就不要制作领英资料。

这是一个可以教你如何定制领英网址的优兔（YouTube）视频链接：www.you tube.com/watch?v=GIsZJ-6HTRg。

HTML 简历和多媒体简历的注意事项

如果你在一个视觉、声音或图形制作等代表关键技能的领域工作，那么制作一份 HTML 简历或多媒体简历可能是一个明智的选择。很多简历库和社交网站都接受 HTML 简历。只要在 Word 中保存和命名文件时，使用“另存为 HTML”命令就可以了。

如果你想创建一个小型网站——可以添加音频和视频等，这样可以为浏览者创建更加丰富的体验，你可以在标准简历、求职信或电子邮箱地址中添加超链接，让读者看到你的网络简历。这样做的好处是，通过增加其他媒体，你可以让浏览者在你希望他们了解你背景信息的时候才能查看到它。

HTML 设计和多媒体设计注意事项

首先，不要设计浮华的内容，记住客户的需求和你的沟通目标——利用科技让访问者可以更轻松地访问你的信息。例如，可以把电子邮箱地址做成一个超链接，这样访问者单击它便可以立即启动用户的电子邮箱与你联系。

其次，如果HTML简历最终成为一个包含图形、声音和视频的复杂文档，那么你需要重点考虑一下布局问题。你不想让承担关键任务的主题（业绩简介、核心技术能力、教育经历、工作样本等）迷失在浮华中。在制作网站时，人们很容易就陷入其中，因为这是一个方便而有趣的方式来推迟那些必要的烦琐的工作。

再次，提供一个超链接，使用户可以打印出格式精美的PDF版简历。

最后，不要从零开始，找一个你喜欢的模板进行复制。

交互式简历文件夹或基于网络的简历是在浪费时间吗？

这在很大程度上取决于你的情况，取决于你想卖什么以及买家是谁。创建这样的简历对于任何人来说都是件好事，但不是强制性的，除非是以下情况：

- 你的职业是以网络为基础的。
- 你的工作包含视觉和听觉元素。
- 你的工作是基于通信组件的技术。
- 展示你的技术头脑对你的品牌是加分项。

由于在线简历文件夹是你能创建的最复杂的简历文档，所以你应该在开始创建这个包含所有细节的版本之前，完成网站的核心内容。最实用的方法是完成你的Word简历，以及必要的ASCII文本版本。一旦你尽力地做好了这两种版本的简历，使求职一事进入了状态，你就可以决定是否需要开发这第三种版本的简历了。

这种简历的缺点如下：

- 添加图形、视觉效果、视频和音频是一个非常耗时的过程，如果你雇人帮你添加，费用会很高，因此大多数专业人士无须以这种方式展示自己。
- 如果想要一份 HTML 简历或者基于网络的简历，你需要建立一个网站或者找人帮你建立网站，然后你必须把网站托管在某个地方，需要缴纳注册费、托管费和公告费（基础性优化）等。如果这对你来说是一个全新的事物，作为一个网站的所有者来说，你就必须学习它，尽管所有这些都要花钱。除了为建立网站而支付的费用外，其他的费用通常都很少，但它们是持续收费的，而且随着时间的推移，这些费用会不断增加。
- 如果你想在没有任何经验的情况下自己构建它，那么会涉及学习曲线的问题。
- 由于这种简历的内容更复杂，打开并编辑这些文档所需的时间就会更长，但如果你要获得他人的注意，那么你的内容必须具有吸引力。
- 建立一份基于网络的简历是因为你希望人们看到它。不能指望招聘人员会蜂拥而至，因为要在简历数据库中实现较好的搜索排名，竞争是非常激烈的。所以，除非你在优化简历上花一大笔钱，否则你实际上不用期望有太多的流量。它更像是一个需要你告知招聘人员后他们才会去的地方。

对于大多数人而言，拥有一份领英资料完全可以替代个人网站。最重要的是，我认识很多公司的招聘人员和猎头公司，他们几乎对这些网站都存在偏见。他们认为使用这些网站的人都是绝望无助的，才会想尽一切办法地找工作。例外情况是我们在上面讨论过的，即制作此类网站所需的能力与你的专业相关而且对岗位有用。

名片简历

第一次听说名片简历时，感觉像是个噱头，你应该知道不要浪费宝贵的求职时间去追求噱头。也就是说，名片在全世界都是一种公认的销售工具，但对于求职者而言，与在胳膊下携带一堆简历相比，名片的侵入性要小得多。

如果要尝试使用名片简历，你必须考虑到可用空间严重受限的问题，而且要明智地使用该空间。

名片正面

首先，列出关键信息：姓名、目标职位、电话号码和电子邮件地址。

其次，使用清晰、有条理的字体，如新罗马字体（Times Roman）、英文黑体（Arial）。

再次，使名片易读：限制字数，以便最大化字体大小以提高其可读性；最好只放一个清晰的电子邮箱地址而不是添加社交网络地址，否则两者都难以辨认。

最后，处于招聘岗位的人通常都看不清 8 磅字体，而且用这样的字体会时刻提醒对方他老了、视力下降了，因而这真不是一个好的推销手法。

名片背面

空间小到极致了，所以字数越少越好，可读、易读就是一切。你选择的词语必须能够传达出你对工作的理解和你在工作中的能力。

首先，重复你的目标职位。接下来的第二行是4个字的标题：业绩简介。再接着用一个简短的句子来陈述你目标工作的第一可交付成果。在你的工作中，排名第一的可交付成果是在特定专业知识领域内发现、预防并解决问题。归根结底，我们所有人都是被雇用来做这件事的。最后是一个社交网络地址，它可以向任何对你感兴趣的读者提供全面的专业简介，比如你的领英资料、基于网络的简历，或者任何其他可以提供你的专业能力介绍的网址。

举个我们都能涉及的例子。一个从事应收账款工作的会计专业人士，他的名片背面可能像下面这样。

马丁·耶特　　516-555-5555

应收账款

业绩简介与业绩总结

专注于识别、预防和解决一切会反复出现的应收账款问题。

http://www.linkcdin.com/martiny

请注意，以动词开头写这份迷你简历，不仅表明了你理解这项工作的核心内容，而且通过告诉读者他们可以对你有什么样的期待，以此来传达一个有力的个人品牌声明。

以晋升为目的的简历

我们往往将简历视为在另一家公司获得新工作的工具，却忘记了我们可以利用它来获得现有公司内部的升职。

你需要一份求职简历来实现内部晋升，具体原因如下：

- 没有人会像你自己那样去关注你。
- 它向雇主表明了你对成长发展的态度是认真的。
- 这是一种让别人从不同角度看待你的强有力的方式。
- 它让你与那些持有求职简历的外部应聘者公平竞争。
- 它使你领先于这些应聘者，因为你是招聘人员所熟知的人。
- 当你具备所需的技能时，从内部晋升就容易得多。

晋升机会是给那些值得被晋升的人准备的，而不是对混了 3 年日子的人的奖励。考虑清楚为实现下一步晋升你真正需要的技能是什么，培养这项技能，然后创建一份以那个晋升职位为目标的简历，这是一个聪明的战略思路。

你的晋升之路首先要确定一个合乎逻辑的特定目标工作，然后了解目标职位对人员的要求。

收集该职位的招聘信息，然后解构目标工作的具体可交付成果。一旦你清晰地认识到要成功获得这一职位所需要的条件，应该做如下几点：

- 确定技能发展的领域。

- 确定如何培养这些技能。
- 自愿接受能够培养这些技能并且能够给你带来实际工作经验的任务，这些实践经验可以被写入简历。

一旦你的技能达到了晋升职位所需技能的 70%，你就可以开始针对这个新份工作制作简历了。

校对和测试——通过电子邮件发送简历的所有版本

在发送任何版本的简历之前，请你仔细校对。将电子求职信和简历附件发送给自己的朋友或家人。要求他们把你的练习邮件和简历打印出来，以确保你想发送的就是他们实际收到的，而且可以打印输出。通常，这个练习会帮助你发现文件转换过程中出现的错误、漏洞或者更大的问题。如果你在这个阶段发现了因为粗心大意而产生的拼写错误，那就打自己的脑瓜一下作为惩戒。最常见、最烦人的问题是，你仔细放在第二页顶部的联系信息出现在了第二页的中间位置。这些都是你通过本练习可以很容易发现的重大错误。

第 9 章

准备发送简历

你已经到了最后的冲刺阶段了，在把简历发布给挑剔的公众之前，你需要对它进行最后的润色。你的简历需要：

- 以工作为重点、数据密集，可以在简历数据库大战中击败其他竞争对手。
- 排版整洁让人比较容易获取信息，布局上适合招聘人员的初次浏览。
- 标题丰富、文字简洁，可以传达令人信服的信息。

如果你做到了这些，你的简历就会从简历数据库中被提取出来并推送到招聘人员面前，然后得到招聘人员的认真关注。

即时影响的重要性

招聘人员首次浏览简历时会看 5~40 秒。对疲惫不堪、无法集中注意力的招聘人员来说，如果简历容易阅读、比较好理解，他们会给其更多的关注。如果想要提高简历被关注的机会，你需要这样做：

- 让简历更容易阅读，不要担心页数问题。正如所有事物一样，在简历中形式也要服从功能。放心使用你的空间来展示你要呈现的内容，使用更方便成年人阅读的 11 磅或 12 磅字体，不必为了把所有内容都塞在一两页内而使用只有 20 岁的孩子才能看清的 9~10 磅字体（20 多岁的人几乎不可能处在雇用你的位置上）。
- 检查标题。它们帮助读者获得并保持注意力。简历的第一页需要一个强有力的开头，没有比标题更好的方法可以帮助读者阅读并增进理解了。
- 检查专业能力和技术能力。这些都是你能够胜任工作的硬技能，每种技能都应作为标题或主题出现。
- 突出业绩。这是一个选填部分，只要你之前的工作有成就来支持这一点你就可以填写。

在第一页用易读的字体写出这些标题和以工作为重点的内容可以吸引读者的注意。

字体和字号[1]

你可以在简历中通篇使用一种字体，但不要使用两种以上的字体：一种字体用于标题，另一种用于正文部分。商务交流中最常用的正文字体是 Arial 或 Times，因为它们清晰易读。下面是一些适用于标题和正文部分的其他字体，它们可读性强，并且几乎都能被打

1 原书作者推荐的字体针对的是英文简历，对于中文简历，建议读者使用“宋体”。——编者注

印机识别。每种字体的属性都是独一无二的，而且每种字体的大小也各不相同。不要只使用 12 磅字号，有时对某些特定字体我们也可以用 11 磅字号。不要为了把内容塞在一两页纸内而使用较小的字体。对疲惫不堪、无法集中注意力的招聘人员来说，你的简历应该是清晰易读的。

避免或尽量减少使用大写的文本，这让人看起来很煎熬。很多人认为在标题中使用大写文本可以使表达更有力度，但实际上这样做只会引起视疲劳，给读者留下你在大喊大叫的印象。

适合标题的字体：

Arial	Gill Sans
Times / Times New Roman	Lucida Sans
Century Gothic	Verdana

适合正文的字体：

Arial	Georgia
Times / Times New Roman	Goudy Old Style
Garamond	

避免使用看起来类似于手写的“脚本”字体。虽然它们看起来对偶尔进行阅读的人来说很有吸引力，但是对于那些阅读了大量商业信函的人来说，这种字体很难看清。而在艺术、教育和医疗保健领域，有时脚本字体更温暖、更个性化的设计可以发挥作用，但无论如何还请谨慎使用它。

像躲避瘟疫一样躲避拼写错误

拼写错误百出的简历很快会被淘汰，所以你要充分利用拼写检查器。几年前，我为一位年薪在 40 万美元左右的执行副总裁提供咨询服务。他真是找对人了。他在简历的第一段说他是位具有“高超沟通技巧”的主管。不幸的是，这句话中的12个单词都有拼写错误！幸运的是，我们发现了。在一个有拼写检查器的时代，这种错误无论如何是不可接受的。

需要注意的是：拼写检查器并不能检查出所有的错误，所以你必须自己做一些编辑修改工作。例如，拼写检查不会发现“from”和“form”的键入错误，因为两个都是正确的单词。同样地，拼写检查器也无法分辨“to”、“two”和“too”，以及“your”和“you're或者“it's”和“its”，但是受过良好教育的人则马上就能看出来。

记住，拼写检查也不是绝对可靠的，它会混淆单词和它们的适当用法。所以找一个你信任的人对简历进行检查。也可以使用本书提供的编辑器进行排版和语法检查，你只需访问网站上的简历服务页面即可。

确定字体后就要统一使用，两种以上的字体会让读者隐约感到不安。有很多方法可以用来增强页面的视觉效果，比如使用粗体、斜体、粗斜体、下划线、字号调整和突出显示等，但一定要使用得当。

审校简历打印件

即使在电子邮件和数据库时代，你也需要打印版的简历。例如，参加面试时，你应该带着打印好的简历，这样可以确保每个面试官都能按照你设计好的方式了解你的背景信息。把简历打印出来，确保屏幕上的布局与打印出来的文件布局是一致的，确保打印文件的页码符合你的要求。要对打印简历中的以下几个方面进行再次检查。

- 布局和平衡：所有的下划线、大写、粗体、斜体和缩进都是你想要的样子。
- 拼写错误和语法错误。
- 标点和大小写。
- 页面对齐错误。

尽可能找不同的打印机打印一下看看。为什么要这样做？你会发现打印机不同，字体表现也不同。

外观检查清单

把简历放一晚上或者更长的时间，重新读一遍目标工作解构后再拿起简历，用全新的眼光审视一遍它。

- 你的第一反应是什么？清楚这份文件是关于谁和关于什么的吗？它是否清楚地陈述了你的目标工作解构需求？思路清晰吗？
- 每个标题下的文字陈述是否都令人信服？
- 简历的第一页是否明确表明你有能力胜任这份工作？
- 是否已单面打印？
- 字号是在 11~12 磅的可读范围内吗？
- 简历布局是否满足读者的需要，而不是过分关注简历的长度问题？
- 段落不超过 5 行吗？句子少于 20 个单词了吗？
- 句子中少用人称代词、多用动词了吗？

- 重要区域周围是否留有大量空白，例如目标职位、开头品牌声明和结尾品牌声明处？招聘人员和招聘经理可能正在手持设备上查看简历，足够的空间将有助于提高简历的可读性。

最终产品

纸质版简历应在标准的纸张上进行打印。纸张有不同的重量和质地。较轻的纸摸起来很薄且容易卷曲，较重的纸摸起来笨重。大多数办公用品商店都卖简历用纸和信封，并将其包装套装。

至于纸张的颜色，白色、浅灰色和奶油色是首选。假设你想让别人认为你是一个说话做事直截了当且不拖泥带水的人，那么这些简洁明了而又严肃的颜色将直接体现你的专业素养。我确信一些淡淡的柔和色调既有吸引力又有效果。但就我个人而言，第一次见面时，大多数穿粉红色衣服的专业人士表现得并不如想象的那么出彩。

求职信上应该有与简历上相同的联系信息，求职信的纸张应该与简历的纸张相匹配。同样，这也是职业品牌的一部分，职业品牌是你在求职过程中应注意的所有细节。

为你的求职信设置信笺抬头，使用你在简历中使用的字体。协调两份纸张的大小、颜色、重量和字体会让你的简历和求职信看起来十分和谐。

第 10 章

简历样本

佐薇·布莱克（Zoe Blake）

地址：纽约州埃尔姆赫斯特市法官街4332号　邮编11373

电话：631-579-5357　电子邮箱：zoe.blake@gmail.com

会计与金融

业绩简介

2012年毕业于会计专业，头脑敏锐、精力充沛、富有团队精神；寻求机会成为组织的一员，为实现公司的目标和宗旨贡献自己的力量；在与工作相关的任务中可以做到精准、有职业责任心；学习能力强，渴望学习和拓展会计能力；能发现问题并提出创新性的解决方案。

- 应届毕业生，具备良好的分析和批判性思维能力。
- 进取心强，有成功的愿望。作为全日制大学生，曾经每周工作20个小时。
- 具备优秀的口头沟通能力和书面表达能力。
- 良好的人际关系和领导能力，有热情、有团队合作精神。
- 外语能力——精通中文。
- 精通电脑技术：Word、Excel、PPT、Access数据库、Database数据库、Photoshop以及各项互联网技能。

专业技能

客户服务技巧	公认会计准则（GAAP）	财务报告
应付账款	库存分析	管理技能
应收账款	记账	成本控制
预算预测	分类账	市场研究

教育经历

2016年：密歇根州东兰辛市密歇根州立大学，会计与金融专业理学学士。

相关课程：中级会计一、中级会计二、会计理论、会计原理、政府会计、所得税、审计。

参加的活动

报税义工团队（简称V.I.T.A.）为低收入家庭和跨国人士准备所得税申报表。

个人经历

2014年1月至今：密歇根州东兰辛市密歇根州立大学餐饮服务部，学生经理。

- 计算所有员工的周薪。
- 负责管理日常经营，包括店面管理、会计和财务报告，以提高资金利用率。
- 监督新员工的日常销售工作并对其进行培训，以保证服务的质量和效率。

2012年1月—2014年12月：学生员工。

- 提供高质量的客户服务，有效进行货币交易。
- 协助办理星巴克咖啡店和校园熟食店的开账、关账手续。

2010年1月—2012年12月：里弗斯中心，学生职员。

- 提供服务以满足校园中的休闲、娱乐和会议需求。
- 根据校园需要管理商务会议和宴会的流程。
- 成功促进师生之间的互动和课外学习。

霍莉·博耶特（Holly Boyette）

地址：佛罗里达州杰克逊维尔市桑德路42号

电话：904-839-6943　电子邮箱：auditeagle@gmail.com

审计员

业绩简介

优秀的注册会计师，拥有5年国内、国际公共会计和审计经验；与一家一流的会计师事务所合作共同服务于广泛的客户；熟悉国际财务报告准则（IFRS）和美国公认会计准则，有能力在高压情况下完成工作、交付成果。

- 具有较强的分析能力和批判性思维，能预见问题、找到解决方案，同时表现出卓越的判断力以及对复杂问题的理解能力。
- 愿意积极主动地学习，不断更新知识和技能；在全职工作的4个月时间里，一次性通过了注册会计师4门考试。
- 能够以身作则、自我激励，设定有效的优先顺序并执行，以在计划时间内实现当前和长期目标。
- 建立并维护良好的客户关系，以确保客户满意度。
- 掌握流利的英语、法语和南非荷兰语。

专业技能

注册会计师	美国公认会计准则	审计方法
特许会计师	国际财务报告准则	财务审计
一般会计操作	《SOX法案》[1]	业务发展
分析能力	资源管理	沟通能力
组织能力	项目管理能力	演讲能力
排除故障能力	员工培训和发展	撰写报告能力

工作经历

2009年至今：佛罗里达州杰克逊维尔市赫伯恩（Hepburn）律师事务所——经营国际保险和税务咨询服务的公司，有35 000名员工，全球收入达40亿美元。

1　《SOX法案》，萨班斯－奥克斯利法案（Sarbanes-Oxley Act）的简称。——编者注

2014年至今：审计员。

- 能够独立完成工作，有合作精神，对客户项目全程负责，包括计划、执行、指导、完成财务审计和预算管理；管理3～5名实习生和审计助理。
- 负责担保服务，包括协助高级审计助理、审计经理和审计合伙人对上市公司和私营公司进行外部审计。
- 维护良好的客户关系以确保客户满意度，与各级客户管理层和员工合作以有效地执行审计服务。
- 主动与大客户管理部门合作，负责收集信息，解决审计相关问题，并就业务和流程改进提出建议。
- 执行控制测试，包括遵守《SOX法案》和实质性审计程序，为经理、合作伙伴和客户撰写项目绩效和预算报告。
- 按照公认会计准则准备和审核日记账分录，研究并核对资产负债表。
- 为初级审计人员提供战略支持，提供咨询、审核和协助工作。

2011—2014年：商务咨询服务助理，被选中与美国最大的银行之一共同从事机密调查项目。

- 负责根据银行和政府的信贷准则，审查和测试银行的信贷协议。
- 参与团队和客户的讨论，以获得评审的意见和建议。
- 对同事和初级团队成员的工作进行评审和质量控制评估。
- 为初级制动辅助系统（Brake Asist System，简称BAS）的推行提供战略支持，包括提供建议、审核和工作协助。

2010—2011年：审计助理，由于工作出色，获得了佛罗里达州赫本律师事务所全职工作的机会。

负责审计服务，包括协助高级审计助理、审计经理和审计合伙人对上市公司和私营公司进行外部审计。

2009年：高级实习会计，初级实习会计。协助审计工作，同时获得了特许会计项目的经验。

教育经历

2012年：获得注册会计师资格。

2012年：在亚利桑那州凤凰城凤凰大学学习提案写作。

专业组织/附属机构

美国注册会计师协会（AICPA）。

英国特许会计师协会（SAICA）。

计算机技能

掌握的软件：微软办公套件，J.D. Edwards会计软件，AS400计算机系统。

操作系统：XP，Windows7。

语言

精通英语、法语、阿非利卡语，书面表达和口语流利。

坎吉·摩西（Kanji Mosoui ）

地址：马萨诸塞州波士顿市　邮编：02108

电话：617-324-0000　电子邮箱：finance_focused@gmail.com

美国银行实习资格

- 致力于将正规的经济学教育与实际工作相结合。有项目管理经验，包括预算、人力资源管理和项目时间安排。
- 向城市和太平洋煤气电力公司（Pacific Gas and Electric Company，简称PG&E）的官员提供了许多有关项目的演讲，研究建筑材料并为业主和投资者提供咨询。
- 曾负责数百万美元的项目并成功管理全体项目参与人员，与个人、企业、市政当局和专业公司都有良好的沟通。
- 可用西班牙语进行会话。

教育经历

加利福尼亚州圣何塞市圣何塞州立大学

2017年12月：获经济学硕士学位。

2016年：获经济学学士学位。

领导经验

2014—2016年：加入国际兄弟组织加利福尼亚州圣何塞州立大学分会，期间连续担任财务主管、财务经理、副主席、主席。

工作经历

2010—2014年：加利福尼亚州圣何塞市×××公司。为新开发商和市政当局安装地下设施。

项目经理

管理耗资360万美元的项目，该项目是在圣克鲁斯市的主街道上安装新的地下设施和新的路灯；与市政府、太平洋煤气电力公司、电话和有线电视公司合作，项目的规划、执行和完成共花费了大约1年半的时间；管理约15名全职员工，包括工会和非工会员工。

2009年：加利福尼亚州圣何塞市戴夫建设公司。住宅及投资性物业的新建和改建。

施工经理与项目经理

- 担任总承包商，负责新建的耗资200万美元、占地436.63平方米的住宅物业；在项目实施过程中，雇用并管理约300个分包商和供应商。
- 获得建筑许可，与总承包商和客户一起完成建筑规划；监督日常施工、处理账务，包括付款给所有分包商。
- 与业主合作，将93平方米的住宅改造成297.6平方米；出售房屋为业主带来近40万美元的净利润。

可提供证明材料。

詹姆斯·马丁（James Martin）

地址：佐治亚州亚特兰大市　邮编：30305

电话：678-348-2484　电子邮箱：james.martin@comcast.net

监管合规专家

通过制定合规政策保护公司免受财务和法律的风险

合规专家：有15年以上银行资本市场、证券公司、投资公司、保险行业相关经验，严格遵守法律和财务法规，减少公司风险，促进审计顺利进行及公司赢利。擅长把握公司的运营命脉，监督、调查并确保监管义务的履行和合规政策的一致性。就监管和合规要求向主要决策者提供建议，以帮助其制订关于新项目的战略解决方案。

注册投资顾问：拥有广泛的专业知识，包括1940年《投资顾问法案》、美国商品期货交易委员会（CFTC）/美国国家期货协会（NFA）、市政证券规则制定委员会（MSRB）、美国金融业监管局（FINRA）、《多德—弗兰克法案》（Dodd Frank Act）和美国证券交易委员会（SEC）的法律法规。在高压环境中迅速有效地解决风险并蓬勃发展。

专业技能

法律合规性	尽职调查	绩效管理
法律分析	员工发展	受托责任
风险评估	团队领导力	反洗钱（AML）
控制能力	账户监控	了解你的客户（KYC）
谈判协商	调解与仲裁	培训与发展

突出业绩

通过设计自动更新的国际账户表格，在缓解反洗钱问题方面发挥了关键作用，在3个月内完成了500多个小时的修补工作。

通过监督个人交易并研究其模式，揭露和纠正某些财务顾问的不良行为，从而挽救了公司的声誉和财务损失。

通过实施第七系列培训计划来增加持证人员的数量。

工作经历

1998—2015年：佐治亚州亚特兰大市太阳信托银行（Suntrust Bank）。

1999—2015年：全球财富管理（Global Wealth Management）行政经理、副总裁。

- 确保分行遵守内部和监管机构的要求，并为包括期权、大宗商品、衍生品和结构性投资在内的交易策略提供指导。
- 对从开始交易到解决投诉的办公室活动进行监督，并与高级合规主管联络，推动组织两周一次的绩效管理会议。
- 指导分行以获得美国金融业监管局和分行良好的审计评级；监督250名员工，并通过调解或仲裁来处理员工违纪和客户投诉。
- 引领百万美元财富管理团队从竞争平台顺利过渡到美林（Merrill Lynch）平台。
- 通过分析产品的赢利能力，帮助财务顾问更好地了解产品以提高办公效率。
- 首次成功进行内部审计，检查记录保存、交易票据、通信、结构性投资、交易活动和客户活动，以确保其合规性。
- 促进了众多战略业务关系，在银行街教育学院（Bank Street College of Education）和分支机构之间建立了暑期实习项目联盟，并促成了卡弗联邦银行（Carver Federal Bank）和亚特兰大的非裔美国金融顾问之间的伙伴关系。
- 实施并领导了“9·11” 年度纪念项目，同时促进了团队建设，鼓舞了员工士气。

1998—1999年：财务顾问。

为100多个客户管理投资组合，为金融研讨会提供便利，并为个人、公司、机构和非营利性机构提供财务规划方面的专业知识。

早期工作经历

1997—1998年：南方银行合规助理与质量控制助理。

1996—1997年：基什鲍姆—伯曼公司（Kirshbaum & Berman）合规助理。

1994—1996年：东南证券国际公司合规助理。

1990—1994年：东南证券国际公司销售助理、经销商服务台工作人员。

教育经历

佐治亚南方大学：工商管理学士。

佐治亚大学：法律课程（18个月）。

专业牌照

美国金融监管局金融牌照：系列 3、系列 4、系列 7、系列 9、系列10、系列63、系列 65。

注册财务经理

印度出口公司：执行理事的行政助理、顾问。

西尔瓦纳·塞奇尼（Sylvana Cecchini）

地址：康涅狄格州哈特福德市 电话：203-341-2434 电子邮箱：syl.cecchini@att.net

拥有工商管理学硕士学位的高级信用分析师，有10年的投资银行业务的经验

具有信用评估、风险分析、风险缓解方面的专业知识

信用审查、分析和建构	保险及投资组合管理	债券与证券市场营销
企业和行业研究	风险基础设施咨询	高级沟通
财务分析和报告	风险评估与风险分配计划	全球业务关系
演讲和谈判	投资银行业务与企业贷款	税收法律法规

突出业绩

- 注册会计师：拥有丰富的信贷分析、信贷风险和信贷审批流程等各个方面的管理经验，包括公司及行业研究、财务报表审核、信贷评估以及降低蓝筹公司价值数十亿美元的投资组合风险。
- 高效的沟通者：能够将复杂的财务数据整理成可读格式，并基于证据对新客户和现有银行客户的财务健康和信用价值提出客观的意见。
- 投资银行团队的组成部分：

  ——帮助印尼的第一家地热发电厂从日本的一家银行获得了资金。

  ——与东南亚一些最大的石油和天然气公司建立了银行业务关系。

  ——在大洋洲和亚洲，包括澳大利亚、新加坡、印度尼西亚、泰国、马来西亚、菲律宾、越南、印度、新西兰等主要市场，向形形色色的公司和结构性金融交易提供贷款。
- 任启动团队成员在马来西亚财政部成员，该团队负责实施伊斯兰债券市场首个马来西亚金融担保人项目的运作，该项目年价值50亿美元。

工作经历

2011年9月至今：康涅狄格州西哈特福德市康涅狄格州社区银行，信贷部高级分析师。

2009年1月—2011年8月：康涅狄格州哈特福德市人民联合银行，投资组合风险负责人。

2008年1月—2009年7月：康涅狄格州法明顿市法明顿银行，信贷调查副主席。

2004年11月—2007年12月：康涅狄格州韦琴斯菲尔德市康涅狄格信贷公司，工业和

消费产品部信用分析师。

2003年4月—2004年10月：康涅狄格州洛基山市琼斯报税服务公司，报税员。

教育经历

2013年：康涅狄格州斯托尔斯市康涅狄格大学（UCONN），获工商管理硕士学位。

2003年：康涅狄格州新不列颠市康涅狄格中央州立大学（CCSU），获会计学学士学位。

语言

熟练使用英语、意大利语和葡萄牙语。

职业加盟

注册会计师协会。

卡罗琳·奥利弗（Caroline Olivero）

注册会计师

地址：堪萨斯州堪萨斯城金凤花路2405号　邮编：66103

电话：913-863-4320　电子邮箱：cpa66103@gmail.com

财务分析师

业绩简介

高级会计师、财务分析师和内部审计师，具有15年以上会计和财务工作经验。善于收集和分析数据，每月对财务信息进行审核以保证其准确性；工作快速、果断，是一名高效的财务策略师，遵守联邦、州的法规和政策；能够保持会计和财务系统的完整性，擅长与区域财务团队协调报表编制；能够为管理层和主要利益相关者准备财务报表并提供财务报告；为人正直且具有职业道德感。

专业技能

财务分析	方差分析	美国公认会计准则
思爱普软件（SAP）	仁科软件	财务结算
《SOX法案》	海外反腐败法（FCPA）	员工领导力
萨班斯	法案及非萨班斯法案控制	沟通能力
关系发展	拟定审计报告	记账对账
财务报表	内部控制	文件编制
微软办公软件	解决方案	财务报告
合规		

工作经历

2013—2017年：佐治亚州布朗士维克市国际纸业公司，高级金融分析师。该公司是全球最大的纸浆和造纸生产商，年收入260亿美元，在全球拥有61 500名员工。

协助北美洲、亚洲和拉丁美洲的饮料包装部门完成生产设施的内部审查，协助该部门执行审计活动；通过与合规小组合作，确保审计项目符合国际纸业公司的《SOX法案》合规要求；开发新的流程说明和流程图，以识别控制缺陷、提高拉丁美洲地区的审计效率。与外部审计师和管理层合作，为部门审计准备2005年和2006年的财务报表，为公司转让所有权做准备。

- 与国际纸业会计人员协同合作，为液体包装部门编制财务报表。
- 与国际纸业《SOX法案》合规小组合作，确保合规项目的实施。
- 与国际纸业内部审计小组协调，制定并实施液体包装部门的审计程序。

2008—2013年：佐治亚州亚特兰大市联邦快递公司，高级会计研究分析员。公司年收入430亿美元，在全球拥有30万名员工。

- 长期维护飞机租赁的会计数据，包括确保所有租赁协定均按直线法摊销收益；审核租赁资产和费用，包括分析账目变化、获取业务变化的原因，并向管理层汇报；提供季度会计信息汇总以便管理层审核，编制月度汇总表。
- 被选中公司会计小组成员，编制有关会计信息的季度摘要以供管理人员审查。总结紧急会计问题、报告财务会计标准委员会和会计准则执行委员会的意见或提议，公布美国证券交易委员会的裁决结果。

1997—2008年：佐治亚州亚特兰大市可口可乐公司，高级金融分析师。公司年收入80亿美元，拥有13 250名员工。

- 负责管理和支持中南地区的业务预算。与各中心地区的分公司经理、部门经理等管理层合作，确保预算真实反映支出。
- 与当地学校合作率先采用新的方法分析合同赢利能力，包括下载销售报告并纳入净现值（NPV）分析。

1997—1999年：高级会计。

- 准备月末结算的分录以进行分析，并为管理层提供各种营业费用差异的解释；设计并提交特别报告；为高级会计师和会计人员进行管理和培训；调整对账资产负债表账户；准备联邦和州税收方案，提交给公司税务部门。
- 开发用于跟踪发票和未付项目的数据库应用程序。

教育经历和补充经历

得克萨斯州大学城，得克萨斯农工大学（Texas A&M University），金融学理学学士学位，注册会计师。

梅雷迪思·萨默斯（Meredith Sommers）

地址：纽约州斯卡斯戴尔市肯伍德路东北夏木台24号　邮编：10583

电话：914-241-2434　电子邮箱：meredith.sommers@gmail.com

医疗保健销售管理

业绩简介

成绩：按年度计划的百分比

2015年：99%	2010年：153%
2014年：126%	2009年：183%
2013年：147%	2008年：99%
2012年：136%	2007年：166%
2011年：127%	2006 年：85%

拥有18年的医疗与保健销售经验，在持续超越销售配额、开发新业务、建立牢固的客户关系并取得良好的业绩；熟悉销售周期的各个阶段，在所有关系和交易中，以较高的诚信追求客户服务的满意度和管理的卓越性。经证明的能力包括：

- 擅长发现、并把握销售机会。
- 除了进行销售现场培训之外，还在公司课堂培训中担任销售培训师，培训经验丰富。
- 咨询和销售解决方案专家，能够充分利用销售机会。
- 能够在复杂的商业环境中获得多个决策者的支持。
- 具备丰富的医疗技术和经验。
- 有远见的策略师，能够针对客户问题果断地提出清晰的解决方案，并实现收入最大化。
- 有很强的工作能力，具有高效、独立或者与内外部销售团队合作的能力。
- 能够推动改革，具有识别业务需求和提供创新解决方案的专业知识和能力。
- 具备卓越的客户关系管理技能。
- 效率高，具备优秀的组织能力、设定多任务优先级的能力。
- 具备优秀的沟通力和表达力。

核心技能

合同谈判	增加利润	营销拓展	业务陈述
协商性销售	业务拓展	推动变革	寻找潜在客户、结算
提高收益	成本控制	客户维系	团队建设
方案式销售	客户管理	培训教育	电子商务

工作经历

2011年至今：纽约州纽约市塑化科技公司（Plastech），业务扩展经理。

被任命在价值2 500万美元的IT/VAR渠道内建立塑化科技公司的集成医疗解决方案，设立战略愿景，建立并发展医疗保健业务代表团队，管理新产品集成、新的合作伙伴关系和新产品解决方案。

- 协助建立、维护现有的全国分销渠道和垂直业务合作伙伴。
- 完成电磁共振（EMR）、电子健康病例（EHR）和实践管理软件与公司产品的集成认证，形成了外围捆绑、评估插件和多个采购渠道，2011年电磁共振类销售创造了33%的收入增长。
- 经过谈判与戴尔公司建立合作伙伴关系，2014年实现了32.9万美元的销售额。
- 在新的医疗保健业务开发团队中发挥了重要作用，包括设计战略、培训医疗行业新员工、设定方向、指导团队，同时管理多个项目。
- 负责与新经销商合作伙伴联强国际的谈判、采购和管理事宜；2012年到2016年间，推动联强国际标签打印机的销售额从零美元增长至500多万美元。
- 荣获2013年度配额终结者奖；该区域销售总额达489.59万美元，增长了140万美元。

2005—2011年：新泽西州纽瓦克市森特公司（Centor Inc.），外科设备销售专家。

迅速重建了森特公司的市场形象，而它曾经两年多无人问津；管理医院、军事基地手术中心所有的销售活动；与当地医院外科中心负责人合作，深入了解客户需求，协调区域管理的范围和重点。

- 在没有任何先验信息和客户数据的情况下，成功开发了新的客户群，创造了54万美元的新销售额。
- 实现了堪萨斯第一家减肥手术中心全部使用森特设备的销售业绩。
- 荣获2006年第一大区域久负盛名的峰会奖。

- 销售额增长了83%，从15.7万美元增至130万美元。
- 2005年度在森特主席俱乐部排名第10名。

技术

操作系统：Mac OSX适用系统、Windows系统。

软件：赛富时云计算软件（SalesForce），微软办公套件，通信客户端，阅读软件（PDF 8 Pro），思爱普企业业务软件，ACT企业软件，金矿（Gold Mine）软件。

教育经历

1986年：宾夕法尼亚州布林茅尔学院，工商管理专业，理学学士学位。

专业发展

2005年：21世纪增值战略的合作销售，并获得阿勒根公司（Allergan）赞助。

2003年：获得伊利诺伊州坎卡基市工作现场培训结业证书，并获得易达–森特公司赞助。

雷克斯·穆尔（Rex Moore）

地址：北卡罗来纳州夏洛特市　邮编：28078

电话：704-341-3424　电子邮箱：rex_moore@att.net

管理式医疗协调员

业绩总结

将学业知识与医疗行业丰富的实践经验融于一体，被选派到维克森林大学医学院皮肤病科实习，在管理多个项目的同时加深了对学术医疗中心的了解；在为医疗保险和医疗补助客户提供服务和支持方面具有丰富的经验，协助其解决有关福利、账单和付款等相关问题；具有优秀的客户服务能力、分析技能、战略规划能力和沟通技巧。

专业技能

卫生保健知识	分析技巧	沟通技巧	专业技术
医疗保健	数据分析	团队协作	微软办公软件
识别医疗保险欺诈和滥用	战略规划	客户服务	数据输入
健康保险流通与责任法案	电子数据交换（EDI）	报告开发	统计分析软件（SPSS）
山狮系统	学术医疗中心	问题解决	病人支持
指导与领导			

教育经历

2015年：维克森林大学卫生行政管理专业理学硕士学位，学生健康管理协会会员。

2013年：阿姆斯特朗大西洋州立大学，主修心理学，辅修商业管理，获理学学士学位。

优秀学生奖学金，优秀学生名单，Alpha Phi Omega兄弟会成员，大学生服务联谊会成员。

工作经历

2013年至今：北卡罗来纳州夏洛特市贝斯特护理（BestCare）合伙企业——该企业为贝斯特会员提供全球客户服务，在美国、墨西哥和菲律宾设有办事处，客户服务代表。

回答有关福利、账单和付款等相关问题，为贝斯特护理双重会员和北卡罗来纳州医疗补助会员提供支持；为会员完成有关医师、医院和医疗设备公司的研究；利用保健连接器、贝斯特护理和覆盖导航器来定位、查看福利、制订计划并提供一般信息。

- 遵循审批流程，先调查信息再回答会员问题，并获得较高得分。
- 扩展了个人医疗保险和北卡罗来纳州医疗补助法规和指南的知识。

2012年夏：北卡罗来纳州温斯顿—塞勒姆市维克森林大学医学院，实习生。

在皮肤科和肿瘤内科管理多个项目。

2011年夏：北卡罗来纳州阿什维尔市（Asheville）阿什维尔成瘾康复研究所，实习生。

获得了关于毒瘾康复方面的大量知识，包括12步流程；参加小组会议，与工作人员、医生和患者进行沟通。

希拉里·桑德斯（Hillary Sanders）

地址：俄勒冈州波特兰市山口路34号　邮编：97201

电话：541-431-4342　电子邮箱：OrthoSales@outlook.com

矫形外科客户经理

业绩简介

顶尖的医疗设备销售专业人员，拥有12年以上的经验，通过有效的时间和地域管理，创造超额完成销售配额，发展新业务的良好记录；拥有丰富的整形外科知识，包括重建、创伤、矫形生物学、手脚和脚踝矫正技术；有较高的业务敏锐度，能够很好地完成销售，引导客户采取行动；能够与外科医生和其他医疗保健专业人员建立关系；出色的人际交往、跨职能团队、人脉、演讲、谈判和结案技巧。

- 能够以符合产品说明和销售要求的方法处理客户的问题和异议。
- 通过与主要客户和关键意见领袖建立并保持牢固的业务关系来提高业绩增长。
- 遵守所有与医疗保健专业人员有关的政策和标准操作规程，包括处理产品投诉、撰写费用报告、管理销售活动和培训等。
- 具有较强的组织能力、时间管理能力，能够进行战略性分析思考。
- 维护有关销售技能、产品功能、优势、竞争数据和行业趋势等方面的培训。

专业技能

战略销售开发	咨询销售技巧	售后跟进
手术病例覆盖率	客户获取	表达技巧
客户解决方案技巧	维护销售和产品培训	在职培训
产品演示	新产品介绍	政策和流程
矫形器械销售	客户关系管理	全销售周期技能
超额销售指标	临床知识	职业道德
库存管理	行业趋势和区域分析	产品组合

工作经历

2012年至今：俄勒冈州波特兰市维斯塔矫形外科（Vista Orthopedics），销售代表。

通过规划和实施销售策略来管理销售区域，在保留当前业务的基础上拓展新业务；医生办公室、外科中心和其他医疗机构推广、展示公司的医疗器械产品，以增加人们对最新医疗设备的认识；为客户提供良好的售后跟踪服务。

- 完成130万美元以上的销售指标，随后获得2009年度配额成就奖。
- 通过转化新客户，增加了40万美元的销售额。
- 通过分析客户需求，帮助客户确定产品收益，从而提高销售额增长。
- 发展和维护区域内的关键客户关系。
- 利用最佳策略来周转库存。

2007—2012年：俄勒冈州波特兰市维斯塔矫形外科经销处，销售代表。

维斯塔矫形外科经销处是维斯塔最大的机构之一，其总销售额达6 000万美元。

- 配额成就奖（2006年），总销售额超过100万美元，较去年增长了47%。
- 管理价值1 000万美元的销售区域，能独立工作，并由三个销售代表组成团队以实现销售目标。
- 在管理现有客户的同时，具备识别新客户的能力。
- 为所辖区域制定销售策略，并提高其销售业绩。

2005—2007年：内布拉斯加州奥马哈市维斯塔矫形外科，销售代表。

就职于一家整形外科植入物生产商，负责管理销售区域，创造了600万美元的销售额；负责伊曼纽尔医院的服务，包括通过客户关系、与新的外科医生建立关系来协助现有的销售代表增加销售额。

- 销售额增加了2.6万美元，总销售额达到55.8万美元，第一年完成了配额的100.12%。
- 通过建立强大的产品声誉，与当前和潜在客户建立关系。
- 通过了解竞争对手无法满足的市场需求来转变竞争业务，从而提高销售额。
- 协助公司销售代表完成销售指标，实现组织目标。

公司奖项/认可业绩

2009年完成指标的102%，2008年完成指标的101.5%，

2007年完成指标的108.9%，2006年完成指标的100.12%。

教育经历

2005年：俄勒冈州福里斯特格罗夫市俄勒冈太平洋大学，工商管理专业文学学士。

职业发展

坚持以客户为中心的销售

参与维斯塔修订培训

参与维斯塔创伤产品培训

销售盖洛普力量探测器

参与维斯塔重建产品培训

参与维斯塔矫形培训

可提供优秀的证明材料。

盖尔·拉米雷斯—钟（Gayle Ramirez-Chung）

地址：新泽西州特伦顿市　邮编：08601

电话：609-567-1569　电子邮箱：opthalmictech@sbcglobal.net

眼科技术员与医生助理

通过协助诊断和治疗来提升组织价值。

技术技能：

精确计算折射与加工技术
测角术
无菌技术

程序和治疗：

睑板腺囊肿手术
青光眼的治疗
结膜炎
糖尿病监测
早产儿视网膜病变
黄斑变性
斜视
白内障
鼻泪管阻塞
眼睑整容术

使用设备：

扫描仪
激光
眼压计
裂隙灯
晶状体检查仪
角膜曲率计

业绩总结

在测量视力、测试眼肌功能，取放和护理隐形眼镜等方面具有丰富的经验；能在手术期间协助医生、管理手术器械和眼部药物；对青光眼、白内障等眼科疾病的治疗有丰富的经验。

工作经历

2010年至今：佐治亚州迪凯特市奥古斯塔眼科协会。

大型眼科手术中角膜专家的技术员/助理。主要负责做记录，做视力检查、瞳孔检查，与医生快速建立信任、融洽的关系，通过简化流程提高手术效率。

2006—2010年：佐治亚州亚特兰大市古吉诺家庭眼科中心。

在2个月内两次晋升为小儿神经学眼科医生助理，负责为患者记录病史、做检查准备以及讲解治疗程序。

1999—2006年：佐治亚州亚特兰大市达维尔通信公司。

在入职后3个月内晋升为全国客户经理，在10个月内实现公司规模翻番，保持100%的客户满意度。

教育经历

1998年：佐治亚州雅典市佐治亚大学，获组织沟通专业理学学士学位。

证书

认证眼科助理（COA）证书。

妮科尔·西尔弗（Nicole Silver）

地址：华盛顿州塔科马市丁香苑341-D　邮编：98409

电话：253-634-3424　电子邮箱：n.silver@comcast.net

药店经理

追求最高质量的药剂师护理，促进人类健康和安全。

业绩简介

执业药剂师，在药房执业过程中获得出色的工作业绩，深入了解所有制药业务、计算机药品分销系统、药品使用评估、复杂设备和递送系统、新兴药物和药房法规。

- 坚强可信、有很高的信誉和道德标准；工作中做事率直，注重亲身实践。
- 冷静、灵活，能按时完成任务，适应紧迫的节奏和苛刻的环境。
- 具有出色的人际交往技巧，精通如何建立和维护战略性业务关系，能同时与各层次、背景的人进行积极互动。

专业能力

项目管理	准备报告	精通技术
客户开发与服务	市场营销与销售	解决问题
专业演讲	绩效提升	谈判
建立关系	理性投资	长期护理
多站点管理	员工培训和发展	创新

工作经历

2004年至今：华盛顿州塔科马市药明康德药业公司，该公司是一家财富400强企业，提供与药品相关的广泛服务。

2014年至今：西区高级运营总监。

- 负责向西区药房提供业务资源，包括西部13个州的47家药房。
- 协助西区多家药房的预算流程，年销售额达10亿美元，配药量约为300万份。
- 协调和执行节约成本计划，每年为药房节省近30万美元。
- 与区域管理层合作，制订并执行多阶段计划，提高了药房的业绩和赢利能力，使药房年收入增长了6%，达到1.2亿美元，营业利润增长了3%，其他多项业绩指标也有所改善。

- 创建采购记分卡来确定需要改进的站点，并在全国各地全面推行。
- 与部门合规官合作，确定监管目标和相应运营流程的最佳实践方案。
- 给面临挑战的药房提供药品，促进高水平的患者护理。
- 与运营经理和药房经理合作，提供超越客户期望的服务，最终达到拓展客户、促进销售的目的。
- 在11个西部州研究、评估和实施新技术，包括电子药物管理分析系统、医嘱录入系统、电子处方和自动化系统。

2011—2014年：区域总监。

- 负责5家药店250名员工的多地点、多州管理，年收入6 600万美元，制定预算、绩效和财务目标。
- 有能力管理5个州的多家药房，确保其财务和运营上的成功，并遵守联邦法规、州法规和地方法规。
- 分析并协助整合沃尔格林公司旗下高级药房的收购事宜，使全美的药明康德药业年收入增加了4 200万美元。
- 在科罗拉多州药房实施中心—辐条模式，使当地药房的效率显著提高，成本显著降低。
- 担任药明康德药业国家药事联络委员会的联络员，担任技术认证委员会成员。

2004—2011年：总经理。

- 管理财务和预算，以实现年度目标，确保药房符合法规要求和国家药事委员会的年度检查标准；招聘、选拔、培训和指导员工。
- 协调静脉注射项目的培训、实施和评估，获得了40万美元的年收入。

2001—2004年：俄勒冈州波特兰市大学医院药剂师。

教育经历

俄勒冈州科瓦利斯市俄勒冈州立药学院，药剂学专业，理学学士。

专业发展

俄勒冈州立药学院，商业发展要素。

俄勒冈州立药学院，企业融资。

佩恩–福斯特（Penn-Foster）在线职业教育颁发的微软办公软件培训证书。

专业证照

华盛顿药剂师执照#143293。

专业组织/附属机构

华盛顿药剂师协会。

俄勒冈州药房协会，前副主席。

志贝塔荣誉学会（Chi-Beta Honor Society），历任各董事会、公司委员会副主席。

计算机技能

操作系统：Windows、Mac、海洋资讯系统（Oasis）。

软件应用：微软办公套件、电子药物管理分析系统，医嘱录入系统、电子处方。

公司认可荣誉

2007年年度药房奖。

2004年最佳进步药房奖。

沃伦·戴维斯（Warren Davis）

地址：蒙大拿州布特市山台路12号　邮编：59701

电话：406-436-3851　电子邮箱：warren.davis@gmail.com

放射学技师

业绩简介

放射技术专家，注重细节和质量，在X线透视检查和保障辐射安全，应用透视设备、X射线图像增强器、图像记录设备和提供影像诊断服务方面经验丰富。能与患者保持融洽的关系，获得较高的患者满意度，与医疗团队成员保持专业的互动与合作。

- 维持并改善高质量、高效益的部门运营。
- 有能力运行机械设备，能灵活操作复杂的诊断设备。
- 工作灵活并能在没有监督的情况下完成任务。
- 对X射线成像的方法和技术有全面的了解。
- 熟悉最新的X射线设备和标准，能制作高质量的诊断片。
- 规划有效的病人检查流程，有良好的时间管理能力。
- 注重细节，具有多任务处理能力。
- 技术：精通放射系统与医院信息系统知识，包括IMPAX影像存储与传输系统、Allscripts软件、Novius软件和Virtual Radiologic远程影像等相关技术。

专业领域

透视	诊断设备
辐射安全	高品质诊断片
X射线图像增强器	ICU（重症监护室）和NICU（新生儿重症监护室）
机械能力	IMPAX，Allscript，Novius，Virtual Radiologic
诊断成像服务	维护成像设备并排除故障

工作经历

2012至今：蒙大拿州布特市美慈修女医院（Sisters of Mercy Hospital）。

放射学技师

- 在放射科医生的指导下，准确操作放射设备，以产生高质量的X射线来诊断、治疗疾病和损伤。

- 确保每位患者接受正确的成像程序，以避免不必要的暴露在X射线下，并确保诊断正确。
- 确定患者获得检查的最佳方案，合理安排以避免患者积压，也避免了员工加班。
- 根据文件要求，确保及时准确地输入技术数据。
- 能够在普通医疗机构和外科急症护理机构，独立完成周末夜间急症患者的护理工作，并于早上对所有ICU和NICU患者及其便携式设备进行检查和统计。
- 通过解释治疗过程、营造舒适的环境，以赢得患者的合作，减少患者的焦虑。
- 运用患者屏蔽技术和适用的暴露知识来实施辐射防护，以最大限度地减少对患者和工作人员的辐射。

教育经历

2012年：放射技术专业大专学历。

蒙大拿州布特市蒙大拿技术学院。

证书/许可证

美国放射技术人员证书（ARRT）	当前有效
蒙大拿州放射技术证书（LSRT）	当前有效
美国劳工统计局 心肺复苏术（CPR）认证	当前有效

可根据要求提供优秀的证明材料。

沙泉·琼斯（ShaQuan Jones）

地址：弗吉尼亚州里士满市李塔（Lee Towers）B座4343号

电话：804-234-0501　电子邮箱：s_jones@att.net

注册护士（RN），护理学士（BSN）

业绩简介

医护专业人员，富有同情心，拥有14年临床注册护士经验，能够在临床环境中提供全面的心脏护理；作为一名临床护理医生，在高级心脏护理方面经验丰富，提供优质的护理和患者服务。

- 采用系统的方法进行护理实践，能够保持职业道德。
- 为患者和家属提供周到的护理，注重病人的康复。
- 出色的书面记录和口头沟通的能力，擅长解决冲突。
- 具有独立的批判性思维和优秀的护理判断能力。
- 热情的团队合作态度，有效的人际关系和领导能力。

专业技能

诊所管理	诊断评估	药理学管理
电话分类	心电图与压力测试	诊断结果
患者评估	动态心电图与项目监测	出院程序
协调服务	植入式设备	感染控制标准
重点患者护理	程序测试	患者教育与安全

教育经历

2006年：弗吉尼亚州夏洛茨维尔市弗吉尼亚大学，获护理学学士学位。

2004年：弗吉尼亚州夏洛茨维尔市弗吉尼亚大学，获文学士学位。

许可证

注册护士许可证号#: R 1102342（在有效期中）。

专业认证/继续教育证书

2016年：弗吉尼亚州里士满市弗吉尼亚理工学院。

- 基本心脏生命支持证书（美国劳工统计局）。
- 高级心脏生命支持证书（美国学术团体委员会）。

- 静脉注射治疗认证。

继续教育

2015年：东部学校，国家继续教育中心。

- 心血管护理。
- 生命临终问题和疼痛管理。

工作经历

2014年至今：弗吉尼亚州弗雷德里克斯堡市南部心脏和血管研究所。

心脏病学注册护士

- 提供的服务包括心脏病学、心脏外科学、电生理学和介入心脏病学。
- 在7名以上心脏病专家的指导下管理卫星诊所。
- 担任医院和诊所之间的护士联络员，具备优秀的时间管理能力和领导能力，能够维护诊所的日常运营。
- 协助医生完成心电图、运动压力测试、动态心电图以及项目监测和起搏器评估等住院流程。
- 安排住院程序，包括回声、压力、血管造影、经皮腔内冠状动脉成形术和欧洲药典研究。
- 对住院患者进行评估，包括血管造影检查、鞘膜牵拉、出院计划和患者教育等。
- 咨询主治心脏病专家，以审查阳性结果、异常检测结果、解决患者关注的问题。
- 为患者提供脂质、心力衰竭、起搏器、胺碘酮、抗凝、康复管理等方面的教育并帮助患者登记到相关专科诊所。
- 倡导患者加入心脏支持团体。

2006—2014年：弗吉尼亚州里士满市南部神经内科诊所。

神经学注册护士

南部神经内科诊所专业从事神经系统疾病的综合检测、诊断和治疗，包括成人和儿童神经学、神经心理学、神经电诊断学、肌电图和神经传导研究、睡眠中心和头痛管理等。

- 作为诊所的注册护士，负责根据神经内科临床标准、政策和程序为患者和家属提供个性化护理。

- 管理整个诊所的患者流动，并协助程序评估和治疗神经系统患者。
- 熟悉疾病分类。
- 负责实验室测试结果和药物管理的后续沟通。
- 在患者病历中记录病史、生命统计数据和检测结果。
- 促进患者和医生之间的沟通，确保患者理解治疗计划并遵守医疗方案。
- 与其他医疗部门合作，改善治疗效果。

2006年：弗吉尼亚州夏洛茨维尔市弗吉尼亚大学医学中心。

内科、外科高级护理助理

弗吉尼亚大学医学中心是全美最受尊敬的教学机构之一，该中心由国内外享誉盛名的矫形外科医生组成，可提供个性化的矫形外科护理，集卓越、服务、爱心和创新研究于一体。

- 在“团队护理流程”的管理和指导下实施矫形外科护理，每班包含4~7名高危患者。
- 对使用医院设备和仪器所必需的机械原理有充分的了解，具备医院档案管理的相关知识。
- 维持感染控制标准，提供安全的物理环境，使患者感到舒适、放松并帮助患者康复，协助全面出院计划和患者教育。

附属机构

弗吉尼亚州夏洛茨维尔市弗吉尼亚大学，国家护士社团荣誉协会、弗吉尼亚护士协会、美国护士协会。

社区活动与志愿者活动

参加弗吉尼亚州里士满市的“希望之地”活动和“儿童对抗饥饿”活动。

为收容所准备并发放食物，提供灾难援助。

约翰·陈（John Chen）

地址：佐治亚州亚特兰大市　邮编：30305

电话：404-459-8482　电子邮箱：chen.hr@gmail.com

人力资源分析师

敬业、正直、足智多谋、判断力强的专业人士。

业绩简介

3年出色的客户服务和支持经验；与各级专业人士合作，建立相互信任的关系；优秀的沟通能力；能够轻松解决问题并做出合理的判断；擅长数据分析和演讲；做事非常有条理、注重细节，致力于高质量地完成工作；能够保持冷静，做出平衡以适应多变的情况和优先级；正在攻读人力资源管理硕士学位。

专业技能

研究和分析	解决问题	战略规划
沟通技巧	组织能力	人际关系技巧
团队合作	领导能力	建立关系
演讲技能	调解仲裁	谈判能力
行政支持	销售与营销	通信与报告

2014年至今：佐治亚州亚特兰大市桃树合伙公司——一家年销售额超过180亿美元的房地产公司。

持牌房地产销售助理

协助买卖双方对亚特兰大各住宅区的价格进行协商谈判，指导他们完成买卖交易的全过程；与各级别的专业人员一起工作；每天预测和解决问题，并就如何达成交易制定策略；了解达成积极成果所需的微妙平衡；优质的客户服务、强大的沟通能力和良好的组织能力一直是成功的关键。

- 管理所有价位的工作室、联排别墅等居民用房的运营和销售。
- 分析数据和性能，为客户提供正确的投资建议。
- 为卖家制作演示文稿、营销计划和策略。
- 向客户普及房地产市场的最新信息。

- 为客户谈判以取得最优惠的价格。
- 管理合同销售的全过程，与其他方合作，比如经纪人、其他买方/卖方、房地产律师、抵押贷款人和建筑管理代理等，以完成交易。
- 维护客户关系并建立信任，因此很多生意都来自老客户和他们的推荐。
- 管理机密信息。
- 指导新经纪人如何推销并促成交易。

教育经历

亚特兰大商学院人力资源管理专业理学硕士。

萨凡纳艺术与设计学院影视专业艺术学士。

计算机能力

微软办公软件：Word，Excel，PPT，Outlook（电子邮件）及资讯管理软件。

社区活动

泰碧狗群（Dogs on Tybee）的组织者和领导者之一，该组织旨在通过谈判以允许狗狗进入泰碧岛海滩，与州官员进行了谈判，向泰碧市民做了介绍，管理社交媒体活动和网络视频活动，以获得社区和媒体的支持。

维罗妮卡·肯特（Veronica Kent）

地址：加利福尼亚州普拉森舍市　邮编92870

电话：562-555-9012　电子邮箱：ronnie.kent@sbcglobal.net

人力资源专员与行政支持专员

追求完美的小型办公室专家：灵活、自律、有组织性、勤劳努力。

业绩简介

人力资源和应付账款专业人士，具有15年以上的行政支持经验；以出色的纪律性和领导能力而获得认可；熟练掌握小型办公室人力资源的各个方面，包括薪资、福利管理、应付账款、客户服务、销售支持、收款、行政支持、采购、设施管理、活动规划和合规性等。

核心技能

人力资源	应付账款和收款	行政支持
工资处理	发票差异	福利管理
支付处理	银行存款	401k计划
美国税收补偿计划125条	采购订单	内联与外联
客户服务	费用跟踪	物业租赁
员工与供应商关系	日记账分录	车管所续签
就业资格认证表	审计与合规	月度与年度税表
电子数据表	活动策划	

技术技能

Corel绘图	自动数据处理工资单	98/2000/XP/Vista系统
数码照片图形	时间和出勤率	Word、Excel、PPT
ACCPAC会计软件	采购软件	Outlook软件
QuickBooks会计软件	网络研究	

成就

- 将企业责任保险和工人赔偿保险成本降低了1/3，重组责任保险管理计划以增加储蓄。

- 发现公用事业公司的欺诈活动，使公司追回了1.4万美元的税费。
- 通过重组公司政策和程序、休假与病假时间和薪资系统，协助实施公司的合并工作。
- 1992年、1996年、2003年和2010年度获最佳员工提名。

工作经历

2013年至今：加利福尼亚州洛杉矶市无线通信公司——为专业和半专业的音频市场提供无线音频产品。

行政支持专员

- 支持独立销售承包商，向全国经销商销售通用遥控器Airfonix产品。
- 相关经验：行政支持、客户服务、合同和提案、应付账款、应收账款、费用跟踪、银行对账和存款、电子邮件和互联网研究。

2004—2013年：加利福尼亚州亨廷顿海滩电信网络公司，美国独立的商业通信提供商。

人力资源专员与应付账款专员

管理全方位的人力资源服务，包括福利管理，通过供应商谈判和实施替代福利计划来维持成本的经验。

- 为250名员工的公司处理工资单，负责工人赔偿、联系分包商、审计工资的合规性。
- 负责处理所有应付账款，包括每月和每年的结算。
- 负责内部和外部的会计职能之间的联系。
- 为公司车辆处理车管所续约事宜。
- 管理小额现金账户，处理银行存款，处理费用跟踪和报告。
- 负责行政支持、应收账款与备份、三大设施的物业维护与设施管理、销售支持、营销和采购活动。

1996—2004 年：加利福尼亚州长滩市麦克唐纳·道格拉斯公司（McDonnell Douglas Corporation），航空航天制造商和国防承包商。

行政助理

- 协调内部计划部门和管理层之间的日常质量控制工作。
- 作为质量支持团队的关键成员，与生产线和管理团队合作，为实现“首次质量和客户满意度”这一主要业务目标做出了贡献。

- 履行日常办公室职责。

教育背景

2015年：加利福尼亚州富勒顿市（Fullerton）富勒顿城市学院，继续教育。

1997—2012年：加利福尼亚州长滩市（Long Beach）长滩城市学院，继续教育。

2009年：加利福尼亚州长滩市长滩城市学院，通用商务专业副学士学位。

个人信息

加利福尼亚州富勒顿市圣裘德癌症中心——重症监护支持小组志愿者。

加利福尼亚州芳泉谷市“蜗牛步伐”俱乐部——指导并培训初级马拉松运动员。

参加11场马拉松比赛，7场半程马拉松比赛，10千米和5千米竞速跑。

每天我都下定决心要让自己的存在产生积极的影响。

可提供优质的证明材料。

国吉·康雄（Yasuo Kuniyoshi）

工商管理学硕士

地址：得克萨斯州达拉斯市　电话：214-965-7667

邮箱：alwaysonbrand@comcast.net

电子商务营销

业绩简介

具有20年以上的品牌营销经验，具有解决实际问题的能力，并有丰富的经验以应对这种快速任务的挑战。具有在高压情况下进行项目规划和管理的经验，在这种情况下错误的决策可能会给客户造成重大损失，因此不允许失败。

- 用咨询的方法来评估客户需求，并提供满足战略目标的整体解决方案和计划。
- 具有商业战略意识、不屈不挠的职业精神以及持续赢得成功的强烈愿望。
- 拥有来自客户、合作伙伴、经理和企业主的忠诚支持。
- 在品牌、管理和产品线定位方面具有丰富的专业知识。
- 推动公司收入增长并为社区带来独特的产品营销信息。
- 市场营销专业——工商管理硕士。

专业技能

品牌推广	需求评估	产品定位
产品报道	战略推广	品牌创建与发展
项目规划	媒体关系	销售与定价
培训材料	销售材料	搜索引擎优化
活动策划	活动推广	慈善募捐
社交网络	远程学习	营销传播

突出业绩

沟通

与内部高级人力资源主管合作，为蒙哥马利综合医院制订了一套战略部署沟通计划，并推出了新员工签约福利表。

为Zigzag.net找到了100万美元的投资者，向军事和执法专业人员销售在线学习管理系统。

为国家银行开发了一个交互式信息亭概念，使银行客户可以在高峰期接收即时产品和服务信息，它在推广期间得到全国客户的好评。

市场营销和活动策划

创建并发起了美国电话电报公司“不再找借口”多媒体手机活动，这是公司历史上最成功的一次活动。

推行“仁慈健康”计划，并向相关成员发起了直邮活动，吸引了900人参加。安排创意团队设计吉祥物珀西（Percy）的角色服装。

组织并发起了一场非常成功的白手套洗车慈善盛会，并将部分善款捐给许愿基金会。

多媒体营销策略师

创建了美诗（Magistar）公共企业标识，包括公司网站上的营销语、贸易展会参与策略和公共关系演示。

与实时交通信息（TMC）实验室的编辑建立了密切关系，编辑同意进行广泛的产品评估和测试，这使美诗在互联网电话领域的产品评论如火如荼。

天才领导者

开发了一个供即时在线客户使用的统包筹款计划，包括一个筹款微型网站、筹款、销售和定价程序，以及培训和销售支持材料，如脚本和常见问题解答。

通过“自然”搜索引擎的搜索结果，提高了网站从搜索引擎到主动媒体客户端的流量，提高了它们的在线排名和点击率。

工作经历

2015年至今：弗吉尼亚州雷斯顿市河岸集团公司，市场营销顾问。

2010—2015年：弗吉尼亚州雷斯顿市美诗公司，品牌营销总监。

2007—2010年：佛罗里达州杰克逊维尔市国家银行巴内特银行股份有限公司，广告项目经理。

2004—2007年：宾夕法尼亚州费城市城市设计股份有限公司，市场营销总监。

教育背景

2003年：市场营销传播专业，工商管理学硕士。

2012年至今：凤凰城大学在线教师。

开发并提供市场营销、营销传播、管理和组织行为等在线本科课程。

可提供优质的专业证明材料。

艾潘亚·常（Chang Apanya）

地址：加利福尼亚州旧金山市　邮编：94109

电话：415-000-0000　电子邮箱：techmarketing@gmail.com

电子商务营销

业绩简介

出色的高级管理人员，对技术和业务有着浓厚的兴趣，对新兴产品增值和拓展市场有一定的认识。

能够确定核心业务需求并将其转化为可交付的技术成果，推出和管理尖端的互联网项目和服务，以赢得新客户、创造收益并增加品牌价值。

技术、业务与销售经验的独特结合；在定义电子商务技术的优势、差异化产品和增加客户保留方面有清晰的表达力和说服力；自我激励能力强，工作热情高，以利润为导向。

专业技能

销售与营销	业务发展	战略计划
业务规划	项目管理	战略合作伙伴
合同谈判	关系管理	新兴产品
电子商务技术	提高品牌价值	客户维系
安全电子商务	互联网服务	智能卡技术

技术能力

电子商务	加密技术	支付产品
防火墙	智能卡	存储价值
数字证书	网络安全	互联网安全
双单报文	支付网关	金融系统
授权	清算与结算	Java语言
密钥管理	公钥基础设施	射频通信

工作经历

2013年至今：加利福尼亚州圣地亚哥市ABC信用卡公司，电子商务与智能卡顾问。

- 为大型和小型商户制订电子商务营销计划，包括使用多功能、微控制器智能卡进行网上购物和零售交易，以保障互联网在线商务和销售点线下商务的安全。
- 为互联网和非互联网应用组合多种软件产品：家庭银行、存储价值、数字证书、密钥管理、奖励和忠诚度计划。
- 具有射频通信功能的个人通信手机、全球移动通信手机和无触点微控制器，非接触销售终端。
- 为价值250万美元的ABC信用卡制定新的电子商务产品并提供咨询，以支持和促进互联网交易。
- 分析与销售点环境相关的系统、通过互联网在商户服务器上进行实时授权、清算和结算的系统。管理项目，包括影响核心系统的电子商务产品管理。
- 提供涉及安全电子交易和信用卡支付网关服务的业务和技术专业知识。

2007—2012年：佛罗里达州迈阿密市通信技术公司，西部地区渠道合作伙伴计划经理。

- 利用客户服务器软件，开发和维护与财富500强客户的业务关系，包括：

  ——多种互联网与内联网产品的电子商务和智能卡技术，家庭银行业务。

  ——电子数据交换、存储值、数字证书、密钥管理、代理防火墙的周界防御。

  ——安全远程访问。
- 与业内最大的政府和商业承包商之一就独家合同进行谈判，预计在二三年内将产生200万～400万美元的收入；合同包括安全远程访问、远程办公、安全医疗应用。

1998—2006年：佛罗里达州迈阿密市Avanta公司，高级软件工程师/软件讲师。

- 管理一个由53人组成的软件工程小组，开发了内部程序，为最先进的通信系统软件开发节省了超过15万美元的培训成本。
- 在UNIX操作系统下用C++语言实现统一建模，设计新的程序，并培训软件工程师。
- 在UNIX操作系统下开发和维护C语言和C++语言通信软件。
- 创建了课程和资料，将总体培训成本降低了15万美元。
- 推出软件培训计划。

教育经历和证书

迈阿密大学电气工程系理学学士，主修软件工程，辅修心理学。

西格玛–西格玛联谊会主席。

绝密测谎安全许可证。

萨拉·伯恩哈特（Sarah Bernhardt）

工商管理学硕士（双语）

地址：弗吉尼亚州佩里维尔　邮编：22033

电话：703-276-8655　电子邮箱：multimediasales@juno.com

在线多媒体销售
广告、通信和媒体

业绩简介

优秀的销售专业人员，拥有20年的成功经验，与一流公司的知名客户合作。持续超额完成销售指标；在品牌、管理和产品线定位方面有丰富的专业知识；有天赋的销售专家，擅长渠道开发。

专业能力

销售	电话销售	邮件营销
招聘与选拔	培训与发展	员工留任
绩效考核	人员离职	业务发展
克服异议	合同谈判	渠道开发
损益表	成本控制	关系管理
品牌管理	战略联盟与合作伙伴	多元化战略
学院关系	员工沟通	销售手册

擅长培训和指导团队，超越竞争对手；高度的个人职业操守，对组织的成功充满激情，渴望在一个成功的团队中工作。

工作经历

2007年至今就职于弗吉尼亚州阿什伯恩市电力业务开发公司。

2014年至今：客户经理。

2010—2014年：全国广告代理渠道销售代表。

2007—2010年：全国招聘销售代表。

积极招聘员工，以发展、振兴与财富500强公司和政府机构之间富有成效的关系，如爱诺华医疗保健、英国宇航系统公司、洛克希德马丁公司（Lockheed Martin）、联邦调查局和中央情报局，打包销售多媒体综合人才解决方案和服务。

主要业绩

- 媒体活动开发：针对市场为现有客户提供机会，开发和推荐新的和可替代的多媒体账户，包装并销售针对关键受众的非传统产品。
- 产品开发：因设计并带头执行尖端产品而受到赞誉，通过关键字搜索在网站边缘地带提供与产品相关的广告，每年产生超过5万美元的增量收入。
- 增加广告收入：通过对13～15个国内市场的面对面访问、各种电话营销方案的创建和电子邮件营销活动，东方人乔布斯广告部增加了1 000万美元的收入，占该部门总销售额的1/3。
- 销售业绩：始终达到并超过季度和年度销售收入指标，最高曾超出指标131%。
- 奖励和认可：总裁俱乐部年终奖获得者，因完成了对客户的承诺，这在公司业绩、高水平的销售业绩和客户满意度上均有体现；获得多个著名奖项，包括两个副总裁俱乐部奖、三个销售成就奖、两个销售优秀奖和一个出版商销售优秀奖。

1999—2007年就职于弗吉尼亚州安嫩代尔，热门工作网（Hotjobs.com）。

2003—2007年：客户服务总监。

1999—2003年：客户主管。

在责任不断增加的岗位上快速晋升并获得进步；指导销售、市场和运营部门的所有工作，并管理华盛顿办公室的全部损益表；开发了重要的新客户业务，设计并执行雇主品牌的招聘广告活动。

主要成就

- 成本控制：率先采取了关键的成本控制措施，节省了数千美元，使华盛顿特区办事处在“管理赢利能力”排名中名列前10位（共35位）。
- 新业务开发：与热门职业销售渠道合作，设计并实施了“商业案例构建”销售竞赛，使热门职业收入增加了200万美元。
- 销售效率：因在一年内推动100万美元的新业务发展而闻名。
- 流程改进：率先从构思到实施员工留任计划；发起了每月新员工绩效评估，从而改善了新员工体验，并大大提高了其留用率；雇用、培训和监督由12名客户经理组成的员工，并提供持续的员工指导和支持，使他们能够扩大公司的客户群。
- 高期望的客户关系：精心做调查研究、随后提出解决方案，这一方案在经典商业书籍《诺德斯特罗姆之路：美国头号客户服务公司的内部报道》中得到推荐，最大限度地提高了热门工作网的客户满意度。

- 雇主品牌：与高级人力资源客户合作，设计和执行品牌独特的企业招聘广告活动。
- 营销解决方案：推动了员工沟通和执行交付解决方案，如抵押品开发、多元化战略、大学或学院关系以及创造性的广告设计。

教育经历

华盛顿特区美国大学科戈德商学院（The Kogod School of Business）工商管理学硕士，并获得商学院全额资助。

密歇根州东兰辛市密歇根州立大学，市场营销专业理学学士。

职业协会

拉美裔MBA全国学会会员。

可根据要求提供优质证明材料。

卡莉斯塔·鲍曼（Calista Bowman）

地址：亚拉巴马州伯明翰　邮编：35209

电话：205-634-4342　邮箱：c.bowman@gmail.com

销售 & 顾客服务

我以承诺、坚持和专注来推动新业务。

业绩总结

顶尖销售专家，拥有12年利用市场机会的经验，并在企业对企业的市场中提供一流的服务。强大的农业制造专业背景和一流的网络技能，能够挖掘客户需求、理解客户需求并将相关价值主张整合到解决方案中。

- 有能力开拓新领域、建立可信赖的业务关系，并确定、开发新的业务机会。
- 通过创新型、以价值为导向的演示和强有力的演讲技巧，使用渐进的销售技巧，培养和发展持久的客户关系。
- 以自我激励、主动性和商业智慧来谈判和组织商业交易，以应对市场挑战。
- 出色的销售策略执行能力，可以提高产品的知名度、市场占有率和赢利能力。

专业能力

客户管理	战略规划	网络
业务开发	领域开发	谈判
目标达成	市场开发	农业综合企业
冲突与问题解决	知情决策	沟通交流
解决问题	销售与营销	寻找客户
时间管理	经销商培训	演示陈述

工作经历

2012年至今：亚拉巴马州（Alabama）亨茨维尔市巴马轴承公司。

该公司是全系统解决方案提供商，从轴承到密封件，从皮带到变速箱。

销售代表

建立强有力的客户关系，培育和发展现有客户，同时积极寻找新客户。

- 通过承诺、坚持不懈，以及提供增值培训和服务，使关键客户增长了15%，最终成为解决问题的首选供应商。

- 开发了炼油厂的大客户，签订了利润丰厚的月度维护合同。
- 帮助建立和启动新的油田安全生产线，在不到一年的时间内销售额达100万美元。
- 协调并安排新工作，管理相关工作领域中部门与部门间的活动。

2007—2012年：亚拉巴马州摩比港市亚拉巴马钢铁供应公司。

亚拉巴马钢铁公司是一家生产农业机械、农场垃圾箱、商业垃圾箱、牲畜设备的制造商。

区域经理

负责监督五六个州的销售区域，从一开始就建立了一个利润丰厚的多州领地；销售的产品系列有钢铁建筑、粮仓、牲畜设备和拖拉机相关配件，包括Koyker装载机制造公司的装载机和短线设备；客户包括独立零售店、大型连锁店、分销商和承包商。

- 包装苏钢产品，从而增加初级和附加销售，提供合格的产品增加回头客。
- 在任职的头两年，通过新领域的销售和大量转介，获得了超过200万美元的收入。
- 设计并推出了非常成功的织物膜生产线。
- 利用现有和以前的客户、当地农业企业的强大网络，开发潜在客户并建立新客户。

2005—2007年：亚拉巴马州普拉特维尔，奥托加钢铁公司。

奥托加钢铁是一家员工持股的公司，在全球范围内提供高质量的钢铁产品。

地区销售经理

建立并管理一个由分销商、批发商和零售商组成的多州赚钱的销售区域。产品线包括金属建筑、定制制造、粮仓和牲畜设备。客户包括独立零售店、大型连锁店和分销商。

- 在经济衰退期间，开发了多名排名前50的客户，总共创造了250万美元的销售额。
- 制订战略业务计划，积极针对竞争对手的弱点，利用人脉关系网络，培养融洽的客户关系，以实现以下目标：
  ——6年内业务量增长超过125%；
  ——两个地区的销售额分别增长了300万美元和150万美元。
- 启动并管理经销商培训计划，以促进销售。

教育经历

2005年：路易斯安那州新奥尔良市洛约拉大学（Loyola University），机械工程学学士学位。

证书

计算级二级认证，技术服务入门证书；

斯凯孚认证（SKF Certification）。

专业继续教育

- 马丁工程基础培训；
- 以客户为中心的3D培训（卓越客户服务）；
- 众多制造业内部培训课程和网络研讨会。

计算机技能

财务统计软件；微软Word，Excel，Outlook和客户关系管理软件。

保利娜·扎穆迪奥（Pauline Zamudio）

地址：华盛顿州西雅图市星光巷6789　邮编：98101

电话：206-734-5634　邮箱：techsales@ameritach.com

技术销售管理

业绩总结

有较强的销售、销售管理、业务拓展和客户管理背景；精通企业软件销售、企业内容管理（ECM）、业务流程管理（BPM）、业务流程外包（BPO）；通过从最初的接触到最终的实施与客户、员工、合作伙伴和管理层建立紧密的关系来提高销售业绩；在树立品牌意识方面很有才能。

- 出色的研究、分析能力，以及将信息翻译给不同受众的能力。
- 善于制定和实施提高销售额的营销策略。
- 具有良好的销售咨询、沟通、谈判和需求评估的能力。
- 具有向大型组织的高层销售产品的丰富经验。

专业能力

销售与营销	战略销售	技术销售
业务开发	订单管理	合同谈判
客户开发	厂商关系	业务流程管理
企业内容管理	内容管理	企业文档生成
战略联盟	公开活动	开放标准
关系管理	平台技能	政府计划
系统集成	培训与开发	业务流程外包商
成本控制	文档管理	业务流程分析

突出业绩

在金字塔解决方案公司（Pyramid Solutions）创建了一个利基市场，使用内容管理技术，为国家金融服务和抵押贷款行业提供了一个可重复的业务流程管理解决方案；使项目利润率增长了35%。因为开发了金融服务行业的可重复业务流程管理解决方案，在金字塔解决方案公司荣获凡纳（FileNet）年度创新解决方案奖。

完成了公司配额的103%，并添加4个新的命名账户。在金字塔解决方案公司被公认为

“科法克斯中西部地区——最佳合作伙伴”。在凡纳公司总裁俱乐部完成了配额的125%。

工作经历

2013年至今：佐治亚州亚特兰大市雷头公司。

国家客户主管

为金融服务和政府项目提供基于100%开放标准的企业文档生成软件；与新的供应商和合作伙伴谈判合同；从最初与合作伙伴、客户、员工和管理层接触到实施合同的整个过程培养了与各个层面的关系。

- 作为第一个受雇于北美初创企业的直接销售人员，第一年就获得了指定客户。
- 为内容管理系统顾问和集成合作伙伴组织了关于产品教育的“午餐和学习”计划。
- 与优利系统、毕博管理咨询公司、IBM全球服务以及其他几家系统集成商建立了战略合作伙伴关系。

2009—2013年：纽约州纽约市技术解决方案公司。

销售与市场总监

负责为系统集成和专业服务机构提供销售和营销服务；通过开发综合营销材料提高品牌知名度，分析业务需求并实施推动业务增长的解决方案；建立了新的定价模型和产品结构。

在全国范围内提供内容管理和业务流程管理解决方案的销售和部署，管理与凡纳公司、科帕奇（Captiva）和考法科斯软件公司（Kofax）的关系。实现的业务流程分析方法：分析和记录客户的当前流程，以及如何简化这些流程。客户包括旗星银行（Flagstar）、太阳信托、美国项目管理协会（PMI）、联信银行（Comerica）等。

- 因为开发了金融服务业业务流程管理解决方案而获得凡纳公司年度创新解决方案奖（2012年）。
- 4年内有两年超额完成指标。
- 获得了凡纳公司的合作伙伴百万美元俱乐部（2011—2013年）的会员资格。
- 开发并实施新的营销计划，协助公司安装复杂的技术设备。

2006—2009年：纽约州纽约市新系统公司。

区域销售经理

指导并管理全美国的销售人员；监督并管理620万美元的预算；为快速成形技术

创建并实施新的基于价值的销售流程；在航空航天工业中开发和安装快速制造应用程序；为福特汽车公司、戴姆勒·克莱斯勒公司（Daimler Chrysler）和通用汽车公司提供全球销售支持，培训销售和工程人员；监督所有区域业务，包括全国性的交易和资源；与业务流程外包商建立关系并对其进行维护。

- 通过业务合并降低了运营成本。
- 推动了专业销售训练营的发展。
- 开发了高度复杂的应用程序，在此基础上创造了一种仿生支架。
- 通过流程分析、培训和投资回报率模型分析，将3D解决方案销售队伍的工作从以产品为中心转变为以解决方案为中心。
- 将销售团队的重点放在解决方案的销售上，使年销售额增长了15%。

2002—2006年：纽约州纽约市ABC 公司。

客户主管

2005年晋升为高级客户经理；为14名员工提供指导和管理，负责提供大型企业文档管理和业务流程管理的解决方案；与应用程序提供商和咨询供应商建立了新的渠道合作伙伴关系；负责向大型机构的高级主管销售价值百万美元的解决方案，包括通用电气飞机发动机公司、俄亥俄州医疗互助公司、固特异轮胎和橡胶公司、Steelcase办公家具公司、陶氏（Dow）、福特汽车信贷、密歇根大学医疗系统、联信银行、亨廷顿银行（Huntington Banks）和重点银行。

- 使公司的间接销售渠道增加100%。
- 因完成自己额的125%获得总统俱乐部奖。
- 赢得“年度最佳新秀”称号。
- 获得“东部地区顶级制作人”称号。

教育经历

俄亥俄州哥伦比亚市俄亥俄州立大学，工商管理学学士。

谢丽丝·约翰逊（Cherise Johnson）

地址：马萨诸塞州剑桥市迈尔斯斯坦迪什地区378号B单元　邮编：02139

电话：617-321-8924　邮箱：c.johnson@gmail.com

应用工程师

业绩总结

麻省理工学院工程学博士候选人，具有5年以上在膜分离技术基础和应用研究方面的模拟与项目研发经验，包括膜系统设计、制造和测试、过程开发和优化，以及工业化学工程应用的性能评估。

- 通过实验、建模开发和实施创新的解决方案，在降低成本的同时，提高产品的性能、可靠性，满足技术、经济目标和能源需求。
- 利用计算流体动力学（CFD）和阿斯彭工艺模拟软件（Aspen HYSYS）进行课程作业和研究，并验证模拟的实际操作。
- 终身学习者，能够积极跟上行业发展、分享知识，并在个人和专业兴趣领域为科学做出贡献。

专业能力

材料工程	项目管理	计算编程	解决问题
工艺设计工程	大型工艺系	数学建模	工程标准
膜组件设计	流动显示	仿真技术	数据与数值分析
经济与成本评估	生产规模扩大	多重物理场流建模	客户关系

工作经历

2011年至今：俄亥俄州托莱多市（Toledo）托莱多大学，研究助理。

在全日制上课的同时，积极协助化学与环境工程部推进各种商业研究项目，支持研究其生命周期的所有阶段：假设和设计解决方案，在现场测试原型，与赞助者和研究伙伴合作，口头和书面展示结果；此外，还担任研究生导师，在实验室流程、模拟技能和研究想法方面给予学生指导。

主要成就：

- 成功完成了两个主要研究项目和两个附带项目以开发新技术和新工艺。
- 在顶级科学期刊上发表了3篇研究论文，另有两篇准备提交。
- 主动与项目合作伙伴一起解决技术难题，并迅速提供解决方案。

- 志愿协助客座教授进行实验设计和仪器设置，每天至少花两个小时协助测试，并参与小组讨论。

研究项目

麻省理工学院研究项目：致力于二氧化碳捕集的低压膜承包商

- 与膜技术研究机构合作，设计、建造并测试了一个500平方米的原型低压、逆流扫膜模块，用于捕获燃烧后的二氧化碳。
- 利用计算流体动力学和粒子图像测速技术（PIV）对设计参数进行评估；利用计算流体动力学来确定模块内流动的均匀性、压降、逆流程度和二氧化碳传质；利用计算机断层扫描（CT）显示模块内流动和传质。
- 这一成果将有助于开发出一种大规模的基于膜的新型二氧化碳捕获方法，这种方法可以减轻全球变暖的影响，并降低50%的能源成本。
- 每两周与研究伙伴召开一次电话会议，并向能源部提交季度研究报告。

研究项目: 新型二氧化碳捕集吸附剂的开发

- 与斯坦福研究院的研究团队合作开发了一个价值180万美元的项目，以验证炭吸附剂在燃烧后应用于捕获二氧化碳的相关流程。
- 在犹他州能源中心进行了130小时的现场测试，是斯坦福研究院研发项目团队的积极成员。
- 进行参数试验，确定项目最佳操作条件并评估其技术与经济可行性。
- 系统在保持稳定运行的同时，将二氧化碳浓度从4.5%降至0.05%以下，二氧化碳捕获效率达到90%，产品气体中二氧化碳的纯度达到98%以上。

研究项目：平板膜组件的新型静态混合垫片设计

- 优化垫片的几何结构，消除其边界层效应，在不增加功耗的情况下控制其极化。
- 进行传质系数和压降的实验测量。

研究项目：高分子膜气体分离过程的理论分析

- 建立了新的理论模型，成功地预测了罗伯逊上界的性质。
- 采用溶剂浇注和转化技术制备聚合物薄膜。
- 使用橡胶和玻璃质聚合膜进行气体吸附和渗透实验。

教育经历&专业发展

大学教育

麻省理工学院化学工程专业博士学位（2017年7月获得），论文题目：《膜气分离材料与组件的传输建模与计算流体动力学模拟》。

2011年在北美膜学会(NAMS)会议上获得伊莱亚斯·克莱因创始人旅行奖。

克拉克森大学（Clarkson University），高分子材料与工程理学学士，

高级设计：《静电纺丝合成聚氨酯与碳纳米管复合材料及其表征技术》，

获学士学位优秀论文奖。

认证——多物理场耦合分析软件

- 康索尔公司（COMSOL, Inc.）多物理场耦合分析软件强化训练。
- 康索尔公司多物理场耦合分析软件计算流体动力学认证。
- 康索尔公司多物理场耦合分析软件化学反应工程认证。
- 康索尔公司多物理场耦合分析软件传热认证。
- AltaSim技术公司多物理场耦合分析软件中有效分析的求解器设置认证。

认证——工艺设计和模拟

工艺设计工程培训。

高级阿斯彭工艺模拟软件培训：过程模拟和建模。

阿斯彭工艺模拟软件培训。

附加信息

具备多种技术能力

- 商业多物理仿真软件：多物理场耦合分析软件。
- 流程模拟软件：阿斯彭工艺模拟软件，阿斯彭自定义建模师。
- 计算编程：MATLAB、Basic程序语言、公式翻译语言。
- 分析技术：粒子图像测速、气相色谱、X射线衍射、傅里叶变换红外光谱学、热重量分析法、差示扫描量热法。
- 实验软件设计：借助响应面设计软件Design Expert，现代质量管理统计软件minitab16。
- 语言能力：中文普通话流利。

约翰·A. 克里斯托弗（John A. Christopher）

地址：加利福尼亚州西米谷市芭芭拉巷11号　邮编：80932

电话：805-816-3787 传真：805-792-9741　电子邮箱：jacla@aol.com

应用软件

光盘刻录软件

数据存储刻录软件

抄送软件

抄送邮件

快速记录截屏软件

惠普科罗拉多备份

微软同步软件

微软办公软件专业版

微软邮件收发软件

微软浏览器

网景

诺顿克隆精灵

硬盘分区魔术师

电脑控制软件

相机软件

映射1

映射X

自动检索系统补救软件

诺顿防毒软件

Visio

操作系统

Windows CE操作系统

Windows 2000操作系统

Windows NT 4.0操作系统

工作站与服务器

Windows ME操作系统

Windows 95、Windows 98操作系统

思科路由器与网间操作

系统交换器

网络架构专家

思科认证网络工程师

业绩简介

以结果为导向、自我激励的专业人士，拥有丰富的经验，为企业环境中多个部门的数百名用户提供支持；因出色的支持和服务工作、熟练的流程开发和项目管理经验而获得认可；能够同时管理多个项目，并能在多个项目之间快速切换；有领导和合作能力。

专业领域包括：

- 网络架构和网络组件；
- 企业环境中的软件和操作系统部署；
- 个人电脑硬件安装、维修和磁盘映像；
- 复杂操作系统的故障排除；
- 呼叫跟踪、案例管理和解决方案集成。

成就

通过开发终端用户培训和知识数据库，减少服务台的被呼叫次数。领导员工将3 000多个客户机与服务器电子邮件账户从惠普公开邮件迁移到微软邮件服务器。

开发了土地管理局自然资源清查数据采集协议。在技术材料和程序方面指导队友，善于建立关系，从而快速解决业务上的关键问题。

微软磁盘操作系统

Unix操作系统

硬件

英特尔桌面

英特尔手机电脑

惠普科罗拉多磁带备份工具

思科2500系列路由器

惠普专业曲线

交换器

CD刻录机

协议和服务

TCP/IP

DHCP（动态主机配置协议）

DNS（域名系统）

NetBIOS（网络基本输入/输出系统）及其增强版NetBEUI

远程访问服务

Windows网络名称服务

网络

以太网（Ethernet）

令牌环网（Token Ring）

微软网络

证书

微软网络支持项目技术认证；

思科认证网络工程师（CCNA）。

工作经历

2014年至今：ABC技术公司，技术支持工程师。

2010—2014年：ABC技术公司，电子邮件迁移专家。

2012—2014年：Cameo集团，电脑技术员。

教育经历

加州州立理工大学土壤科学与环境管理专业理学学士。

太平洋研究所讲习班——目标设定、成就、动力培训。

米拉科斯达学院（Mira Costa College）数学学士，文学副学士。

奖项与荣誉

ABC杰出客户服务明星奖；

向技术服务部提供杰出服务奖；

优质客户服务奖，管理技术支持奖。

约翰·斯塔莫斯（John Stamos）

地址：旧金山　电话：415-652-9567　电子邮箱：cloudmanagement@gmail.com

数据中心工程师

对客户满意度进行专业的预测并交付客户满意的产品。

业绩简介

17年以上数据中心管理和技术支持经验；代表惠普在全球安全金融信息服务提供商的公司担任首席存储工程师；该站点是一个具有1 300台企业服务器的专用高安全性站点，此站点管理3名轮值助理工程师的日常工作量。

- 服务器技术及硬件更换升级，包括硬盘、中央处理器和随机存取器等。
- 跨全球团队工作，确保全球所有平台和配置的冗余与透明性。
- 熟悉所有相关存储技术及其商业应用，新增销售额600万美元以上。
- 使客户主消息流的可用性在10年以上的时间里保持在99.999%。
- 签订无事故6小时技术要求合同，违约金50万美元，为期10年以上。

技术简介

硬件：日立数据系统（HDS、P9500、XP24000）、HP 9000服务器和工作站、安腾和英特尔的刀片服务器、C级刀片机箱、SN8000 B系列博科交换机（Brocade SAN）、B6200 D2D 首次存储备份系统、3Com交换机、3Par和主要存储外围设备。

操作系统：Windows操作系统，惠普用户体验系统（HP UX），博科操作系统。

应用程序：远程网络控制台，虚拟连接支持实用程序，博科管理器，票证文档工具，惠普通用桌面环境，网络存储器，洞察管理技术环境，SanXpert软件，支持工具管理器（STM）。

日立数据系统（HDS）	环境评估	系统安全
首席存储工程师	事件监视服务（EMS）	静电放电
预防性维修	电磁干扰（EMI）	故障恢复，备份
C级叶片安装	硬件更换和升级	应用程序支持
故障排除：系统和网络	布线和测试	UNIX操作系统
机架布局，IO卡布局	诊断和维修系统	技术支持

战备最后期限	服务器安装	服务器位置
SN8000 B系列 博科交换机	配置的技术计算解决方案	冷却系统与风量分配

专业能力

信息技术基础构架库（ITIL）—流程	信息技术服务管理（ITSM）—变革管理	客户服务
信息技术基础构架库—最优方法	信息技术服务管理—业务关系管理	成本管理
信息技术服务管理—容量管理	信息技术服务管理—参考模型—业务评估	演讲技巧
项目管理	信息技术服务管理—问题管理	资源跟踪
销售支持与潜在客户开发	NI62—高级客户开发	库存控制
调度管理	需求评估与业务分析	新产品培训
独立工作能力	行政关系发展	政策和程序

工作经历

2009年至今：加利福尼亚州三星公司，关键任务硬件专家。

日立数据系统存储平台首席存储工程师，惠普与高端客户之间的主要“接口”，具有领导能力，能够指导团队在预算内交付成果。

- 可信的顾问角色：解决所有问题的第一个客户联络点。
- 具备与外部供应商和内部员工有效协调的能力，在团队中与他人合作良好。
- 开展重复业务，并将回头客的信息反馈给销售人员，以增加客户群。
- 提高了团队的工作效率，能够在另一名员工的协助下管理大型数据中心，同时将员工加班时间减少了50%。
- 设定客户问题解决流程，提高员工的响应能力，缩短解决问题的时间。
- 负责开发技术协议，通过实时数据确定过程改进技术。

2001—2009年：华盛顿特区惠普公司，现场技术支持工程师。

对企业级惠普服务器和存储设备进行现场维修和技术支持；排除故障，快速解决问题，确保设备不间断运行。

- 为政府客户提供全天候服务，包括美国缉毒局、美国专利商标局和美国国防部。
- 快速学习新产品和服务以促进销售额。
- 在期限驱动下改进流程。

- 与客户互动。

1997—2001年：马里兰州罗克维尔市（Rockville）惠普公司，售前技术顾问。

与技术客户沟通，在销售周期内确保所有销售需求得到满足，其中主要负责与产品、定价和交付相关的问题。

- 为政府机构配置技术计算解决方案，协助其销售。
- 通过会议和其他媒体接收并有效地评估客户问题。
- 提出各种不同价位的解决方案，以满足客户需求。
- 在我的监督下，所有销售代表每年都能完成公司的销售指标。

教育经历，专业培训和资质认证

1996年：伊利诺伊州芝加哥市国立路易斯大学，企业管理学理学学士。

1993年：纽约州罗彻斯特市门罗社区学院，计算机科学专业，应用科学准学士。

2016年：惠普StorageWorks D2D、StoreOnce B6200的安装、服务和培训。

2015年：3PAR公司的InServ存储服务器硬件培训。

2015年：惠普StorageWorks虚拟磁带库（VLS）和D2D通信解决方案培训。

2014年：健康保险流通、责任法案隐私和安全意识（HIPAA Privacy and Security Awareness）培训。

关键任务认证专家

认证机构：三星。

关键任务心态评估专家

认证机构：惠普。

我们有全国最干净怡人的电脑展厅。

道格·约克（Doug York）

地址：伊利诺伊州芝加哥市　电话：773-345-4324

电子邮箱：doug@dougdesigns.com

网站设计　用户界面设计　用户体验设计

业绩简介

用户界面与用户体验设计师，19年来成功为复杂的网络、移动和云解决方案设计用户界面和用户体验；值得信赖的顾问，与业务领导者合作，与由产品开发、市场营销和IT专业人员组成的多学科团队合作，创建直观的网站，简化用户界面，创造引人注目的用户体验；精通葡萄牙语、西班牙语、意大利语和英语。

专业能力

艺术指导与平面设计	网络开发项目管理	客户沟通与演示
网站设计与性能	问题识别与解决	技术评估
移动和云解决方案	用户界面	指南和规范
合同谈判与管理	服务器与网站安全	用户界面设计与交互
数字化战略	搜索引擎优化	前端开发
页面布局和网站网格	网站开发与内部网	原型创建和可用性测试
GIF动画与电影动图	电子商务	熟悉浏览器的特性
产品开发与内容营销		

计算机技术

设计：Photoshop软件，Illustrator插画软件，Flash动画制作软件，Edge Inspect网页设计软件，Responsive网页设计软件。

开发：超文本标记语言5.0，层叠样式表3级（CSS3），Java Script，代码编辑器Sublime Text 2，文本编辑器Notepad++，jQuery代码库，超文本预处理器（PHP），关系型数据库管理系统MySQL，Joomla内容管理系统和引导程序Bootstrap v3。

网站性能优化：服务器端和客户端解决方案。

浏览器开发者工具：萤火虫网页调节器（Firebug）、谷歌浏览器、IE浏览器开发工具。

服务器：虚拟主机管理（WHM）与控制面板管理，Linux多用户网络操作系统服务器管理及其基本安全知识。

其他：Adobe视频编辑软件（Premiere），Adobe媒体编码器（Media Encoder），Vegas视频编辑软件和音频编辑软件，专业DVD制作工具（DVD Lab Pro 2），图像处理软件（Lightroom），PDF，微软办公套件，搜索引擎优化（SEO）以及相关研究。

突出业绩

- 为众多解决方案设计实用的用户界面，使用户体验技术处于领先地位。

  ——作为一名用户界面设计师：提供用户界面布局和设计，特别注重视觉吸引力和交互功能；与设计团队、软件应用程序开发人员、网络工程师和其他信息技术专业人员协作。

  ——作为一名用户体验设计师：进行用户测试、面对面访谈和实地调研；创建用户角色，研究详细的分析，提供设计布局，领导原型创建，并进行可用性测试；与内部利益相关者紧密合作，包括市场营销、品牌开发、产品开发和产品管理团队，从用户体验的角度理解业务功能需求。
- 有能力向非设计师解释创意设计的概念和用户体验，可向所有组织、所有级别的技术人员和非技术人员有效传达项目和设计原理。
- 具备优秀的客户服务技能，并能实现良好的客户满意度。

工作经历

1998年至今：伊利诺伊州芝加哥市技术大师公司，艺术总监、网站设计师、用户界面设计师和用户体验设计师。

这家公司是一家精品网站设计和开发机构，以创新设计和快速周转著称。

- 为网站创建具有吸引力的、功能强大的用户界面，为南美洲、北美洲和欧洲的200多家公司客户提供服务。
- 作为与客户的单一联络点，积极参加头脑风暴和设计执行会议。
- 与客户产品组、营销团队和IT人员合作，为客户产品与服务制定并完善有效的在线营销策略。
- 与客户会面，了解他们的业务模式，评估他们的需求，并获得关于客户的见解，包括研究角色、竞争分析等。
- 就用户界面与用户体验解决方案、新兴技术的发展向客户提供建议，发现并解决出现的问题。

- 在所有在线解决方案中，从概念到实现，包括在选定的内容管理系统解决方案上进行主动开发，设计用户体验。
- 管理在线产品/服务营销整体设计交付质量，提供线框、信息架构和高保真度组件。
- 领导网站、内部网和其他在线解决方案的开发和部署。
- 根据项目规模，管理3～15人。
- 对客户的要求进行快速反馈，及时准确地解决问题。
- 在创建与维护内容文档（如用户体验路线图和样式指南）时，会格外细心。

精选长期客户项目

2008年至今：探索！陆海旅行社艺术总监、用户体验设计师和网络开发人员。

探索！是一家控股公司，在22个国家拥有8个不同的业务集团，2013年的年收入为75亿美元。

- 设计与开发了公司网站的三个版本（最新的设计也是我最好的作品之一，还没有发布，但可以通过保密协议查看），设计与开发了公司内部网的两个版本。
- 是客户可信赖的顾问；提供用户体验设计服务，包括主动开发内容管理系统解决方案；执行图形设计和视频编辑；为内部和外部沟通难题设计快速解决方案；提供线框图、信息架构和高保真度软件；管理质量保证和产品文档；领导在线解决方案（网络、内部网等）的开发与部署。

2013年至今：大通大厦，艺术总监、用户体验设计师和网络开发人员。

大通大厦是一个高层豪华公寓社区，在街道一级拥有专属空间，由建筑师伯纳德·赖斯父子公司（Bernard Rice &Sons）设计。该建筑是首个在芝加哥通过能源与环境设计先锋奖白金3.0认证的项目，获得了可持续发展奖。

- 为大通大厦设计了一个有吸引力的、和商业房地产开发规模不相上下的在线展示；深入挖掘建筑风格，致力于将客户对网站的宏伟愿景变为现实。

  ——这个两阶段的项目包括创建一个展示销售网站，当大通大厦完全租出去时，把网站变成大厦的内部网。

  ——为网站的创建选择了最佳的技术平台，开发演示原型并向关键利益相关者展示概念设计。

  ——创建了一个可以很容易改变状态的接口，开发了一个可以同时容纳两种特性的信息体系结构，并且只在项目的每个阶段显示相关接口。

——提供从概念到最终产品的设计。

——为内容创建了信息构架。

——为产品创建内部文档并进行维护。

——在预算内完美地完成了项目的两个阶段，并执行了客户的额外请求。

- 持续服务包括艺术指导、用户界面设计、信息架构和改进大厦的网站和内部网，为所有租户提供关于大厦设施和内部流程、区域交通和商业以及租户特定文件（如续租等）的详细信息。

2012—2015年：乔治、维纳和史密斯律师事务所，用户体验设计师和网络开发人员。

乔治、维纳和史密斯律师事务所是芝加哥排名前100的律师事务所之一，在所有经济领域拥有30多个执业领域和客户。

- 为客户端提供用户界面设计、信息架构和网络开发。
- 与广告公司、艺术总监和客户紧密合作，创建准确反映客户品牌的用户界面；该项目预算有限、交付期限短。
- 开发公司的网站，在不牺牲所需功能的情况下推荐了最佳的技术解决方案。
- 以零停机时间部署解决方案，管理两名开发人员，并在预算内按时完成项目。

2015年至今：投资者典当行——芝加哥地区最大的私人连锁当铺，用户体验设计师和网络开发人员。

- 作为外部机构的外部顾问，设计了一个简洁的用户体验信息架构，同时给该机构的初级艺术总监提供了响应式网页设计和可用性的速成课程。
- 提供2014年度报告网站的用户界面设计、信息架构和网站开发。
- 在所有目标设备（包括台式机、智能手机和平板电脑）上提供从概念到设计与实施的持续设计；为互动挑战寻找创造性的解决方案；积极参与设计团队的头脑风暴和草图会议，并开发演示原型；开发前端并部署最终解决方案。

2012年至今：国际品牌有限公司，用户体验设计师和前端开发人员。

国际品牌公司是一家全球性的设计和创新咨询公司，在8个国家设有办事处，分别位于巴黎、伦敦、华沙、汉堡、纽约、圣保罗、上海和新加坡。

- 作为独立承包商工作，与客户产品组合作，开发和实现网络和移动应用程序的用户界面和信息架构，优化用户参与体验，为零售商业客户的品牌忠诚度、客户保留率和网站转换率做出贡献。

- 提供持续服务，包括从概念到实现的用户体验设计；积极参加头脑风暴和设计执行会议；领导在线解决方案（网站、内部网等）的开发与部署；为产品创建和维护文档，开发前端并部署在线解决方案；对所有问题和要求提供快速的反馈。

教育经历

1997年：毕业于伊利诺伊州希尔默市（shermer），希尔默高中。

长岛大学C.W. Post校区，计算机科学专业，理学学士。

爱好及兴趣

个人电脑组装。

马克·佩顿（Marc Peyton）

地址：佐治亚州亚特兰大市格温内特联排别墅4542D　邮编：30317
电话：404-243-4245　邮箱：marc.peyton@outlook.com

文字编辑

帮助作家提高作品的可读性，帮助出版商获利。

业绩简介

11年以上的文案工作经验，对语法、句法、结构和意义衔接有全面的把握，能够处理最新的行业总结和分析、新闻及媒体发布的评论等多种文案；有管理和编辑的经验，注重作品风格的一致性，同时能按时完成高质量的作品。

- 有较强的沟通能力，有独立的工作能力和团队合作精神。
- 能在快速变化的环境中管理多个项目。
- 通过推荐解决方案高效解决问题，确保产品质量。
- 擅长管理复杂的工作，确保其按计划完成。
- 帮助有困难的同事按时完成工作。

专业能力

优秀的编辑技能	校对、排版	协作技能
提供优质的客户服务	标题写作	领导能力
较强的文字功底	跟踪能力	技术熟练
项目管理	研究事实	生产布局
与供应商互动	新闻稿创建	

技术能力

微软办公软件套件	稳定性测试软件LinX	Visio
Photoshop	Illustrator	PageMaker（排版软件）

工作经历

2006年至今：佐治亚州亚特兰大市邓白氏公司（Dun & Bradstreet），文字编辑。

邓白氏公司是全球金融市场情报的领导者，三大信用评级机构之一，为投资者发布金融研究和分析。作为文字编辑负责对文章进行文案编辑，文章的类型包括最新的行业总结和分析、新闻和媒体发布的评论；与分析师合作、管理工作流程、解决技术问题、跟踪项目；在公共财政部门和企业都有很强的执行力。

- 因以客户为中心、具备团队合作精神和拼搏精神，共荣获11项表彰和奖项。
- 参与内部软件和客户产品技术升级的测试，提高员工的工作效率，改善客户体验。
- 参与培训计划，包括新员工的培训、完善教学手册，为部门委员会提供服务。

2004—2006年：编辑助理。

最初是一名临时工，每周工作3天；2005年因工作表现优秀被公司聘为全职员工，职责包括校对及录入。

- 为完成2006年第一季度指标做出了重要贡献。
- 当编辑助理和编辑经理不在时，负责管理团队并完成总结分析。
- 根据需要为临时工和正式员工提供培训。

2001—2004年：佐治亚州亚特兰大市奥格尔索普集团有限公司（Oglethorpe Group, Ltd.），编辑。

最初被聘为临时雇员，后转为永久编辑职位；职责包括收集信息、撰写和编辑文章、设计和投放广告、处理生产布局、与外部供应商（包括印刷公司和广告商）合作、协助特殊项目以及向员工提供行政支持等。

- 为两个专业协会和一个以营利为目的的附属机构制作月刊、季刊和年刊。
- 为营利性子公司创建时事通讯版面。
- 协助从手工新闻稿制作方法过渡到用PageMaker进行排版，从而改善了客户服务。

公司奖励/认可

荣获11项表彰和奖项。

在邓白氏公司获得关于以客户为中心、团队合作和精神品质的最高奖项。

教育和专业发展

2001年：北卡罗来纳州达勒姆市杜克大学（Duke University）。

文学学士：主修—政治学，辅修—英语。

2015年：参与邓伯氏公司组织的编辑类情景交际培训。

2008年：获得数码及平面设计证书。

相关课程：InDesign，Photoshop，Illustrator，编辑和基础校对。

2007年：高级编辑。

相关课程：编辑的基本功，评论及标题的书写，如何精简文字，使作品更紧凑，辨别、翻译专业术语、修改方言，主动语态——识别和修改被动语态。

肖恩·布兰登（Shawn Brandon）

地址：佐治亚州埃利杰蓝岭路54号　邮编：30536

电话：706-243-4340　电子邮箱：shawn.brandon@gmail.com

规划与物资总监

业绩总结

作为供应链的领导者，拥有17年为全球范围内的组织规划和采购的经验；具有领导和管理团队的能力，以确保公司和个人目标的实现；技术娴熟，熟悉看板管理系统（Kanban）、思爱普管理系统、BAAN系统、RetailEdge平台以及Access系统。

具备精益生产方面的相关知识，具有企业范围内整个流程的工作记录，并可以依此来提高生产率；具备战略规划师的分析能力和技术能力；精通全球业务计划，能够让公司在快节奏、复杂、不明朗的环境中脱颖而出。

专业技能

战略规划	全球供应链	库存清单	全流程解决方案
度量学	精益生产	寻源采购	物料需求预测
补货	项目管理	程序开发	看板管理
再订购点	物流和采购	生命周期管理	准时交货
物资需求计划	企业资源计划	员工领导	BAAN系统
思爱普管理系统	美国生产与库存管理协会认证		

肖恩曾经领导过许多成功的项目。这些项目提高了顾客满意度，而且其执行过程完美无瑕。

——莎拉·琼斯，全球规划与供应链总监

重点业绩

召开同现场制造经理、计划组和采购组之间的日常会议，将站点的可用性提高到98%。

- 为思爱普新工厂的规划和建立制定了一个紧凑的时间表。
- 减少60%以上的加急费用。
- 节省了10.7万美元的服务成本。

工作经历

2014—2017年：佐治亚州阿法乐特市科技公司——原佐治亚应用技术、资源系统及合资企业特别分部，全球规划总监。

被选任监督整个供应链的生命周期；招聘并管理14名员工，为全球规划采购、仪表调度、间接采购、直流看板管理、服务物流呼叫中心和数据维护提供支持；指导业务流程再造、优化项目计划，领导团队改进项目流程。

- 处理库存的30%，一年共计创收超过900万美元。
- 通过提前终止与“生活科技”供应链的服务协议，节省了10.7万美元。
- 通过改变配送计划，每年节省了17万美元的运输费用。
- 将产品可用性从93%提高到96%。
- 在不影响客户服务的情况下，领导供应链从企业资源规划中分离出来。

2000—2014年：佐治亚州阿法乐特市应用技术公司——前身为资源系统公司，负责为生命科学提供仪器和消耗品。

2010—2014年：阿法乐特耗材公司，全球规划高级经理。

在易耗品集团内提供规划并促进全球供应链管理，分析并分解复杂产品；管理6名员工，与产品管理和制造部门合作，确定产品的优先级，为供应问题提供低成本战略解决方案；使用可视化工具创建报告，每周向主管提供有关网站重要事项的摘要。

- 协助制造部门过渡到使用一个缩减的时间表，每年节省了80万美元。
- 领导美国哥伦比亚特区的供应链整合至马里兰州弗雷德里克市，因此获得白金奖。
- 缩短了50%的周转时间，处理了40万美元的库存积压。
- 通过组建日常的职能部门间的协调会议，减少了30%的逾期工单。
- 在构建新的资源系统之前，由总监选任为接替者。

2005—2010年：全球备件计划与服务物流公司，高级经理。

提供备件计划的生命周期管理，负责整个北美地区的服务物流；指导供应商采取破产的应急策略，包括领导组织项目经理进行产品服务管理，与财务人员、高级管理层和员工进行讨论，以挽救产品线；负责全球的站点工作。

- 通过开发出“终身购买”的方法，为公司减少了200万美元的库存。
- 领导了一个名为“总裁的倡议”的全组织计划，为公司增加了100万美元的收入。

2000—2005年：全球服务物流和服务库存公司经理。

负责整个供应链的联络工作，提供跨组织的流程协调，为欧洲和亚太地区建立区域边界；为现场工程师实施符合《SOX法案》的现场服务计划、指标和自助工具，简化了流程；担任服务业务运营经理，在服务呼叫中心、服务管理、服务合同管理等职能部门为28名员工提供优化服务。

- 为外勤服务工程师设计和实施自助工具，减少了75万美元的老化库存，隔夜发货量减少了40%，每年为公司节省资金35万美元。
- 在一个有500多人参加的全球服务会议上担任主要发言人。

肖恩是一位耐心、公平的团队领导者，他具有将不同技能和个性的人聚集在一起并实现可衡量目标的能力。

——黛比·费尔斯通，营救狮子狗活动的创始人兼主席

志愿服务经历

2011 年至今：在佐治亚州的动物救助收养中心参与“营救狮子狗活动”。

- 提供销售点库存管理系统的实施和维护；
- 创建库存管理流程的技术文档。

教育经历和专业发展

佐治亚州雅典城佐治亚大学，经济学学士。

美国生产与库存管理协会颁发的生产及库存管理师（CPIM）认证。

克里斯·艾森斯坦（Chris Eisenstein）

财务与综合管理专业，工商管理硕士

地址：加利福尼亚州圣马特奥市　邮编：95008

电话：415-555-0606　电子邮箱：chriseisenstein@gmail.com

电子制造管理

克里斯是一位战略思想家，人们把他视为正义的化身，他为大家树立了一个好榜样。克里斯不仅能发现机会，并且能果断采取行动以抓住机会。他深知通过不同的途径来处理问题的重要性。

业绩简介

15年以上电子制造服务业管理经验，包括运营、财务、供应链、项目和材料管理；6年跨职能管理团队和处理客户关系的经验；擅长评估复杂问题，能找出问题的关键；制订行动计划，并带头执行；生产及库存管理师和注册供应链管理师（CSCP）。

职业技能

财政收入和利润增长	降低成本与减少花销	流程和效率改进
客户关系管理	拟定合同与谈判	团队建设与领导力
材料和供应链管理	损益管理	指标管理与分析

工作经历

2004年至今：加利福尼亚州圣马特奥市高科技电路公司。

2015至今：业务分析师、财务分析师。

对拥有300多名员工的业务部门进行分析，形成的关键行动和成绩包括：

- 重新启动未能如期完工的“时钟项目”；同场外项目经理密切沟通，提前完成装配、安装和测试等环节；工作效率大幅提高，受到大家的广泛认可。
- 使用Excel表和Access数据库编制和更新客户季度业务审查报告，此外还负责汇总员工季度奖金。

2012—2015年：业务部经理。

管理价值2 500万美元的账户，以及约合1 800万美元的材料；主要负责预测、合同谈判、财务管理和人力资源等方面的问题；开发和协调跨职能团队的活动。主要行动和成就包括：

- 预期要用6～12个月的时间，而实际只花了4个月的时间就完成了修订和执行合同的任务。
- 使公司2006财年的收入增长了330%。

2009—2012年：业务部助理。

每年管理价值1 200万美元的账户；同客户保持沟通，确保为他们提供满意的服务；努力降低成本并提高效率，开发了Excel宏来有效地应用采购和库存数据，并利用Access数据库跟踪工程通知书的变更及其影响。

2004—2009年：总规划主管。

建立规则、程序、工具和技术，将工厂转型到批量生产；管理多个程序及其物料。主要行动和成就包括：

- 通过制订详细的物资交易计划，顺利获得3 000多万美元的项目。
- 减少了40万美元的多余库存，库存周转率增加了20%。
- 在不到一年的时间里就从总规划师的职位晋升到总规划主管。

1997—2003年：亚利桑那州凤凰城，彼得森层压系统（Peterson Laminate Systems），生产/计划/库存经理。

曾担任工厂领导班子成员，并担任航运部门的高绩效团队教练。其他的活动和成绩包括：

- 参与持续改善活动，将产品运输距离从1 524米减少到约610米，从而降低了成本。
- 减少了库存50万美元，并实现了98%的准时出货率。

教育经历、附属机构和证书

财务与综合管理专业，工商管理硕士。

马萨诸塞州波士顿市波士顿大学，会计学专业，理学学士。

马萨诸塞州波士顿市东北大学。

专业附属机构

美国生产与库存管理协会会员。

证书

一年内获得生产和库存管理认证。

6个月内考取注册供应链管理师。

应用软件技能

可熟练应用Visio，思爱普管理系统，企业资源计划管理系统，以及微软办公套件等。

可根据要求提供专业的证明材料。

帕特·保尔森（Pat Paulson）

地址：怀俄明州夏延市　邮编：82003

电话：307-243-4243　电子邮箱：pat.paulson@gmail.com

环境顾问

引领商业、技术和生态系统的方方面面。

当监管问题对客户造成影响时，能制定合理的风险缓解策略；公认的项目领导能力，能掌控从需求收集、提案制定到资源分配、实施和最终交付的各个方面；为客户提供一对一的咨询服务，并根据客户的需求进行项目调整。

为企业、相关社区和政府机构提供内容丰富的界面，向非技术群体解释技术概念，向公众展示有价值的技术；与企业资源计划系统、客户关系管理（CRM）系统和其他数据库合作来管理重要信息。

专业技能

环境评估
空气质量和水质问题
现场调查和整治
核查生产的合规性
科学的数据收集和分析
野外测量取样

需求收集
项目管理
建议书和合同管理
预算与成本控制
成本估算
跨学科交流
持续过程改进
质量保证

风险管理
安全健康协议
客户咨询
厂商关系
培训和指导
团队领导

技术能力

科学建模
系统动力学软件
生命周期评价分析软件

客户关系管理系统
工业和金融系统（IFS）
Word文档

Excel表格
撰写技术报告
内部网管理

工作经历

2012年至今：加利福尼亚州圣迭戈市水工业公司——造船、船舶修理和现代化工业服务的领先供应商。

项目协调员/助理

- 被任命为5名项目经理提供合同和变更单管理、材料分包、混合动力成本加成和不定量、不定期送货的保障计划；与客户利益相关者沟通，了解客户的需求并及时做出回应；确定建议书的范围并编制成本预算；确保最终客户和监管部门批准项目；平衡竞争的优先事项，同时兼顾项目的进度和预算；在项目有效期内维护与供应商之间的关系。
- 大量使用企业资源计划进行项目设置并生成详细的项目报告；更新内部网发布的项目数据；在客户关系管理系统中维护客户信息；协同管理来自12个工会的数百名工人；与包括国土安全部、国防部和商务部在内的联邦机构合作，协调价值数百万美元的合同；执行行政措施，遵守健康和安全规定。
- 与美国海岸警卫队签订了价值9 080万美元的联邦合同；在合同规定的截止日期之前，为实现码头的可用性计划提供了关键支持。

——有分析和解释州许可要求和联邦劳动法规的经验。

——能快速完成奖励计划并发布工作指令，从而促进了项目的及时实施。

——将控制集中到工作项目中，向客户传达最新状态以主动解决问题，获得上级对解决方案的批准，确保客户满意，并把谈判内容整合到合同中。

——致力于实施新版企业资源计划，以提高项目效率和报告质量，在新版上线前进行了系统测试以保证其功能和报告的准确性。

——使用新的计时系统，改善了监控工作。

——在企业资源计划中创建模板，减少了对项目数据、错误的冗余处理。

——建议对企业资源计划中的工作进行直接估计，避免数据间接传输，从而提高了评估工作的准确性。

——在精益生产和ISO9000认证的环境中持续推动流程改进。

2009—2012年：加利福尼亚州圣迭戈市斯迈思太平洋造船厂——该造船厂曾为政府和商业市场提供船舶修理和制造服务。

项目行政助理

曾从临时工转为正式工，加入项目执行团队后，负责执行项目设置、变更管理、进度结算和收尾等工作；负责联系客户、监管机构和分包商，将操作规范输入企业资源计划，制订预算并分解工作结构，以进行项目控制、财务管理和报告发布；协助编制标书，研究政府招标文件；准备提交报告，以供客户批准；确保及时完成项目收尾工作。

- 为州级客户和县级客户完成超过3 600万美元的公共工程合同。
- 简化估算项目中的数据流，加速了项目进度。
- 在获得公共工程工作的履约保证金过程中发挥了核心作用。
- 提高了跟踪系统的性能，在共享电子表格中为所有工作创建清晰、可扩展的流程，监督并记录公共工程计划的步骤，以便于项目人员对其进行审查和更新。
- 用单一集中的解决方案取代了杂乱无章的二级归档系统，确保所有项目在执行过程中都遵循相同的索引顺序。

2004年3月—2005年6月：怀俄明州杰克逊霍尔市激流酿酒厂——低产量优质工艺酒生产商。

生产专家

参与高级产品流水线的生产和分销（国内、国际）的各个阶段；管控生产过程，确保产出一流的产品；同州和联邦监管机构合作；熟练使用专业、精密的测量工具；在生产过程中了解物流情况，了解水和能源的使用情况。

- 致力于新产品开发和生产工艺创新，在保持产品完整性的同时提高效率。
- 为公司创造高质量的产品，积极为公司赢得梦寐以求的行业奖项。

教育经历

怀俄明州（Wyoming）拉勒米，怀俄明大学，自然资源与环境专业：可持续系统专业理学硕士证书，工业生态学研究生证书。

相关环境课程

水质管理、水资源政策、能源市场与政策、统计学、交通能源、环境评估、环境法、生态学、土地利用与地理信息系统。

米兰达·布拉德肖（Miranda Bradshaw）

行政管理和文书支持　办公室管理　账户管理

地址：南卡罗来纳州希尔顿海德

电话：843-234-2434　电子邮箱：miranda.bradshaw@hargray.net

行政助理 & 办公室经理

支持财务报告、安排股东和董事会会议、参与租赁和销售活动以及设施管理。

业绩简介

能够在快节奏的环境中迅速解决问题，并可以准确地同时处理多个任务；业绩记录良好；始终如一地努力超越目标，努力提高工作效率；能够集中注意力进行多任务处理，有效地管理时间；具备微软办公、数据库管理、终端用户培训和网站更新等专业技能，精通互联网；在业务运营的各个方面（包括行政和执行）都有坚实基础，有出色的沟通能力，保证公司业务的高度机密性。

专业技能

日程管理	账户管理和管理支持	员工培训与监督
办公室管理和组织	通信与展示	卓越的客户服务
项目管理与优先级设置	保密和外交	管理库存和采购单
销售和营销支持	预算管理和费用控制	会议和会议后勤
计算机系统和应用软件	财务报告和对账	问题识别与解决
归档、传真和邮件分发	项目管理与研究技能	账单与收款管理
接听多线电话	客户关系管理	供应商关系管理

计算机技能

熟练应用微软办公套件，精通多数据服务软件，包括网页制作软件（FrontPage），远程控制软件（LogMeIn）和项目管理软件（Basecamp），以简化计算流程。

突出业绩

作为行政助理，擅长在办公室管理中实施最佳方案，为企业领导、股东和市场人员提供行政和文书支持；在不同行业的建立牢固的业务关系网，主动解决责任范围内的问题并保持工作平稳运行。

是一位具备高度组织性且务实的办公室经理，通过与供应商谈判和监控办公用品预算，节约了大量办公用品的成本；精通业务流程改进，创建了公司的实物归档系统，整理了10 000多份文件；协调公司主数据服务（MDS）系统的上线，制作用户手册，并培训了80%以上的办公员工。

工作经历

南卡罗来纳州希尔顿海德市海松房地产管理公司。

2014年至今：客户经理。

2013—2014年：行政助理兼办公室经理。

2011—2012年：行政助理。

自1985年开业以来，海松房地产公司为希尔顿海德市最奢华的公寓和长短期租赁业务提供专业的物业管理服务。

客户经理

管理价值为13.5万美元的住宅和商业物业的投资运营，包括对这家拥有150个账户的中型物业管理和经纪公司提供建筑员工的监管；与工会代表沟通，讨论董事会最关注的问题；为住户和工作人员提供现场服务，及时处理客户的问题和要求，确保他们对物业管理服务满意。

- 确保酒店维护符合城市规范和国家建筑法规；监督建筑装修，并确保承包商已获得许可并购买了相应保险；负责所有必要的装置和设备的归档处理；避免违规行为，提供工单跟踪。
- 与合格的、有执照的专业服务人员建立业务关系；每年分析和审核所有的服务合同，确保公司获得最优的价格和最大的覆盖范围；对于大型项目，提供竞标者多次投标机会。
- 与董事会合作，制订年度经营预算，以保证物业的有序运营；准备基于业绩的分析、预算、收入预测、运营成本分析和概率评估。
- 查看月度财务报告、季度财务报告和年终财务报表以及资产负债表，按财产分列存款和支出，并为年终报告和税务做准备。
- 利用广泛的行业知识、专业的经验和沟通技巧，在问题出现前主动应对，在经理与客户提出要求之前预测他们的需求。

行政助理兼办公室经理

- 负责办公室管理，为5名主管提供有效的行政和文书支持；协助纽约5个行政区的高管管理普通公寓、合作公寓、租赁和商业地产。

- 负责首席执行官和首席财务官的行政工作并安排会议；为董事会准备报告，并做好会议记录；预订会议室，准备演讲稿，确认出席人数，准备好会议议程，并分发会议纪要。
- 为每栋建筑定制公寓合作销售合同；审核每份销售与租赁合同，确保其内容准确、完整无误。协调合作公寓的结算过程，每月平均产生2.5万美元的合作结算佣金。
- 确保整个投资组合都能在截止日期前完成两年一次的房产登记备案。
- 通过分析业务做法、记录保存系统、表格控制、办公室操作、预算和人员配置需求来创建和修改系统和程序。
- 管理计算机系统与软件，为主数据服务系统创建用户指南。

行政助理

- 执行不同范围的管理任务；阅读、研究、撰写和发送信函（备忘录、报告），处理内部与外部通信，遇到关键问题时提请执行领导注意；预见管理人员的需求，并采取积极的措施保证办公室工作的平稳运行。
- 为董事会和客户创建财务电子表格和财务报告；处理并核对发票和费用明细，跟进与供应商和客户有关的账单/收款事宜。
- 在微软电子邮件和日历中管理人员的日程表；处理业主会议、预约行业会议、安排行程、处理会议后勤工作；代表行政人员出席会议并发言。
- 设计了一个与公司客户管理软件集成的实物归档系统，以便于文件检索。

教育经历

2011年：南卡罗来纳州哥伦比亚市南卡罗来纳大学，市场营销与国际商务专业，理学学士学位。

语言

英语和西班牙语（能够进行熟练的对话和写作）。

社区/志愿者活动

2011年至今：参加南卡罗来纳州布拉夫顿的“领养家庭”（Adopt-a-Family）志愿者活动。

斯科特·西蒙（Scott Simon）

地址：密歇根州底特律市 电话：213-234-0000 电子邮箱：falseclaims@meritech.com

保险理算师 / 调查员

经验丰富的反欺诈侦缉队员准备加入保险行业。

业绩简介

用逻辑分析法来确定和解决极有可能发生冲突的情况；富有组织性和创造力，以扎实的方式进行全面的信息收集；作为受过警察培训的调查员，具备高超的询问和分析能力，谈判经验丰富，能迅速获取他人的信任并展开交流。能在压力面前保持冷静；致力于将训练有素、经验丰富的侦探技能应用于保险行业。

核心能力

调查技术	证人询问	遵守法律
法庭代表	事故文件	协商协调
风险评估	书写报告	安全准则
需求评估	解决争端	一对一培训

职业训练

警察学	调查技术	安全
侦察	监督监视	事故调查
照相术	家庭暴力处置	反虐待儿童和强奸
危机证据	公共关系	沟通技巧

2006—2017年：密歇根州底特律市警察勤务。

2003—2006年：密歇根州南菲尔德市诈骗案调查小组。

2000—2003年：密歇根州安阿伯市重案组。

1998—2000年：密歇根州巴德阿克斯市警犬队。

教育经历

- 2014年：密歇根州兰辛市密歇根州立大学，领导力和组织变革专业理学硕士。

- 2007年：北卡罗来纳州夏洛特市弗佛尔大学（Pfeiffer University），刑事司法专业理学学士。
- 2009年：北卡罗来纳州阿尔伯马尔市斯坦利社区学院，完成信息系统安全课程。

可根据要求提供优质的证明材料。

玛丽·卡萨特（Mary Cassat）

地址：加利福尼亚州洛杉矶市　邮编：90049

电话：310-555-5678　电子邮箱：Hospitality_Edge@ameritech.com

酒店管理

运营　销售　市场营销

业绩简介

拥有10年以上的酒店管理经验；业绩记录优良，曾为公司带来可观的收益；具有团队建设和领导能力，能够雇用、培训并奖励表现优秀的团队；工作有条理，能够在快节奏的环境中进行多任务处理，并快速有效地解决问题，在挑战中迅速成长；擅长西班牙语。

核心竞争力

收入优化	成本控制	招聘与选拔
员工发展	团队建设	运营管理
西班牙语	时间管理	政策与流程
客户服务	生产力增长	会计与销售点支持
品牌完整性	客户关系	库存控制
损益表	减少营业额	问题处理
工资单	每天250人份的饮食供应	酒类库存清单
日程安排	300份套餐	现金对账
食品成本缩减	采购	管理
培训手册	销售点系统	营销与广告

工作经历

2015至今：好莱坞——总经理助理。

负责为价值500美元以上的高级餐饮场所提供日常餐饮业务，平均每天250人份；培训并管理60人以上的跨职能团队，保证最高标准的客户服务和品牌形象。

监督餐饮库存，管理成本并最大限度地提高利润；监控安全操作流程，确保最佳的执行程序，负责销售和劳动力预测；管理损益表和工资单，并提供会计和销售点支持。

- 精心安排的日程可以最大限度地减少员工加班时间，并提高10％的劳动生产率，为企业减少了10％的员工工资。
- 聘用、培训和监督跨职能员工共60人，包括前台和后勤人员，并保持员工最低流动率。
- 管理酒类库存，简化日常程序，降低了2%的成本。

2012—2015年：好莱坞——行政经理。

任职9个月后获得晋升，负责新公司行政事务的启动和管理，包括日常开销和信贷对账、员工档案维护、应付账款管理、办公室管理、福利管理、新员工招聘等。

- 所有审计项目实现了95%以上的准确率。
- 受聘担任企业行政培训师，在职期间培训了6名经理。
- 编写的《岗位任职程序指南》可应用于所有岗位。
- 制作员工档案，并在公司内部推行。
- 负责餐厅开业项目，绘制平面图、制作时间表，做好辅助工作。
- 遵循职业安全与卫生条例和员工薪酬规范，在公司审计中获得了近乎完美的成绩。

2010—2012年：圣莫尼卡——调酒师。

2010年：圣莫尼卡——迎宾小姐。

2006—2009年：加利福尼亚州洛杉矶市卡拉餐厅——值班主管/调酒师/服务员。

高级轮班主管，负责上东区餐厅营业的各项事宜，包括管理员工、维护库存、采购、核对柜台现金等。

- 在餐厅运营的各个方面都积累了宝贵的经验。
- 开发了“防盗”系统，以消除盗窃行为，该系统现已应用到其他行业中。
- 通过“挨家挨户”地做广告增加了餐厅营业额。

教育经历、资质证书和附属机构

加利福尼亚州洛杉矶市加利福尼亚大学，人文学科文学学士。

专业发展/资质认证

亚利桑那州凤凰城，恒星服务培训学院，获食品管理专业人员（FMP）认证。

附属机构

全美女性企业主协会会员。

计算机技能

熟悉Windows电脑和苹果电脑操作系统：能熟练应用Word、Excel、Databases，销售点系统 、餐厅魔术点菜系统等软件。

外语能力

职场西班牙语会话。

可以提供优质证明材料。

琼·圣劳伦特（Jean Saint Laurent）

地址：魁北克省蒙特利尔市胭脂街234号G1W 1K7

电话：514-342-4334　电子邮箱：saintlaurent@gmail.com

保险承保人/保险投资顾问

特许保险专业人员和投资运营认证人员

业绩总结

拥有长达6年的处理投资报告、客户报告和交易进程的工作经验，不断改进和简化工作流程。

入职第一年就获得晋升，因出色的领导能力、崇高的职业道德和丰富的金融服务专业知识而受到大家的广泛认可；维护经销商协议，创建详细报告，并在开立新账户期间审查文件；通过分析和研究市场价格降低成本。

专业技能

客户报告分析	投资组合管理	战略分析	协商和续约
风险管理	定价分析	数据分析	培训与指导
伙伴关系管理和发展	业务发展	流程改进	问题解决
客户管理	冲突解决	报表拟定	法语流利

工作经历

2008年至今：魁北克省蒙特利尔市投资顾问公司——一家领先的投资管理公司，为客户监管超过1亿美元的资产。

2010年至今：承销商与合规分析师。

提供员工培训和及时准确的报告，审核新开账户和已完成账户的文件；管理经销商协议、会员资格和注册工作；担任百慕大金融管理局与百慕大投资咨询服务机构之间的联络人，时刻遵守法律法规；审查并更新附在表格上的协议条款，确保表格上的信息能反映产品供应的变化情况。

- 与投资经理合作，维护最新的客户信息，在了解客户需求的同时，遵守金融管理局的规定。
- 使用业界认可的反洗钱数据库研究所有客户端文件，增强对客户需求的理解。

2008—2009年：投资估值分析师。

提供投资报告、估价和报表的开发和分析，同时确保日常交易的准确性；对股票、债券和衍生品的价格进行市场分析；创建了一个综合的定价文件来管理所有库存，并与投资组合管理团队合作开发报告。

- 率先采取行动，通过审计业绩来评估客户和系统完整性，来增强程序管控并提高业务效率。
- 解决复杂的系统问题并实施新的战略和解决方案，从而降低公司在系统中断期间的收入损失。
- 与软件供应商协调价格，每年减少10%的订购成本。
- 作为团队中的关键成员，为改善业务流程和开发新应用系统做出了不少贡献。

2004—2008年：魁北克省魁北克市拉克代尔街银行信托公司——该公司提供全面的金融服务、投资管理、研究和培训，以及投资者服务，托管资产25万亿美元，收入90亿美元，员工超过2万人。

2006—2008年：业务报告分析员。

直接向投资服务高级副总裁汇报，负责业务案例、业务需求和功能规范文件的起草和审核；发现并解决各种复杂问题，能从基金会计和投资运营的角度定义和审查客户需求。

- 完成全面的数据转换，是为欧洲众多银行提供内部记录保存的主要贡献者，确保项目按时完成并遵守服务义务。
- 创建业务需求和功能规范文档，提高了设计高效系统的整体能力。
- 通过执行差距分析，确定了管理形式和内部系统需求之间的差异。

2004—2006年：投资经理和托管助理。

提供客户结算咨询服务；核对现金和股票，提供资金分配报告，确保会计记录的准确性；保持同客户间的沟通，为投资经理和客户的多个基金项目提供日常服务；作为客户或投资经理在投资组合管理方面的联络人，确保按时完成任务；监督企业行为，包括收入和股息红利分配，以及逾期付款；参与特殊项目，包括国际退税和用户验收测试。

- 被选为新成立的团队一员，该团队是为了集中任务而创建的，具体任务包括现金和股票调节、账户开立和关闭、保管客户账单并撰写报告。

- 确定客户需求并创建解决方案来减少账单冗余和缩短完成时间，从而简化任务流程。
- 创建关于流程和日常任务的综合手册，改善跨职能工作的效率并加强员工培训。

教育经历和资质认证

风险管理学学士学位（2014年）。

加拿大不列颠哥伦比亚省，温哥华市加西大学（University of Canada West），银行与金融学研究生文凭。

加拿大多伦多市加拿大保险协会，特许保险专业人员。

风险管理协会，特许人寿承保人。

投资业务认证

认证证书

英国伦敦特许证券投资研究所认证的操作风险高级证书。

附属机构

加拿大保险协会会员。

蒙特利尔市女性保险协会成员，2007年年度新秀。

蒂娜·特纳（Tina Turner）

地址：弗吉尼亚州米德尔堡市　邮编：20118

电话：540-555-5470　电子邮箱：eventwizard@comcast.net

会议策划人

会议　活动　筹款　高尔夫锦标赛

成功的组织活动、完成任务对我来说毫不费力，因为我办事效率很高。

业绩简介

14年活动策划、开发和管理的经验；能同时处理多项任务，并能注意到各种细节，拥有解决问题和跟进项目的能力；具有管理、激励和建设团队的能力。

专业技能

治理	业绩分析和控制	社团协会
会议	特别活动	筹款人
物流	会议和研讨会	旅游与比赛
数据库管理	高净值捐赠者	供应商管理
团队管理	规划与组织	预算
谈判协商	Access数据库	微软办公套件
Publisher出版软件	MeetingTrak软件	

突出业绩

规划并协调政府、协会的活动，以及私人会议、集会、公开活动和筹款活动；规划并协调所有活动、研讨会、会议、旅游和特别活动；为最近筹办的会议节省了72 000美元。

会议协调

同酒店和供应商签订合同，并编制和管理预算；安排会议后勤工作，包括交通、住宿、餐饮、嘉宾演讲和视听支持。

- 协调组织了疾病控制和预防中心的18场年度研讨会。
- 协助举办了2004年全国吸烟与健康大会（与会人员2 000名）。
- 组织6 000人参加的全国年会。

- 协助举办了全球奖学金会前培训。
- 在2001年CSI（信道状态信息）全国大会上负责教育部分的组织和监督。
- 组织举行CSI全国研讨会系列。
- 开发、推广和实施CSI的国家认证计划。
- 管理关岛太平洋区域培训的后勤工作。

筹款

协调PAC（政治行动委员会）的筹款活动；监督高额捐赠者俱乐部会员履行义务；身为团队成员，负责PAC成员资格和保留计划的开发和实施。

- 协助举办两场PAC高尔夫比赛；
- 组织婚介活动；
- 组织派对。

活动管理要点

- 控烟培训与技术援助项目；
- 卫生与公众服务部儿童、青少年及家庭事务管理局拨款项目；
- 住房和城市发展补助金合同审查；
- CSI全国研讨会；
- 1998 & 1999CSI国家会议和展览。

工作经历

2013年至今：马里兰州罗克维尔市企业科学集团，高级会议专员。

2008 2013年：弗吉尼亚州阿灵顿市罗克维尔咨询集团，高级会议协调员。

2003—2008年：弗吉尼亚州阿灵顿市建筑协会，教育计划协调员。

2001—2003年：华盛顿特区美国焊工协会，教育计划助理协调员。

教育经历、证书和附属机构

弗吉尼亚州布莱克斯堡，弗吉尼亚理工学院

2001年：运动生理学理学学士，辅修心理学。

资质认证

2015年：美国Go Members（软件服务公司）MeetingTrak软件认证。

2007年：认证会议专业人员（CMP）。

专业附属机构

- 国际会议专业人士协会（MPI）——安娜代尔分会；
- 物流委员会；
- 教育务虚委员会；
- 会员服务委员会；
- 社区外联委员会；
- 国际会议专业协会（CIMPA）；
- 哥伦比亚特奥会——志愿者；
- 携手建特区——志愿者；
- 北弗吉尼亚爱护动物协会——志愿者。

我一直关注细节。

布莱克·尼尔（Blake Neal）

地址：纽约州纽约市东53街4256号6号公寓　邮编：10028

电话：201-552-8828　电子邮箱：blake.neal@gmail.com

服装商助理

业绩简介

结果驱动型销售员，在大城市积累了3年的工作经验；大学期间就曾做过全职工作，靠工资支付学费；是销售团队的核心力量，擅长组织团队人员；具备分析能力，能跟上当前的行业趋势，并帮助品牌实现财务目标；有推销产品的经验，通过学习不断进步；获时尚技术学士学位。

- 展示了沟通、处理人际关系、规划、解决和协调问题的能力。
- 与公司内部有关部门合作开发产品线。
- 注重细节、反应灵活，能快速掌握不同的技能。
- 能够在团队环境中独立工作。
- 能够熟练撰写周度和月度销售报告，并能提供结论。
- 能够与跨职能团队中不同的角色合作，熟悉他们与销售之间的关系。
- 具备较强的财务技能和一定的商业头脑。
- 优秀的口头和书面表达能力、组织能力，能在截止日期前同时处理多项任务并能对其按重要性进行优先排序。
- 有丰富的电脑知识，尤其擅长Excel。

专业技能

销售和零售	财务研究分析	样品质量控制
业务建议	样品管理	店内考察
更新库存和周度销售报告	购买趋势分析	特别企划
监督交货和样品	协调商品流通	数据库管理
销售技能	最佳实践	Excel 表格
采购订单和追加订购	销售、利润和库存分析	预算管理

工作经历

2013年至今：纽约州纽约市“西服专家”专卖店，跟单员。

“西服专家”于1952年在纽约开了第一家门店，是纽约五大男装专卖店之一，主要负责商品的销售，包括：管理生产线、创建和更新销售库存报告、统计销售业绩和利润，分析价格调整的原因和人体模型的摆放位置。

负责门店的沟通事项，并与供应商协调物料主控、交付和样品问题；负责在公司数据库中创建新项目。

- 与买家协调，负责今年最大的围巾销售活动的商品选择和采购，110%完成2015年秋季促销活动的目标销售额。
- 协助买房挑选、维护和分发采购订单，并与计划团队一起管理采购限额计划，以确保销售活动顺利进行。
- 进行店内走访，确保季节性销售计划的实施和完成。
- 成功改进了配饰部围巾的品类，引入新的产品子类别，与供应商建立合作关系；重新设计了楼层平面图，增加了配饰类别的知名度，使其销量大幅提升。
- 在紧迫的时间里与供应商建立紧密的合作关系，从而确保新店开业时货品能得到充分补给。
- 改进配饰类别，引进新颖的产品来迎合客户的购买需求，从而提高配饰类产品的销售额。

2012—2013年：纽约州长岛市玩马旅行（Well Met），活动协调员。

致力于比赛、零售、美容和形象管理，主要管理客户的个性发展计划；准备市场调研、家长访谈，制作商业计划书，最终获得管理层批准开展新项目。

- 同学校和零售商在内的战略商业联盟建立发展关系，并与市场合作伙伴一起扩大品牌影响力。
- 开发新型跨业务产品并提供升级版的服务，确保灵活和可持续的商业模式。
- 通过监督销售和运营主管团队，制定业务计划并管理新产品的发布，计划一年内为Procraft（房地产公司）赢得较高收入。
- 推出新型优化服务，充分利用现有基础设施，实现交叉销售，使公司收入翻倍。
- 整理事件信息，收集目标数据，创建新的数据源，以满足目标客户群体的需求。
- 进行线下管理，确保有更多人参与儿童绘画展活动。帮助公司在创建和管理儿童活动方面赢得信誉。

教育经历

2012年：纽约州纽约市国家时尚技术学院，时尚技术学士学位。

专业：服装生产。

- 2012年度毕业设计最佳创新奖。
- 获奖情况曾被《纽约时报》报道。
- 毕业设计作品：男士三季可水洗真丝围巾。

布莱克很快就学会了复杂的系统和业务流程，并迅速为公司创造了价值。他是一名优秀的团队合作者，态度端正，能与来自不同领域的人打交道。

——帕蒂·沃森，玩马旅行，高级经理

可提供优质的证明材料。

沃尔特·斯蒂芬菲格（Walter Stuempfig）

地址：加利福尼亚州洛杉矶市　邮编：90001

电话：322- 786-2417　电子邮箱：multimedia_production@sbcgloaba

多媒体管理

多媒体传播与制作　管理信息系统（MIS）应用

实现技术管理和创造性多媒体技能的罕见结合。

业绩简介

作为一名合格的专业管理人员，可胜任数字媒体技术生产岗；具有动手操作能力，项目管理和多媒体通信经验；拥有一整套跨越交互式数字技术、广播和印刷媒体的技能。

优秀的领导者，能够发现人才、建立并激励创造性团队，通过协同合作来实现目标；善于表达，具有出色的人际交往能力，有把沟通和技术结合起来的热情。

应用管理信息系统的能力

系统管理	需求分析	战略规划
系统配置	系统测试	系统更新
损益表	预算管理	项目管理
供应商管理	局域网与广域网	电信一体化
多媒体技能	网络安全	工作流应用
技术获取	系统维护	技术整合
资源规划	招聘与选拔	绩效评估

多媒体管理能力

多媒体	电视	广播
账户管理	客户关系	市场调查
多媒体制作	创意设计	多媒体通信
公司通信	跨职能团队	多媒体展示
摄影师	摄像师	撰稿人
编剧	平面设计师	画家
音乐家	动画师	

工作经历

2004年至今：拉罗什投资公司（LaRoche Investments，Inc.）。

2014年至今：MIS副总裁。

2012—2014年：IT通信副总裁助理。

2008—2012年：公司通信员。

2004—2008年：助理。

在与欧洲投资集团美国分部的合作中迅速获得晋升，担任一系列职位，承担越来越大的责任；最初受聘管理市场研究项目，后来升值负责规划和执行公司的通信项目；2014年，负责率先引入新兴技术，实现全公司自动化的任务。

目前责任范围非常广泛，主要集中在信息系统和技术的战略规划、实施和管理方面；领导技术人员，管理预算，选择和监管供应商，明确业务需求，并通过正式的项目计划产生可交付成果。

管理系统配置和维护、排除故障、计划并指导升级、测试操作，以确保最佳的系统功能和可用性。

技术贡献

- 从基层开始实现公司的数字化；率先安装和整合最先进的高度安全网络，该网络包括50多个工作站，运行在通过V-LAN交换技术互连的6个局域网上。
- 目标明确；设计并加速实施了先进的技术解决方案，并在规定的时间内满足公司的短期和长期需求。
- 引进先进的应用系统和多媒体技术，简化了工作流程，增强了展示功能，以跟上竞争对手的节奏。
- 负责管理多个项目，从最初的系统/网络规划和技术获取到安装、培训和操作各个流程。通过管理信息系统和电信问题，节省了数十万美元的咨询费。

业务贡献

- 设计并制作了有效的多媒体展示，向公司高层主管传达个人投资项目的价值和收益；通过量身定制的演讲，吸引成熟且通晓多元文化的听众。
- 组织和指导来自不同领域的优秀项目团队；与摄影师、摄像师、文案、编剧、平面设计师和艺术家合作并指导他们制作创新展示和特别活动。
- 进行市场研究和分析，以确定价值1.5亿美元的多个投资项目所具备的风险和可行性；推荐制订战略计划，并将想法付诸实践。

1996—2004年：纽约州纽约市施瓦泽广告公司，广告总监。

1994—1996年：纽约州布鲁克林市彩虹广告公司，广告客户主管。

1992—1994年：WFDX电视台，WFDX广播电台，WKLU广播电台制作人。

在早期的职业生涯中，曾在一些创新型客户管理岗位工作过，工作内容几乎涵盖了所有的广告媒体工作：多媒体、电视、广播和印刷品；与客户直接沟通，了解他们复杂且模糊的需求；进行广告宣传，用有效的方式交流沟通信息。

突出成就

- 设计、撰写、制作并发起广告活动，持续定位具有竞争优势的客户；直觉准确，能理解客户需求，产生可实现的交付成果，因而赢得了声誉。
- 招募并领导由平面设计师、艺术家、音乐家、漫画家、动画师、摄像师、摄影师、其他自由职业者以及第三方创意服务人员组成的创作团队，一起制作价值数百万美元的广告。

教育和培训

马萨诸塞州波士顿市罗斯初级学院，广播制作专业，副学士学位。

市场研究与广播制作继续教育。

纽约州纽约市视觉艺术学院。

阿尔希尔·戈尔基（Arshile Gorky）

地址：纽约州蒙特利市海崖237号　邮编：11579

电话：516-671-5843　手机：516-000-0000　邮箱：wateroperations@earthlink.net

---

运营管理实习生

运营/项目管理 员工培训和管理 安全措施

业绩简介

两年水上乐园运营经验，业务范围广泛，具备组织和人际交往能力；是天生的领导者，能够同管理层、员工和客户之间建立良好的工作关系，以确保客户获得高品质的消费体验。

专业技能

- 在远景规划、战略制定和一系列业务相关的计划完成方面有过突出贡献；在将新兴概念发展为成熟的现实应用方面取得了显著的成绩。
- 具有领导力、创造力和分析力，在处理问题时能将效率和想象力结合起来，以产生最终结果；在规划、指导、协调和部署员工活动，以及实现成本选择最优化方面取得了成功。

工作经历

2014年、2015年、2016年夏：纽约州利物浦市华特·迪士尼世界暴雪海滩，专业实习。

- 经过为期4个月富有成效的救生员实习后，被招募到广受欢迎的暴雪海滩水上乐园工作；对员工进行各种管理层面的团队建设和培训，并建立关键的组织体系，规范战略职能。
- 带头开发、创建并实施了“暴雪海滩”和“台风潟湖”疏散行动报告，协调所有战略安全和疏散信息。
- 坚守在救生员看台或娱乐区巡逻；使用救援技术和设备营救受难者，如有重伤者，联系急救人员。
- 在篮板和其他类型的救援活动中挽救过多人性命。
- 工作表现突出，远超其职责所在，因此受到过许多嘉奖。

教育经历

2017年5月，商业管理专业毕业，获得学士学位。

马奎斯·怀特（Marquis White）

地址：佛罗里达州奥兰多市贝拉多纳大道3424号　邮编：32802

电话：407-681-0582　电子邮箱：m.white@gmail.com

律师助理

业绩简介

高度组织化的律师助理，能够维护法律职业的道德标准，行使自由裁量权并保持高度的机密性；通过优秀的多任务处理能力在快节奏的生活环境中获得发展。

专业技能

- 具有独立完成诉讼工作各方面事务的能力，可在高压下正常工作。
- 具有良好的人际交往能力，能够同各级员工、高管、外部法律顾问和政府机构进行有效的沟通。
- 能够运用外交手段和技巧成功处理复杂、模棱两可的情况，表现出良好的解决问题的能力。
- 高度组织性，注意细节，能在紧迫的期限内保证高效工作。
- 出色的研究、写作和校对能力。
- 精通微软办公套件、LEXIS 词汇数据库、NEXIS新闻数据库等办公软件。
- 精通法律术语、法律文件、惯例和程序。

专业领域

研究与分析技能	准备法律文件	推理和演绎技巧
自我激励	注重细节	多任务处理
编辑与语法	精通技术	良好的判断力和逻辑能力
如期交付任务的能力	准确	解决问题的能力
可靠	灵活	

工作经历

2014年至今：佛罗里达州温特黑文市芭芭拉·劳森律师事务所（Barbara Lawson & Associates, L.P.A.），诉讼律师助理。

该律师事务所为俄亥俄州所有县市和其他各州的客户提供案件处理服务，包括担保交易、欺诈、合同法、房地产交易、债务催收、商用和住宅租赁的诉讼实践；所有上诉级别的法律工作都由诉讼部门处理；是贷款处理服务公司（LPS）和房利美公司（Fannie Mae）的首选律所；负责振兴和重组公司的诉讼部门。

- 一年内晋升为公司总裁助理，并担任首席诉讼律师的律师助理。
- 提高了客户对诉讼文件处理过程的满意度，从而带来更多的转介绍客户和新业务。
- 起草客户报告并为潜在的新客户整理材料，协助市场推广和发展新客户。
- 管理和执行诉讼案件的进展，为客户带来最好的结果。
- 起草和准备法律诉状、动议、简报、证据开示、宣誓书和和解协议。
- 维护复杂的行程安排；制定差旅安排和日程安排，确保所有当事人在需要开会、出庭和作证时都有时间到场。
- 庭审和证词准备，包括审查和准备证据。
- 在没有律师监督的情况下管理每小时的账单审批，开具发票并审核诉讼文件。
- 公司第一位按小时计费的诉讼律师助理，从而增加了公司诉讼收入。

2011—2014年：佛罗里达州基西米市克莱顿威廉姆斯律师事务所（The Law Offices of Clayton Williams），诉讼律师助理。

该律师事务所为全国客户处理在俄亥俄州和肯塔基州所有县市的丧失抵押品赎回、破产、止损和驱逐等案件；该律师事务所排名很高，是贷款处理服务公司和房利美公司的首选律所；曾被《房地产资讯》杂志评选为“违约法的巨人”；是抵押贷款银行家协会和美国法律金融网络的成员；受聘为初级律师助理，负责佛罗里达州所有县市的复杂诉讼工作。

- 作为律所唯一的律师助理，负责了律所在佛罗里达州的诉讼案件的大量证据开示工作。
- 在公司工作仅一年后，被指派到处理棘手案件的诉讼小组（由首席诉讼律师和高级诉讼律师助理组成）。
- 确保及时处理法律文件，以确保在规定期限内完成任务。
- 为律师撰写和修改法律文件，包括一般信函和法院文件。
- 有针对性地起草和答复质询书、制作请求和接受请求。
- 熟练安排诉讼律师的预约和会议。
- 作为律师和客户之间的联络人，确保两者之间有及时和充分的沟通。
- 有效地准备起草投诉、动议、案情摘要、反对意见和答复。

教育经历

2010年：佛罗里达州北佛罗里达大学，律师助理学文学学士。

学习美国律师协会（ABA）认可的课程，具体相关课程：法律研究与写作，诉讼原则与实务，应用法律研究与诉讼、家庭法、房地产法、侵权法、知识产权法、民法和程序、刑法、行政法、合同法。

实习

2009年1~5月：佛罗里达州奥兰多市威斯布鲁克卢米斯公园（Westbrook, Loomis & Parks），律师助理实习生。

2008年6—11月：佛罗里达州温特黑文市利亚·琼斯先生律师事务所（Leah Jones, Esq.），律师助理实习生。

2000—2008年：北佛罗里达大学律师助理组织。

慈善委员会

佛罗里达州温特黑文市芭芭拉·劳森律师事务所联合公司。

安妮克·曹（Anneke Tso）

地址：密歇根州西布卢姆菲尔德市费尔法克斯公寓2423号　邮编：48322

电话：248-335-2323　电子邮箱：expertsourcer@aol.com

招聘主管

我负责开发流程，提供服务和利润。

业绩简介

有才能、有远见的高级招聘主管；通过精炼管理流程、加强组织结构、开发技术一流的自我管理团队来扭转公司业绩。

是应对与流程相关各种挑战的“首选”人员；充满自信和热情，综合运用市场营销工具和最新的销售实践经验，创造“一流”的招聘部门。

专业技能

项目实施	战略计划	入职与推荐计划
流程再造	销售和市场	角色胜任力设计
培训和发展	招聘指标	员工规划
周转	财务分析	战略规划
支付管理	采购渠道	提案生成
客户关系管理	广告	追踪系统
《SOX法案》	性能指标	合约
应付账款	平等就业机会委员会	联邦合同合规项目办公室

工作经历

2014年至今：密歇根州布卢姆菲尔德，A&E公司。

招聘经理

制定采购策略，为公司的战略、运营和商业计划服务；在战略、资源、招聘预测和能力规划方面影响高级业务主管做出决策；建立并监督候选人来源渠道、内外部的简历跟踪系统，加快识别合格候选人的进程。

- 负责大客户的总体结果交付工作，管理和培养客户关系，以交付最高质量的客户成果。
- 及时向管理层和客户进行反馈，包括工作量和业绩，确保数据的准确性，并能及时彻底地完成任务。

2010—2014年：加利福尼亚州旧金山市史密斯威廉姆斯建筑有限公司（Smith & Williams Construction, Inc.）——全国100强设计和建筑商。

招聘经理

负责拥有230人的企业的招聘工作；直接向首席执行官汇报；提供战略指导和战术跟进，对各级招聘流程进行重新设计。

- 管理实习项目，并自愿建立合格的施工管理专业流程。
- 通过对公司进行全生命周期的招聘，改善"应聘经历"。
- 在全公司范围内率先建立技能矩阵，以协助继任规划和资源管理。
- 与IT部门合作创建并启动职业网站，以满足联邦合同合规项目办公室和均等就业机会委员会的合规性要求。
- 策划了一次全面的员工保留制度改革。
- 建立"30—60—90"新员工审核流程，引入伙伴制，并重新设计新员工入职程序，减少沟通障碍，确保员工为入职第一天做好充分准备。

2002—2010年：弗吉尼亚州杜勒斯Start UP航空公司——一家总部设在哥伦比亚特区的低成本航空公司。

招聘经理

受聘为一家初创航空公司开发招聘工作流程并进行招聘，以支持2 000名员工的工作；协助创建100万美元的广告预算并进行管理；提供有关人员配备指标的详细、全面的报告和分析，包括人员流失、计划结果、填补时间和招聘人员绩效表现；实施了《SOX法案》的相关内容。

- 雇用了2 000名外部员工和500名内部员工，超过了2004年招聘目标的20%。
- 实施微型站点对申请者的C级批准，大大加速了筛选行李搬运人员的过程。
- 为美国出版商协会、均等就业机会委员会和联邦合同合规项目办公室合规性重新构建招聘和选拔周期，每季度进行一次内部审计以确保其合规性。
- 创建了一个强大的员工转介计划，将转介率提升至总雇用人数的13%，从而降低了机场小时雇员的雇用成本。
- 通过对招聘经理进行定期培训，实施了具有法律根据的面试，从而大大减少了均等就业机会委员会的索赔。

1996—2002年：全球人员配置公司人力资源部，技术招聘人员。

招聘是事业成功的生命线。我了解挑战、问题和解决办法。我会交付一个完美的结果。

胡安·埃尔南德斯（Juan Hernandez）

地址：佛罗里达州迈阿密33101 电话：305-243-4342 电子邮箱：juan.h@gmail.com

法规变更管理

业绩简介

监管变更代理人，在花旗集团总部的商业抵押贷款服务和托管服务方面有7年的经验，为总价值超过3亿美元的投资组合提供项目管理、技术写作和托管记录管理。

专业技能

多元化金融服务	卓越运营	战略规划与项目管理
公司及行业研究	六西格玛和管理	变更管理
业务分析	技术写作与交流	股东管理
业务性能指标	业务政策及流程	影响力评估
投资组合管理	流程设计与改进	问题识别和解决方案
三方托管服务和记录保存	生产力优化	卓越的客户服务
联邦和州抵押贷款法规	工作流程分析	领导与团队建设
法规变更和合规性	工作角色和组织结构	培训设计与推动

法规和合规技能

抵押贷款服务，国家土地委员会，美国货币监理署，美国财政部海外资产控制办公室，美国国家税务局表格W8BEN、W8BEN-E、W8EXP、W9，美国税务局税法公告B、美国税务局税法公告C，美国证券发行豁免法规则D，职责分离法案。

电脑技能

软件服务，移动安全平台，网络平台，Visio，Minitab统计软件，Quality Companion数据分析软件，银行主机系统，跨网调试器，业务流程管理平台完成客户端产品，银行托管软件，托管网络模块，金融工作台，微软办公软件：Excel，Word，PPT。

突出业绩

- 业务流程分析师，在过去两年中领导了140多项变革计划，对抵押贷款服务进行了业务流程和运营技术的改进。

- 变革代理，擅长评估联邦银行、州银行和抵押贷款服务法规对运营业绩的影响；转换所需变革的规模和类型；并提供务实、可行的建议，以确保监管的合规性。
- 小组组长，与技术写作团队协作创建可交付的项目成果，如项目描述、项目时间表、沟通计划、缓解计划、风险评估、实施后的支持计划等；能够在压力下保持冷静，并在紧迫的最后期限内完成高质量的书面文件或报告。

工作经历

2008年至今：佛罗里达州迈阿密市花旗银行。

2012年至今：抵押贷款变更代理。

直接向副总裁和变革管理团队负责人汇报；作为合规性、法律性和风险性之间的联络人，主动管理业务部门的变更；领导涉及投资者、保险公司、监管改革和抵押贷款服务流程的项目。

- 审查和分析内部和外部的法规报告；评估合规性和财务决策的潜在影响；针对为计划和决策目的向管理层提出建议，以确保其符合适用法规的更改；交付变更工作，定义范围；监控进度，创建沟通以确保项目有效实施并采取措施。
- 与指定的业务部门协调并进行政策和程序的年度评审；与部门领导协作，解决流程中的问题，并提供投资者有关保险公司和监管公告的最新信息。
- 向管理层和业务线合作伙伴提供行动计划和状态报告；确认变更已得到有效沟通，并且受变更影响的员工正在接受必要的培训。
- 代表并管理项目，支持技术编写者的工作，具备时间管理和多任务处理能力；审查文件以确保遵守抵押贷款协议和公司指导；维护网络平台上的项目文档。
- 创建功能性文档，用于分析投资者、保险公司和法规变更的影响。

精选成绩：

——在过去两年中领导了150多项变更项目。

——编写了90多份技术文档，包括政策、程序和参考指南。

——在SharePoint系统上为指定的业务线维护100多项政策、程序和参考文档。

2010—2012年：托管服务集团（Escrow Services Group）团队负责人。

- 负责价值3亿美元的投资组合的记录管理。
- 一个客户服务小组，为多个托管产品提供客户支持。

- 每周召开团队会议，监督生产团队和项目管理团队；监督生产效率，指导生产团队的日常工作和新程序，解决错误或问题，为中高级经理收集和汇编数据。

精选成绩：

——精益六西格玛绿化带项目，实施DMAIC（分别代表定义、测量、分析、改进和控制），缩短了托管流程周期，将生产能力从48%提高到了100%。

2008—2010年：客服代表。

- 处理客户的存款和取款业务，监控交易以确保其准确性。
- 处理客户电话并管理客户网络账户的业务簿。
- 处理客户的W8/W9表格，并参与月末报表的准备和邮寄工作。
- 处理退回邮件，如利息支票和对账单等。
- 进行研究并实施流程改进项目。

——托管服务档案项目（2010）：实施精益六西格玛和5S管理，将部门所需的文件柜数量从11个减少到8个，简化了记录保存工作量，使访问客户文件变得更容易。

——托管服务档案项目（2008）：将文件柜中存放的文件类型减少为日常工作文件，所有其他文件都以电子方式存储，从而提高了查找客户端文件的速度。

教育经历

2008年：佛罗里达州盖恩斯维尔，佛罗里达大学，表演专业本科。

2007年：佛罗里达州盖恩斯维尔，佛罗里达大学，音乐表演艺术硕士，课程GPA为3.7分，专业课GPA为3.8分。

2005年：佛罗里达州塔拉哈，佛罗里达州立大学，音乐教育文学学士，课程 GPA为3.7分，专业课GPA为3.6分。

资质认证与专业发展

2016年：获PNC金融服务集团颁发的抵押贷款服务认证。

2015年：获太阳信托颁发的精益六西格玛绿带认证。

2014年：参与太阳信托战略性通信咨询公司组织的提升领导力培训。

2013年：参与太阳信托战略性通信咨询公司组织的高效商务沟通培训。

2012年：参与太阳信托战略性通信咨询公司组织的领导力沟通要领培训。

2011年：获PNC金融服务集团颁发的精益六西格玛黄带认证。

可根据要求提供优秀的业务证明材料。

莎伦·怀斯（Sharon Wise）

地址：密歇根州普利茅斯48170　电话：444-007-1111

电子邮箱：child_guidance@gmail.com

学校辅导员

我培养他们的能力和团队精神，让其关爱彼此和笑对彼此。

业绩简介

小学、中学和高中专职辅导员，擅长为学生的学业、社交和情感健康提供积极的指导；能高效地与多动症儿童以及多元文化人群共事。

专业技能

指导课程：课堂指导，职业意识，冲突解决与社交技巧，发展意识。

个人规划：学生评估，学生安置，新生过渡，学业和职业建议。

响应服务：心理健康，家庭和教师咨询，危机干预和悲伤管理，心理教育支持小组。

系统支持：项目评估，项目开发与协调，需求评估。

教育经历和资质认证

密歇根州底特律（Detroit），底特律大学咨询服务专业，文学硕士。

密歇根州底特律，马里格罗夫学院，教学专业，文学硕士。

密歇根州东兰辛，密歇根州立大学，社会研究/法语，文学学士。

经密歇根州认证的从幼儿园到12年级的儿童教育咨询辅导资质。

密歇根州经认证的7~12年级的社会研究/法语教学资质。

工作经历

2010—2017年：密歇根州哈特兰市（Hartland），哈特兰社区学校，学校辅导员。

为一所有800名学生的学校提供个人和小组辅导，以及大型团体演讲辅导，地点可以是课堂或者办公环境；主持家长会，讨论、制定情绪和行为策略，帮助学生应对生理、心理和情绪上的挑战。

- 开发了长达45分钟的防欺凌课程，并在教学楼里的30个班级播放。
- 每月为学校《时事通讯》写一篇相关主题的文章。

- 为参与中西部“资优人才”计划的学生提供便利。
- 为新生及其家长举行定向培训，为他们提供课程表，并带他们参观校园及大楼。
- 开设了30分钟的职业意识与探索课程，让学生接触到各种各样的职业选择；组织了职业日活动，安排了40位来自不同领域的演讲嘉宾与学生畅谈职业及相关问题。

安·约翰森（Ann Johansen）

地址：佐治亚州圣西蒙岛天使鱼大道26号　邮编：31522

电话：912-345-0235　电子邮箱：A._Johansen@att.net

化学工程师

业绩总结

初级化学工程师，寻求在污水处理这一富有挑战的工作中，将课程知识和实践经验结合起来，以解决实际问题，为石油和天然气行业做出贡献；具有广阔的视野，善于思考，能够分析问题并关注原材料、工艺和其他外部因素的细节，以不断发现问题并提高产量；全面了解实验室操作，并为改善日常操作做出积极贡献；对成功解决问题有着坚定的信念，对高质量工作和自我提升有执着的渴望。

可以轻松地使用电子表格、行业标准软件和其他工具来确定有效的流程、优化单位操作，并确定输入的变化将会如何影响输出。

能够将课堂上所学的理论，如设备故障处理、人力资源成本核算、工艺设计等转化为实际应用。

从技术和实践的角度出发，积极探索更多环境和法规方面的知识。

可以搬家，愿意出差。

专业技能

实验室操作	工艺流程图	持续改进	解决问题
法规合规性	全自动程序控制	投入与产品成本计算	项目管理
定量分析	工艺设计与建模	数据分析	工程报告

工作经历

2015年至今：在位于佐治亚州布伦瑞克市（Brunswick），布伦瑞克市政公司的污水处理厂任实验室技术员，该公司每天处理4 163.5升的废水，为7.2万人口提供服务。

从城市的3个污水处理厂中收集水样，并进行测试，以确保出口水流符合目的港码头交货设定的限值；测量值包括总悬浮固体量、混合液悬浮固体量、总固体量、粪大肠菌群数、氨氮量、生化需氧量、沉降性、碳质生化需氧量、酸碱度、溶氧量和总余氯量；在当地企业进行油脂捕集器检查，并记录运送至垃圾处置机的废物；负责定期校准废水实验室的设备，主要是酸碱度测量仪和溶氧量测量仪。

在几个月的时间内汇编了实验室测试结果并将其存储在共享计算机中，增强了其未来的数据访问能力。

创建废水测试计算的电子表格，增加了实验室测试的可信度。

与主管和同事合作，确定活动的优先级，优化时间和资源利用率。

定期进行排放监控报告质量保证测试，以确保实验室测试方法的质量。

教育与专业活动

大学教育

纽约州波茨坦市克拉克森大学，化学工程专业，理学学士。

高级项目：在联合营造纸厂生产妥尔油皂的过程中加入了预酸化步骤。

——团队确定在前置酸化步骤中加入二氧化碳可以降低妥尔油的pH值，然后将其放入硫酸反应器并减少系统中硫酸盐的含量。

——创建烈文斯彼尔（Levenspiel）图，以阐明任务所需的反应器的大小及反应器应采用的材料。

——利用斯托克斯定律（Stokes' Law）确定过程中沉淀池的尺寸。

资格认证

路易斯安那州专业工程和土地测量委员会注册工程师实习生，执照号#34426。

卫生与医院部（DHH）运营商认证：废水收集一级证书，废水处理一级证书、二级证书。

技术技能

Windows操作环境、霍尼韦尔操作系统（Honeywell OS）、ProII流程模拟软件、Simulink仿真软件、MATLAB、微软办公系列软件。

特雷弗·迪克森（Trevor Dixon）

地址：纽约州纽约西48街132号　邮编：10036

电话：917-666-0000　电子邮箱:trevor.designs@gmail.com

初级时装设计助理

从一出生就开始受时尚和设计的熏陶。

业绩简介与业绩总结

多语言、多元文化的专业人员，具有从组织管理和设计、制造到上市周期的工作背景；出色的聆听和沟通技巧，同时兼顾视觉艺术和商业学位的学术要求；预期需求能够和偏好达成一致；流利的英语、法语和德语，并有在时尚行业发展的强烈愿望。

- 具有高度的组织性，工作积极主动，非常注重细节，能够同时处理多项任务而不失专注。
- 能够在快节奏的协作环境中工作，并可以在最后期限前完成任务。
- 具有良好的人际交往能力，既能独立工作，又能进行团队合作。
- 能够进行换位思考，具有很强的紧迫感。
- 优秀的书面和口头沟通能力、人际交往技巧、表现力和跟进能力。
- 软件应用：熟练应用微软办公套件、InDesign排版软件，精通计算机。

专业技能

出色的客户满意度	客户端主机	时尚潮流资讯
管理能力	InDesign排版软件	社交网络
行程安排	数据输入	多语言
组织管理	视觉设计	文件和档案管理
面料选择	物流安排	多元文化
剪裁和服装设计	性能改进	与供应商谈判
项目管理	财务计划与预算管理	商品采购
营销标题	强大的市场调研能力	合同创建与执行

工作经历

2015年至今：意大利罗马，芬迪之家（House of Fendi），设计师、公关和营销经理。

- 被选聘为提供初步的手表设计，包括草图和图形设计；直接创建原型，包括与工程师合作，策划最终产品开发，与首席执行官和工程师协商预算，以及担任从法语到德语的翻译；因成功将初创公司定位为行业领导者和坚实的投资伙伴而获得晋升。
- 设计获首席执行官批准，并与材料供应商和工程师进行后续谈判。
- 巩固了系列围巾的口号"搭配我"，以保持公司在奢侈品配饰行业的领先地位。

2013—2015年：纽约州布鲁克林市定制印刷公司（Custom Print, Inc.），印刷管理顾问助理。

该公司是当地的全套服务印刷公司，以批发价格提供高质量的印刷服务；志愿参加到美国开创新业务的工作；负责计算机工作、更新客户名单、设计布局、安排客户预约、与供应商沟通、协调物流交付；会见客户，讨论营销设计方案。

- 成功地向潜在客户推广了全套的打印管理服务。
- 加快订单的下达和产品的交付，以防止出现停机期。
- 通过网络创造新业务。
- 将对婚礼请柬的要求转换为完整的婚礼徽标印刷包，为公司带来了更多收入。

教育经历

2015年：佐治亚州萨凡纳市萨凡纳艺术设计学院（SCAD），美学文学硕士。

2012年：佐治亚州萨凡纳市阿姆斯特朗大西洋州立大学（Armstrong Atlantic State University），工商管理学士。

专业发展

2012年：生命与艺术。

赞助机构：萨凡纳艺术设计学院（SCAD）美术博物馆。

2010年：营销市场高资产净值客户（HNW）。

赞助机构：纽约大学。

杰克·科恩（Jake Cohen）

地址：新罕布什尔州（Hampshire）纳舒厄市东雪街103号　邮编：03060
电话：603-332-0435　电子邮箱：jake.cohen@outlook.com

客户经理

业绩简介

虽然刚刚入门，但具有高潜力和创新精神，在满足客户需求和销售方面具备专业的经验；可以与不同客户进行有效合作并创造高销售额；能够利用销售技巧，基于客户和产品知识，与客户建立自然、融洽关系，创建以价值为导向的演示文稿，从而促进持久的客户关系；应用销售策略十分娴熟。

专业技能

账户查询	市场计划发展	社交媒体
解决问题	建立关系	产品知识
客户服务	展览	目标成就
销售策略与支持	调查分析	谈判
交流	市场调研	领导力

教育经历

2016年：新罕布什尔大学，交流、组织与营销传播专业，文学学士。

工作经历

2016年5月—2016年8月：新罕布什尔州国家洲际保险，市场及业务拓展专员实习生。

国家洲际保险是一家专业的财产和意外伤害保险控股公司，定位于利基市场，专注于运输行业。

负责管理代理基地，以扩大产品线，更新现有账户并增加新业务，主动向代理商和被保险人寻找新客户。擅于打造并培育合作式的客户关系。

2015年1月—2015年5月：新罕布什尔州Gartck公司，销售和营销实习生。

Garick公司是一家领先的制造商和分销商，为消费者、专业人士、商业和建筑市场提供可持续的自然资源产品。

通过日常沟通和订单执行，成功管理客户区域。

通过人际关系销售，建立并维护与主要客户的关系。

给新的潜在客户打销售电话，从而提高了销售额。

2014年5月—2014年8月：新罕布什尔州林肯市中西部钢管公司，销售和营销实习生。

中西部钢管公司是一家年收入为3亿美元的全线钢铁服务中心。

每天与客户进行日常沟通，以促进销售并与客户建立持久的关系。

制定并实施销售策略，以实现收入增长。

处理钢材订单，并与客户一起跟进，以确保准时交货。

坚持就承运人运费率进行谈判，以降低运输成本。

专业协会

美国市场协会、美国经营管理协会线上代表。

黄乔伊（Joey Huang）

文学硕士

地址：南卡罗来纳州希尔顿海德岛　邮编：29926

电话：843-227-4098　电子邮箱：huang.acupuncture@gmail.com

委员会注册针灸师

通过应用传统的针灸来治愈心灵、身体和精神。

在五行针灸方面经验丰富，具有广泛的心理治疗和指导背景；是一位敏感、直觉精准的医生，致力于帮助客户恢复身体、情感和精神三方面的健康；全面评估客户，以准确诊断、制订治疗计划，并提供有效的治疗，同时鼓励客户健康的生活方式；富有道德心和同情心，是天生的关系建设者，致力于建立与客户和同事的信任联盟；遵守政策、程序和标准，包括职业安全与健康管理局（OSHA）的相关条例。

专业技能

记录病历与体检	治疗评估	团队协作
诊断程序	治疗修改	美国职业安全与健康管理监管合规
制订治疗计划	文件记录	全国针灸排毒协会（NADA）耳部针灸
针刺	客户教育	临床管理
艾灸	公开演讲	客户咨询与培训

治疗经验

神经痛	高血压	慢性疾病感染
坐骨神经痛	动脉硬化	男女不孕症
足底	贫血	性功能障碍
筋膜炎	哮喘	念珠菌属
背痛	肠易激综合征（IBS）	慢性疲劳
肌腱炎	便秘	爱波斯坦巴尔病毒
失眠	食物过敏	多发性硬化（MS）
头痛与偏头痛	胃炎	戒烟
扭伤	腹胀	戒毒

肌肉痉挛	糖尿病	酒精
鼻窦炎	皮肤科医生	焦虑
喉咙痛	月经不调	失眠
花粉症	子宫内膜异位	抑郁
头昏眼花	更年期症状	紧张

可根据要求提供治疗经验的综合清单。

工作经历

2013—2016年：纽约州纽约市纽约传统医学院，针灸实习生。

为这家非营利学术机构提供了900多小时的综合针灸治疗；工作涉猎面广，包括体检、饮食评估和药物与草药相互作用评估；制订传统针灸诊疗方案，进行患者教育，仔细研究患者病史；制订治疗方案，并进行针灸治疗。

提供生活方式指导，维护与医患者之间的关系，并与主管进行联系，以便评估治疗结果；评估综合医疗保健方案并提供转诊服务；以准确、简洁的方式记录患者的治疗进展，反映评估内容、干预手段和治疗计划的修改。

经常得到客户和主管的积极评价和赞赏，基于卓越的专业能力来治疗复杂病例。

为晚期多发性硬化症（MS）患者提供病例管理和协作式医疗。

积极指导新来的针灸实习生，为其实习工作的各个方面提供指导。

被评为诊所年度晚会五大无声拍卖筹款人之一。

通过研究和开发12张介绍针灸收藏品的彩色海报来宣传、推介图书馆的收藏，编写全面的营销材料，以提高学生对学校图书馆的访问量和兴趣。

2012—2013年：康涅狄格州韦斯特波特，西港退伍军人诊所（Westport Veterans Clinic），针灸师。

为患有创伤后应激障碍、精神紧张、失眠和其他症状的普通退伍军人和无须预约的退伍军人提供了全国针灸排毒协会耳针治疗，并确保温暖舒适、易于接受的诊疗氛围。

教育经历

2014年：纽约传统医学学院，针灸文学硕士——经针灸东方医学认证委员会认证（ACAOM）。

专业实习项目

纽黑文医疗中心——正念中心。

执照 & 资质认证

国家针灸证书#1438984——由国家针灸东方医学认证委员会（NCCAOM）颁发。

纽约州执业针灸师ACU.0002032，康涅狄格州执业针灸师AC155449，纽约执业专业顾问LPC.0006243。

专业协会

美国针灸理事会，纽约针灸协会。

普里亚·高普尔（Pria Gapur）

地址：加利福尼亚州帕洛阿尔托霍普巷7350号　邮编：94301

电话：213-321-6449　电子邮箱：PATTY.G@outlook.com

精算分析师实习生

调查与分析　解决问题 财务状况 风险分析

业绩驱动型分析师

即将获得精算科学专业硕士学位，寻求机会运用精细的分析技能、统计技术和数学方法来评估和最小化动态精算职位中的风险；具有研究、收集和检查数据的能力，可以确定风险因素，从而做出决策；具备较强的多任务处理能力，能够在期限驱动的环境中完成多个可交付成果；具有优秀的财务建模能力；可以利用包括数据透视表、公式和虚拟查找在内的Excel技术来编译和组织大型数据；具有精算估值、计算成本和进行预测的坚实基础；能够十分精准地解决问题，对经济和商业功能有全面的了解，并拥有超乎预期的前进动力。

- 运用对财务和数学的宏观理解来评估风险的财务成本。
- 运用专业知识，在团队内进行统计分析，同时为人寿保险产品开发保费和福利。
- 2016年2月荣获精算师协会会员（ASA）资格。

专业技能

计划与分析	财务与会计	数据调查和分析
风险分析/管理	精算学	精算模型
财务分析	概率与统计	财务报告

教育经历 & 专业认证

2015年12月：纽约州纽约市斯坦福大学，精算科学理学硕士。

2014年5月：印第安纳州西拉斐特市普渡大学（Purdue University），会计与管理学，理学学士（辅修：金融）。

2015年7月：通过北美精算师考试（SOA）金融经济学模型（MFE/3F）。

2015年2月：通过北美精算师考试—金融数学（FM/2）。

2014年11月：通过北美精算师考试—概率论（P/1）。

2016年2月：通过精算师协会会员（ASA）资格选拔。

完成精算师教育经验验证（VEE）课程：应用统计学、经济学、金融学。

工作经历

2016年5月—2016年6月：印度新德里（New Deli）德里人寿保险有限公司，实习生。

与一支5人团队合作，提供强大的分析技能和财务敏锐度来为新的保险产品开发保费和福利。

利用一系列计算机应用和方法对人寿保险产品进行详细分析。

基于当前客户端数据，使用数据透视表、Basic程序语言和Excel函数构建仪表板。

2015年5月—2015年8月：印度银行，金融实习生。

创建Excel模型分析财务数据，从而高效、准确地编制财务报表。

进行了深入的数据库分析，以确定趋势、编制报告，并呈现调查结果。

协助并支持客户经理分析客户信息。

与银行联络贷款事宜并进行国际转账。

2012年1月—2012年5月：加利福尼亚州帕洛阿尔托大学（Palo Alto University），数学教师。

讲授高等微积分和线性模型课程。

监督和评估学生的表现，并制定策略帮助他们提高能力。

活动和附属机构

2013年秋—2014年秋：西格玛-α-π社团，财务主管。

发挥关键的领导作用，管理和规划预算，维护账户，组织筹款。

斯坦福大学中国学生学者联谊会（CSSA）成员。

2012年春：副主席。

领导招聘战略和招聘举措，同时指导一系列文化活动和运动。

计算机技术

微软办公套件、Basic程序语言（VBA）、统计分析系统、MATLAB。

琼·摩纳尔斯基（Jean Monarski）

注册会计师

地址：南卡罗来纳州默雷尔湾艾丽斯苑16号　邮编：29576

电话：843-625-6425　电子邮箱: jean@fw.com

会计

业绩简介与业绩总结

作为一名新注册会计师，具有三年的会计工作经验的；能够将良好的倾听技巧和商业知识相结合，具备分析能力来了解数字背后的情况；通过对近期销售数据的分析，优化产品的性能和价格，使库存周转率提高了11%。

专业技能

会计差异	网站维护	咨询销售
销售分析	客户关系	数据评估
应收账款	日记账分录	物流
预测销售和定价	合同开发	订单
财务分析	谈判	公认会计原则
库存补货	电子商务技术	国际财务报告准则

工作经历

2014年至今：渔夫货栈（The Fisherman's Warehouse），会计。

- 直接从外国制造商进口捕鱼设备，并将其分发给个体消费者和二级分销商。
- 与一家大型渔业零售连锁企业谈判合同，扩大市场范围，通过分销主要从美国和波兰进口的捕鱼设备，与埼玉县、东京和兵库县的零售商结成战略业务联盟。
- 编制会计日记账分录和报税资产负债表，以便可以正确应用税收法规进行纳税申报。
- 与中国一家制造商合作，推出和开发了原始的飞钓竿，并通过谈判签署合同，将成本降低到可以与更大、更长期经营的商业实体竞争的范围。
- 跟踪并改善销售水平，确定库存补充量，以实现销售最大化和产品报废最小化，从而保护有限的营运资金。
- 保持制造商和客户之间开放的沟通渠道，以加快产品订单、快速解决问题。
- 与南卡罗来纳州芒特普莱森特（Mount Pleasant）的外包仓库合作，使销售订单流程自动化，并检查有缺陷的产品，保证销售产品的质量。

教育经历

2013年：南卡罗来纳大学，经济学学士（GPA为3.01分）。

可按要求提供证明材料。

萨姆·雷伯恩（SAM RAYBURN）

地址：北卡罗来纳州夏洛特市梅克伦堡大街8391号　邮编：28201

电话：704-465-8978　电子邮箱：lawman@gmail.com

初级刑事司法

业绩简介

为人可靠、注重于服务的专业人员，具有公共服务和刑事司法学位，并具备足够的经验，这些经验体现在晋升情况、卓越的服务能力和对产品的细节一丝不苟等方面；能够在快节奏、高要求的环境中管理多项任务、承担多种职责；在有压力的情况下能够保持冷静；坚持刑事司法领域的公共服务准则和道德规范；被主管和同事们公认为值得信赖的团队成员。

核心技术

客户服务	法律/规则执行	问题解决
团队领导	公共服务提供	工作场所组织
商业道德	公开演讲	多任务管理
质量标准	团队协作	演示

教育经历

2016年：人文服务职业教育学学士，强调刑事司法。

佐治亚州斯泰茨伯勒市佐治亚南方大学。

上学期间，完成了全部学术课程，并参加全职和兼职的工作。

课程

警察管理	人格理论	法医心理学
卖淫和毒品	社区关系	城市社会学
有组织犯罪	刑事调查	变态心理
少数民族关系	社会福利工作	犯罪学

工作经历

2014年至今：佐治亚州斯泰茨伯勒市蓝调酒吧，领队、酒保。

培训所有新、老服务员，以确保实现所有服务目标和质量目标；作为酒保，直接与客人及团队成员互动；每天处理大量现金。

贡献

- 为不同的员工提供高质量的培训；对新员工表现出耐心，并在其繁忙时提供帮助。
- 通过核实所有顾客的身份，确保州含酒精饮料佣金（TABC）法律和程序的执行；密切观察酒吧顾客，发现潜在的问题。
- 坚持专注于为客人服务，因积极的态度和对客人需求的关注而获得团队的称赞。

2013年至今：佐治亚州斯泰茨伯勒市家得宝（Home Depot）家居连锁店，园艺店助理。

负责园艺店的组织工作，重点关注花园外区域；与5人一组的团队合作安排桌椅、陈列品、产品摆放和库存存储区域；保持区域清洁，并根据需要协助客户。

贡献

具备较强的指导能力，不断获得良好的绩效评估，并得到晋升为领导助理的机会。

保持外部花园区域良好的组织性，以确保吸引顾客的注意力，并影响顾客对关键产品的购买决定。

志愿者

在佐治亚州斯泰茨伯勒市大学医学中心门诊药房从事18个月的志愿者工作，协助同事核实库存和填写处方。

马利克·德雷顿（Malik Drayton）

地址：明尼苏达州明尼阿波利斯市湖城大道94号 邮编：55401

电话：612-843-0917 电子邮箱：m_drayton@gmail.com

入门级企业安全

安全与隐私　企业风险　信息系统风险　业务系统分析

业绩总结

富有创新精神且平易近人的IT专业人员，利用先进的教育、实践经验和协作方法为全企业的安全和风险管理提供指导和支持；在数据完整性、身份验证和机密性等方面经验丰富，能够确保产品符合客户期望、行业标准和法律要求；通过应用取证和研究、记录业务影响、开发系统、流程和解决方案来降低与管理整个业务中的风险，从而确定信息技术和运营风险、威胁和漏洞。双语（英语和阿拉伯语）流利；熟悉欧洲、中东和非洲三地的文化。

能够使用成熟的方法和工具、适当的系统设计、有效的流程和控制来防范低质量的数据和安全威胁。

可以在富有挑战性的环境中工作，利用服务导向法进行讨论并管理风险。

专业技能与兴趣爱好

企业风险管理	网络与数据安全	安全政策和标准	项目管理
操作系统安全	电子商务安全	行业最佳实践	收集业务需求
安全性和风险分析	信息技术法律与趋势	防火墙基础知识	客户演示
数字取证	系统开发	解决问题	分析思维

技术经验

2013—2016年：明尼苏达州明尼阿波利斯市明尼苏达大学，系统开发和项目管理——研究生助教。

在研究生与本科生教学中，为教员提供支持，包括准备实验室和作业，批改实验报告和作业，维护成绩数据库，并带领学生完成课程所需的项目；每堂课协助大约40名学生进行技术、组织和经济方面的学习；尽管日程很满，但仍能开发项目，从始至终进行监督管理以在交付的最后期限内完成任务；创建提案报告、范围声明、团队合同、时间表、进度报告和资源分配；在教师缺勤时承担教师的责任。

主要项目

Windows服务器和Linux操作系统的虚拟安装，在报告中提供建议及未来的需求。

虚拟网络

- 领导个人与班级实验室项目，准备虚拟环境、创建互联网、安装3台虚拟机，在互联网内开发子网以及在互联网上实施简单的域名系统基础架构。
- 演示2号机执行“中间人攻击”，这样如果主机处于网络环境中，则2号机可以窃听通信并拒绝服务。
- 配置路由协议，同时监控子网和简单的邮件传输协议中可能出现的问题。

比特币认证

- 独立研究并掌握比特币认证程序，同时推荐了其安全使用环境。
- 撰写了一篇有关比特币利用率、可靠性、弱点和潜在审计交易的综合性学术论文。

风险管理

- 具备项目的系统化思维，能够提高公众对安全漏洞和企业技术的认识。
- 指导4名学生创建和管理实验室环境，创建关于风险管理的报告。
- 配置电子商务基础设施。
- 审查网络应用程序漏洞，研究正常和高峰条件下的电子商务网站行为。
- 配合ISO 9001合规性审计。
- 在俄罗斯多元文化学习中心带头创建符合ISO的合规提案，为政府军事培训合同的招标过程做准备。
- 撰写了106页的文件，概述了拟议项目的各个阶段（提案报告、范围声明、团队合同、时间表、进度报告和资源分配），并检查了其合规性的所有方面。

2010—2012年：黎巴嫩贝鲁特中东航空公司，IT项目分析师培训，ORACLE数据库应用。

入门级职位，能够接触到各种项目，专注于在IT部门运行基于Oracle数据库的操作系统；阅读Oracle 附加组件应用程序的手册，检查其内容的兼容性。

教育经历&专业活动

大学教育

- 明尼苏达大学信息系统安全管理专业，理学硕士。
  论文研究与出版：《加拿大中型企业的灾难恢复》，提供了有效且经济上可行的灾难恢复及业务连续性框架和实施模板，中型企业可以主动预防中断，并对重要的运营中断做出反应。
- 黎巴嫩美国大学商业学学士，研究方向：管理信息系统。

认证证书

- 被艾伯塔省（Alerta）安全培训协会授予信息及技术控制目标的基金认证。
- 信息系统安全专业人员（CISSP）认证、认证信息安全经理（CISM）认证、项目管理专业人员（PMP）认证、信息技术基础设施库（ITIL）认证正在进行中。

专业协会

- 信息系统审计与控制协会(ISACA)会员、埃德蒙顿分会学术主任。
- 项目管理学会艾伯塔省北部分会成员。
- 电气与电子工程师学会成员。

技术技能

- 操作系统：Windows 2008/2012、XP、Vista；UNIX、Linux等操作系统。
- 软件：微软办公套件、Visio、微软项目管理软件、单点登录、虚拟机。
- 网络：TCP/IP、DNS、DHCP、以太网、简单邮件传输协议。
- 硬件：服务器、集线器、路由器、交换器和个人电脑。

贾亚娜·斯图尔特（Jayana Stewart）

地址：堪萨斯州威奇托市　邮编：67201

电话：316-459-7126　电子邮箱：JStewart@gmail.com

初级机械工程师

业绩简介

具有高潜力的应届毕业生，有强烈的职业道德和努力完成工作的动力，愿意完成新的工作目标、接受有挑战性的任务；能在不影响质量或生产力的情况下，保持各种需求之间的平衡，做事主动。

- 双语沟通者（英语、法语），具有较强的人际交往能力和团队意识。
- 精力充沛、雄心勃勃且组织能力良好，具有扎实的解决问题的能力，具备专注于细节、计划、确定优先级、遵守期限和交付一流工作的能力。
- 成功地执行日常计划，这些计划通常需要足够的灵活性及切合实际的思考能力。
- 自信地与不同级别的人群交流并建立融洽的关系。

专业能力

三维设计软件	Autodesk 设计软件	机械工厂
带锯和钻机	水射流切割机	交流
建模与装配机器人	生产制造	3D 打印机
分析	磨床和车床	注重细节
英法双语	批判性思维	解决问题

教育经历

2016年：堪萨斯大学机械工程专业，理学学士。

机械工程项目

高级设计项目

- 机械工程团队成员，在与其他22支团队的比赛中获得第二名。
- 在设计和建造自动驾驶车辆的团队中担任关键角色，该自动驾驶车辆可以导航到预先设计的路线，并自始至终实现有效载荷；主要职责包括绘图、机械加工和零件装配。

- 向同行或教授介绍机器人制造和编程过程。

制造工艺类项目

- 使用铝板、触觉开关、3D打印机、数控铣床和电火花加工机来构建具有机械功能的手持视频游戏控制台。
- 利用3D打印机创建按钮和大多数控制台主体。
- 使用砂光机将控制台的铝板打磨光滑。

课外活动

2015—2016年：堪萨斯大学工作室，参加“为美国而设计”活动。

2014年：创建了堪萨斯大学工作室。

与堪萨斯大学堡姆商学院的研究生合作。通过一种非传统的、令人愉快的方式改善学生的学习和教师的教学。

2015年：MATE国际水下机器人大赛。

利用车床、带锯和钻机建造水下无人驾驶飞行器。

实习经历

2014年至今：于加拿大萨斯喀彻温省，西北工业公司实习。

这是一家国际化制造企业，主要生产保护胶带、聚氯乙烯电绝缘胶带、遮蔽胶带、定向聚丙烯包装胶带、聚氯乙烯管道和管道包装胶带。

研发部

采用包括质量控制过程在内的各种方法，测试天然橡胶和合成橡胶在不同温度和条件下的黏合性。

质控科

研究和利用各种质量控制方法，确保产品质量符合预定要求；测试的性能包括抗拉强度、剪切附着力和电阻。

机电部

利用SolidWorks设计软件进行机械零件的建模。

计算机技术

微软办公套件，MATLAB，C++，Java，三维设计软件和图形化编程软件。

语言

流利的英语、法语口语和书面表达能力。

可根据要求提供优质的证明材料。

克里斯·科恩（Kris Cohen）

地址：田纳西州查塔努加市　邮编：37401

电话：423-897-6735　电子邮箱：ChattanoogaRN.BSN@gmail.com

注册护士，护理学学士

业绩总结

可信赖且具有团队精神的注册护士，有术后和长期护理的经验；具有较强的临床护理能力；积极进取，能在快节奏的环境中成长；可以根据需要进行灵活多变的安排。

- 负责评估、规划并实施对患者的护理。
- 与患者、家庭和医疗专业人员保持良好的沟通。
- 能够将任务委派给职业护士和注册护士助理，同时保持问责制。
- 运用批判性思维来识别、预防和解决与患者相关的问题。

教育、执照和资格认证

2015年：纽约州长岛大学。

护理学理学学士

2016年：田纳西州注册护士执照#869243。

美国劳工统计局认证。

高级心脏生命支持认证。

专业护理技能

物理评估	药物管理
尿导管插入	疼痛管理
静脉注射治疗	鼻胃插管
胃造口术管饲	糖尿病管理与教学
真空辅助闭合伤口护理	样本采集

经外周静脉穿刺中心静脉置管术换药

结肠造口术与回肠造口术的内科外科护理（临床144个小时）

工作经历

2016年至今：田纳西州查塔努加市大橡树保健院（Strong Oaks Health），护士长。

在拥有123张床位的专业护理机构为患者提供高水平的护理；接收新患者，为其进行身体检查以评估其身体状况；按照医生的指示启动静脉注射疗法；以现状、背景、评估、建议的格式向医生传达患者病情的变化。职责包括：

- 控制麻醉药品，包括签收药品和清点损耗。
- 监督护士助理完成护理任务。
- 提供手术伤口的护理服务。
- 出院时为患者准备出院文件并核对药物清单。

里贾纳 G. 利文斯顿（Regina G. Livingston）

地址：康涅狄格州布兰福德市常青藤新月街234号　邮编：06405

电话：203-265-3505　电子邮箱：rgivingston@gmail.com

初级销售助理

业绩总结

具有高潜力的专业人士，拥有良好的销售记录和客户服务记录，可以不断扩大客户基础，提高了底线绩效；有精益求精的精神，善于与客户建立良好关系，且十分积极主动，在不影响质量和生产力的情况下，有足够的能力去平衡竞争需求。

- 热情、乐观、有风度，真诚地希望为客户提供优质服务。
- 求知欲强，能迅速将新知识和新技能融入工作当中，希望伴随公司成长，努力提升自己的业务水平，为公司做出贡献。
- 以高度的职业道德、忠诚和团队精神为导向，在完成工作的过程中养成直截了当、善于动手的工作风格。
- 能够适应各种工作环境，在缺少指导和监督的情况下，可以独立、高效地完成工作。

教育经历

2016年12月：以优秀的成绩从康涅狄格大学毕业，获文学学士学位。

专业能力

销售	客户服务	解决问题
适应性和灵活性	沟通	批判性思维
充分准备&组织有序	时间管理	职业道德

工作经历

2016年夏：康涅狄格州梅里登市彭尼百货公司——在49个州共拥有1 060家中型百货商店，销售助理。

- 负责接待客户、向顾客提供一流的服务、倾听顾客的需求，并为客户提供选择和建议。
- 履行销售职能。
- 配合销售活动，根据需要及时补货。

- 确保试衣间可以供顾客试衣，及时清理商品，保持工作区域的整洁有序。
- 预防损失，实行库存控制和合规程序。

2014—2015年夏：康涅狄格州布兰福德市鲍勃汉堡店——在美国五家发展最快的连锁餐厅中名列榜首，收银员。

- 协助开店和闭店，以确保餐厅井然有序，并为早上的服务和晚上的清洁及安全做好准备。
- 处理现金交易，并对新的收银员进行电子收银机的系统培训。
- 处理客户投诉，确保客户满意，使之成为回头客。

课外活动

- 女子篮球队成员。
- 北布兰福德食品银行的志愿者。
- 参与学生辅导计划。

荣誉与获奖

- 获格拉索奖学金。
- 入选优秀学生名单。
- 在伊斯特菲尔德学院毕业，获得学士学位。
- 在鲍勃汉堡店的促销竞赛中获胜。
- 获得彭尼百货公司卓越客户服务奖。

技术技能

微软办公套件及出版应用软件。

语言

西班牙语。

社区服务

- 布兰福德社区花园志愿者。
- 参与儿童玩具计划。
- 参与计算机紧急响应小组培训。
- 参与林地项目。

布莱恩·库珀（Brian Cooper）

地址：纽约海崖中央公园大街11号　邮编：11579

电话：516-669-2579　电子邮箱：Conservation11579@gmail.com

地理信息系统（GIS）

业绩简介

初级地理信息系统专业人员，持有地理信息系统、环境安全和救援措施等多种证书；有上进心、自律、渴望成功；能够在快节奏的环境下处理多重任务并顺利解决问题；具有在项目规划和建设阶段协调城市规划部门和分包商的经验。

- 使用多个软件应用程序来精确记录现场。
- 扎实的成本评估及分析技能。
- 较强的分析和解决问题的能力。
- 有领导地理信息系统团队的经验。

专业技能

项目管理	地理信息系统地图解释和分析
研究分析和报告	环境资源管理
损益管理	团队建设和领导能力
灾害准备和恢复	土地利用规划
Word、Excel、PPT	良好的时间管理能力
Windows XP、MAC操作系统	规划和开发业务提案
地理信息系统应用套装软件	业务开发

专业优势

城市景观

分析城市生活方式、土地的利用和设计、人口趋势以及城市生活空间的利用。

地图解释和分析

重点是用关键分析、比例尺和投影对地图进行注释。

地理分析

地理学家在分析空间现象时使用先进的定量技术，重点介绍使用统计软件进行地理分析的多元统计方法。

土地利用规划

关于土地利用、沿海地区、环境资源管理、住宅规划参数、工业区，以及城市和区域振兴的问题和对策。

危害和风险管理

广泛概述危害和灾害（自然或技术方面的），强调产生危害的物理动态、社会动态及空间和时间分布，以预防灾害和减少损失。

教育和培训

2014年：加利福尼亚州长滩市加利福尼亚州立大学，地理学，文学学士。

重点领域：地理信息系统、自然资源管理。

中级地理信息系统，地理信息系统制图学和基础地图开发，地理信息系统环境技术。

加利福尼亚州惠提尔市里奥本多社区学院（Rio Hondo Community College）。

2013年完成地理信息系统认证。

专业组织与专业执照

2005年：美国急救员心脏复苏书认证。

2005年：加州房地产部门许可证。

2004年：专业潜水教练协会（PADI）的救援证。

可提供出色的证明材料。

肯尼思·德比（Kenneth Derby）

地址：俄勒冈州波特兰市　电话：541-543-4243　电子邮箱：ken.derby@live.com

分析产品经理

利用大数据推动战略业务决策，扩大赢利能力和增长。

业绩简介

19年来，坚持把产品管理和数据分析方面的专业知识结合起来，最近在微软移动与网络应用程序方面取得了成功；对数据分析专业领域有着广泛的了解，与市场趋势和需求保持同步，同时确保大数据的前沿应用，为客户提供有价值的服务；通过用户分析和用户数据来指导决策，从而将客户体验概念化，实现一流的客户体验。

尽管涉及复杂的硬件、软件和后端组件，但我仍同时指导跨职能的协作团队，这一团队以成功发布产品而闻名；为受众者设计和调整有针对性的产品故事；根据利益相关方的需求确定优先级，以确保产品开发的清晰流程。

专业技能

产品管理	设计解决方案	业务需求收集
企业网络安全	跨职能团队领导	沟通与合作
在线媒体和出版物	软硬件设计	移动设备和应用程序
技术营销	产品营销	合作伙伴与利益相关者管理
云计算	Scrum方法论	电子商务模式下的社交网络
项目和计划管理	媒体广告	数据库设计

技术技能

谷歌分析	Adobe分析组件
市场数据分析	程序分析软件
网络信息安全维护	流量预测
Tableau数据分析软件	Oracle数据库
微软数据库	SQL数据库
Weka数据挖掘软件	Orange数据挖掘软件
JMP Pro预测分析软件	微软商业智能

SharePoint网络平台

突出业绩

产品管理——通过分析和解释大数据，为微软商业智能解决方案制定前瞻性的商业决策，支持年收入超过10亿美元的产品交付。

数据分析——通过Adobe分析工具，在微软应用程序和内容属性之间进行数据驱动型战略规划与战略开发。

精通技术——开发和生产基于云的人工智能推荐技术，该技术由比尔·盖茨和史蒂夫·鲍尔默（Steve Ballmer）在全球技术会议上提出。

产品管理——基于行业趋势和客户需求，并通过对三星/检查点（CheckPoint）软件安全解决方案的战略定位，年收益超过1.5亿美元，在安全设备领域占据了13%的市场份额。

工作经历

2012年至今：分析专业高级产品经理/分析专业策划人。

- 晋升为监督微软商业智能解决方案的跨组织产品管理者；提供实时分析来推动MSN门户的战略方向和内容体验的优化，从而提高用户参与度；简化MSN门户的每月业务审核手续；通过分析数据，使广告商和用户群与MSN门户保持一致，从而发现创收机会；构想并实施市场份额最大化策略，以推动MSN门户的互联网资产排名；管理两名合同工。
- 利用大数据为MSN门户制定业务战略，贡献了10亿美元以上的年收入。
- 通过引入全球Adobe分析解决方案，对涵盖微软应用程序及内容属性的数据驱动型战略规划和开发进行了嵌入式的优化整改。
- 通过协调前瞻性的规划流程，预测未来产品发布的影响，从而减轻了产品的负面性影响。
- 通过制定为期3年的搜索策略，为预计3 600万美元的广告收入打下基础。
- 通过概念化和实施客户定位的策略，创造了1 000万美元的年收入。
- 在设计并发布追踪脸书参与度程序后，全球受众人数在30天内增加了20%，脸书成了产品高流量的来源。
- 指导项目以交付全球分析解决方案，以符合“一个微软”的战略要求并降低成本。

- 创建预测模型来确定设计对业务的影响，并将工程费用缩减了20%。
- 在为微软生命周期评估（LCA）提出法律成本解决方案后，将1 400万美元的音乐产业诉讼费降为1 350万美元。

2008—2012年：MSN娱乐视频和体育高级项目经理。

- 提供产品来优化用户体验、促进搜索转移并推动竞争性市场增长；制定愿景和战略，以扩大收入、市场份额，并增加客户满意度；善于发现机会、制订业务计划以节省成本，并酌情利用外包。
- 通过对市场数据的深入研究，为MSN娱乐推出新歌“迷墙”（Wonderwall）奠定了基础；自推出以来，迷墙已创收逾2.5亿美元。
- 为娱乐纵向业务制订收入增长规划，将内容开发外包给好莱坞制片公司伯曼布劳恩（Berman Braun），从而节省了50万美元的成本。
- 带领跨学科团队，在MSN门户网站上与掘客（Digg）和脸书进行首次社交整合；现在脸书已为MSN提供了3%的全球观众。
- 获得3项绩效奖，分别是战略与洞察力奖、丰富的产出奖和跨公司协作奖。

2005—2008年：MSN/微软web服务平台高级产品策划师。

- 负责监督长期战略和愿景、价值主张和客户主张，确定5种不同产品和服务的市场需求。
- 交付了新的基于云的人工智能推荐技术，该技术由比尔·盖茨和史蒂夫·鲍尔默在全球技术会议上提出。
- 通过为信息员提供和管理4个高级推荐服务，为公司创造了数百万美元的收益。
- 实现并指导MSN娱乐的简易信息聚合与微软共享空间合二为一。
- 在进行了广泛的尽职调查后，为3个机密的并购计划提出了战略建议。

2002—2005年：加州山景城，三星企业解决方案、跨国通信和技术研发经理。

从开发策略、销售支持到客户满意度等环节，负责监督集成产品的生命周期；对新客户市场进行分析，以将现有业务和安全产品线扩展到企业移动解决方案中；紧跟行业趋势，满足客户对未来产品的需求；监控所有地区的每周损益情况和渠道库存状况，以最大限度地实现营销计划；评估并购目标，以优化投资回报率，并确保知识产权战略。

- 通过对三星/检查点软件的战略管理，实现了1.5亿美元以上的年收入，并在安全设备领域占13％的市场份额。
- 通过产品设计解决兼容性问题，在与顶级经销商（如德国西门子集团）合作方面发挥了重要作用。
- 创建功能优先级划分工具，实现了客户流失最小化、合同续订最大化。
- 利用300万美元的开发预算，推出了两条新的入侵检测系统（IDS）与入侵防御系统（IPS）产品线。
- 试行网络电话（VoIP）战略，并把Check Point防火墙定位为会话边界网关。
- 建立利润与预测工具，促进与原始设备制造商的有效谈判。

1999—2002年：加利福尼亚州桑尼维尔市贝尔实验室计算机部门，高级技术营销经理。

被委任成立并领导库比蒂诺竞争基准实验室和3人小组；指导美国和海外的销售团队进行新产品竞争定位和客户部署流程方面的培训；为企业产品制作清晰、简洁的客户分级指南。

- 构想并引入基于竞争格局的营销计划，将销售额增加了5%。
- 进行高度详细的竞争分析，从而大大提高了产品销量。
- 因在2004年世界演示大会上进行了最佳安全演示，荣获冠军奖。

早期工作

1997—1999年：得克萨斯州休斯敦市穆特尼公司（Mutiny，Inc.），技术设计师/产品经理。

教育经历

- 加利福尼亚州圣克拉拉市（Santa Clara），圣克拉拉大学预测分析学硕士（在读）。
- 得克萨斯州休斯敦市休斯敦大学理工学院，信息系统管理，理学学士。

专业认证

检查站认证安全管理员（CCSA）和检查站认证安全专家（CCSE）。

专业继续教育

微软和三星高管的媒体沟通培训。

网络电话培训。

六西格玛培训。

可提供世界一流公司出示的证明材料。

拉斐拉·扎诺蒂（Raffaela Zanotti）

注册会计师

地址：纽约州拉伊市石墙小道34号　邮编：10580

电话：914-243-4240　电子邮箱：r.zanotti.cpa@att.net

客户服务经理

业绩简介

在一家全球管理咨询公司工作了12年，通过改进业务流程、降低成本和提高赢利，为全球财富500强企业客户提供服务；这些客户来自不同的行业，包括制药、制造、零售、科技、医疗、生命科学和电信公司；能够很好地领导并管理客户服务的各个阶段，包括销售、提案开发、项目交付、团队和关系管理。

- 熟悉一般公认会计原则（GAAP）、《SOX法案》和具备财务报表演示能力。
- 管理客户服务团队，计划和执行业务审查流程，并管理预算。
- 积极与客户沟通，以管理预期、按时完成任务，并领导变革。
- 在项目期间担任首席执行官的主要联系人。
- 同时管理多个项目，并处理所有问题。

专业技能

熟悉《SOX法案》	内部控制管理	销售与方案开发
财务报表分析	业务回顾与评估	公认会计原则
风险评估	战略发展与培训	资本预算
业务流程改进	参与团队管理	计划、预算和预测
执行客户约定	制定关键绩效指标	执行客户关系
政策制定	员工规划	组织设计

工作经历

2010年至今：经理。

专注于解决客户的各种业务问题，包括制定战略、组织结构设计和变革管理，以及改善运营以发展业务、提高效率、管理风险；为财富500强客户的多个项目提供日常管理。

- 设计并执行流程改进，以实现年度和长期战略规划，使财务规划与业务预测保持一致；将计划完成周期缩短了两个月。

- 避免不必要的报告并统一报告信息，针对关键决策结果建立新指标和关键绩效指标（KPI）。
- 为三位新任首席财务官制定了议程，帮助他们确定工作的优先次序，并制订计划，指导他们上任后180天内的工作。
- 将表现不佳的国民经济核算支持中心从纽约州迁至新泽西州；同时进行了人员的调整、培训和流程改进，提高了客户的满意度，较之前每年节省了100万美元。

2007—2010年：高级顾问。

负责大型复杂客户业务的各方面工作；与客户和主题专家合作，确定需要改进的领域并提出建议；开发材料并协助客户召开会议。

- 评估客户当前结账、合并的流程，同时报告财务结果；创建了一个新流程以减少月底的分析量，从而平均节省了4天的工作时间。
- 通过技术改进、升级员工培训改善了应付账款流程，并且使发票积压减少了30%，同时也减少了人员配备。
- 重新设计了跨业务部门和地区的全球账户表，将账户数从5 000多个减少到2 000个；消除了报告冗余，并创建了一致的分析和报告。
- 为财务总监和财务部门制定战略，通过共享服务中心，改善财务运作，及时准确地向管理层汇报，降低了成本，提高了效率。
- 为希望在美国扩大客户群的客户进行市场规模和评估研究，重点研究市场规模和趋势，从而制定成功的销售增长战略。

2005—2007年：顾问。

参与各种活动以收集数据和信息，以便为客户执行状态评估和趋势分析；审查行业标准并开发新的流程、结构，并创建可交付成果。

- 为60家工厂实施财务审查计划，以收集月末数据、审查绩效趋势，并监督内部控制。
- 重新规划会计流程，建立共享服务中心，从而降低成本，提高生产效率和可扩展性，以适应预期的业务增长。
- 协助客户应对《SOX法案》的要求；实施内部控制和合规计划，重点关注美国公司会计监督委员会和美国证监会的合规情况，防止客户的股票被摘牌。
- 制订了一个培训计划，以配合新的预算系统和流程；为40多名全球用户提供了实时培训，使这些用户适应了新系统。

- 通过调整新系统的当前应付账款，应收账款和通用会计惯例，协助公司实施新的服务访问点，即企业资源计划系统；同时新流程也提高了生产的效率和标准化程度。

教育与专业执照

2003年：宾夕法尼亚州费城，宾夕法尼亚大学，会计硕士。

2002年：宾夕法尼亚州费城，宾夕法尼亚大学。

会计与金融专业，工商管理学学士。

有效的注册会计师证书。

专业组织

美国注册会计师协会，纽约注册会计师协会。

埃莉斯·珀蒂（Elise Petit）

地址：安大略省多伦多纽芬兰广场24号　邮编：12345

电话：647-243-4342　邮箱：e.g.petit@gmail.com

管理员

业绩简介

具有18年以上的优秀全周期会计和管理经验的注册管理会计师（CMA）；是成果驱动型的领导者，具有良好的业绩记录、商业敏锐度，具备优秀的财务管理及战略规划能力，并且致力于组织的成长发展；擅长分析并实施成本效益高的系统、战略和流程，以提高组织的绩效。

- 对会计、预算和成本控制原则有广泛的了解。
- 深入了解财务报告的编制和财务数据的分析。
- 精简财务流程，使业绩和盈利最大化。
- 进行战略规划和分析，包括确定运营问题、风险和机会。
- 能够将人际关系技巧、跨职能的团队互动与领导能力相结合。
- 全面了解会计报告和自动化财务系统。
- 有较强的组织和项目管理能力；能够管理多个项目、设定优先级，并按时完成任务。

专业技能

预测与预算	项目管理	内部控制
全周期会计	公认会计准则	注册管理会计师
领导与指导技能	财务规划和分析	差异分析
审计和税务	政策与程序	企业资源计划系统
成本管控	总账	库存控制程序
资产负债表和损益表	银行对账单	日记账分录
系统管理	外汇交易	资本租赁
每日操作系统更新	客户端收集时间表	财务软件
应收账款	应付账款	销售佣金
大平原动力学	财务管理系统	Excel表格

工作经历

2002年至今：安大略省多伦多市加拿大输送机公司，高级会计师。

该公司为加拿大东部的行业领导者，年收入8 000万美元，主要负责安装和维护工业传送带系统，作为高级会计师，我主要负责日记账分录、财务报表、财务报表分析和总账账户调节；过去10年，管理的工资单数量从100增长到250；准备年终工作报告，同时与外部审计师沟通年度审计。

- 简化工资报告，以改进对小时工工作时间的追踪。
- 在长达12年的时间里能在所有截止日期之前按时交付月工资单。
- 在及时提交财务报表方面有良好的业绩记录，能够在公司规定的期限内完成工作。
- 完成从应用UNIX操作系统到应用ERP操作系统的过渡。

1999—2002年：安大略省多伦多市玛歌制造有限公司（Margaux Manufacturing, Inc.），库存/采购主管和项目经理。

- 该公司在加拿大、美国和澳大利亚均设有办事处，公司员工人数超过75名，主要生产汽车发动机添加剂和汽车饰品；并能够设计库存控制程序，跟踪生产和控制库存。
- 与供应商协商以根据成本、客户服务和交货时间来确定最佳供应商，以节约成本。
- 与其他部门进行有效沟通，以确保适当的库存水平，从而为公司节省库存费用。
- 为销售代表更新日常操作系统、管理每周奖金程序。

1998—1999年：安大略省米西索加市（Mississauga），米西索加赔偿服务有限公司，会计和应收账款管理员。

- 公司年收入超过1 200万美元，专门从事更换保险理赔产品；有效管理超过60名员工的工资单，使用财务软件并编制月度财务报表。
- 开发了一系列电子表格，便于更轻松地报告和跟踪公司信息，从而更好地分析财务信息。
- 每月平均收回应收账款100万美元并支付50多万美元的应付账款。

教育经历

1998年：安大略省渥太华（Ottawa），渥太华大学。

会计学专业，商学学士学位。

专业发展与资格认证

1997年：一级工资管理员认证。

2003年：美国注册管理会计师。

可提供优质的证明材料。

特蕾莎·玛玛拉克斯（Teresa Mamalakis）

地址：美国纽约州阿什维尔市雪落路5号　邮编：28805

电话：732-441-7004　邮箱：t.mamalakis@gmail.com

财务规划和分析总监

简化流程以减少开支，增加销售额，为战略决策提供必要的度量标准。

业绩简介

在财务规划和分析方面有超过15年的经验，所涉及领域包括金融服务、制造业、零售分销、全球企业报告，在高增长的跨国公司有着良好的业绩记录；对会计概念、标准、实践，以及财务规划有独到的理解；具有很强的财务敏锐度，对业务驱动因素有深刻的理解；在所有的交易中遵守诚信和专业的道德标准；有扎实的金融专业知识。

- 具备大量财务评估方面的知识，并能识别对业务至关重要的关键指标。
- 优秀的分析能力、批判性思维能力、创新能力、组织能力和解决问题的能力，注重细节。
- 良好的人际关系和沟通技巧，能够与跨部门的团队合作。
- 能够与各级财务部门和IT团队进行有效沟通。
- 具备较强的领导能力，注重团队合作、创新和诚信。
- 出色的沟通和表达能力，能够向高层领导传达战略性信息。
- 能够处理复杂的概念、分析数据，并为提高生产率提出建议。
- 具备扎实的判断力，能够在快节奏和富有挑战性的环境中工作，且总是能在截止日期之前完成工作。

财务规划能力

数据分析和赢利能力分析	报告技能	战略规划
识别机会和风险	财务敏感度	系统流程改进
财务规划	谈判技巧	最新估算
演示技巧	滚动预测	损益表
会计概念、标准和实践	预测和预算	财务建模
费用控制	资产负债表	现金流
最佳实践	管理咨询	项目管理技巧

库存控制	资本预算	折旧
作业成本法	销售成本	产品成本控制
销售演示	项目成本	净收入

技术技能

微软办公套件	Oracle多维数据库
Hyperion（海波龙）财务规划软件	财务会计
管理会计	业务数据库
企业战略管理	多用户商业计算机系统
业务规划与整合	仓库管理软件
浏览器插件	高级商业应用编程语言
苹果操作系统	Basic程序语言

工作经历

2015年至今：北卡罗来纳州夏洛特市安德伍德公司，分析总督。

该公司的烟草产品营业额为2.5亿美元，领先于国内水平。我受命管理公司6 000万美元的库存，负责仓库和零售点收货流程的改善；为零售、批发和互联网业务准备年度业务计划；根据最新的季度预算来规划年度销售预算和费用预算；与管理团队讨论商业战略规划。

- 负责公司的年度库存盘点、日常现金流审核和工资审计工作。
- 减少了1 000万美元的库存，使其达到最佳库存水平。
- 根据销售模式重新划分库存，每年节省约40万美元。
- 减少了50%以上的老化库存，库存从75万减少到35万以下，达到行业可接受的水平。
- 与IT部门合作撰写内部报告，库存监测从年度审查提升到月度审查。
- 通过公司股东参与来重新设计预算过程，从而提高其准确性。
- 使用自下向上的方法来规划销售、预算费用，暴露关键风险；减少开支预算300万美元。
- 与IT部门合作，加强库存控制并引入条形码和扫描仪，节省了时间、费用和人力，同时提高了库存数据的准确性；减少库存盘点所需人员——从20人减至6人。
- 与内部安保经理合作，增加摄像头的数量，减少商店的盗窃和货物缺失问题。每年挽回损失超过10万美元。

2012—2015年：北卡罗来纳州温斯顿塞勒姆市北卡罗来纳咨询公司，顾问与业务分析师。

公司主要提供业务流程改进服务，年销售额200万美元，在企业绩效管理领域排名前10。我受聘开发并实施与Hyperion财务规划软件匹配的财务模型；根据本地财务团队的需要，创建新的规范；面向客户进行销售演示，协助新业务的发展。

- 在技术团队和客户需求之间建立财务联系。
- 为董事会编制月度和季度末财务报告。
- 创建滚动预测和5年战略规划方案。
- 为新工作环境规划模型模板，从而将产品周期从9个月缩减到6个月以内。
- 自下而上制定预算和规划，以确定机会和风险；聘用管理人员和跨职能渠道负责预算和销售目标。
- 通过项目时间管理工具，发现了工资支出中的重大风险，从而在12个月内将工资成本减少了120万美元。

2006—2012年：经理。

- 负责战略规划、分析，公司的预算和规划，包括批发、零售、网购。
- 预测销售量、成本、库存和费用，编制月度损益表、现金流量表和资产负债表，向高级管理层报告财务结果并提出改进建议。
- 负责制定北美地区的综合商业计划并做出销售预测，包括零售和批发部门。
- 为高级管理层撰写报告，为公司节省了29 000美元的咨询费。
- 降低零售精品店的照明成本和维护成本，共为公司节省50万美元。
- 对租赁进行全面审查，避免了超额付款、延期付款等，在24个月内减少了240万美元的租金开支。

2004—2006年：纽约州纽约市高级零售会计师。

受聘监督和管理40家零售精品店的财务运作，包括费用、预算和偏离预算分析；编制月度损益表、现金流量表和资产负债表；向高级管理层报告财务成果，并提出改进建议。

- 对零售精品店进行实物盘点，每家店的存货价值为100万美元，仓库存货为2 000万美元。

- 使用内部开发的软件而不是外部供应商的软件来实施内部实物库存盘点，每年节省了8万美元。
- 与IT部门合作开发刷卡机，每年减少10万美元的信用卡退款。
- 通过开发第二版损益表，突出了经理的可控费用，并将激励性奖金与净收入挂钩，将零售精品店的费用减少了17%，使得3年内可控费用减少了340万美元。

2000—2004年：纽约州布朗克斯市公主家公司，高级业务经理。

这家公司主要做桌面产品，我受聘于预算和财务规划部门，负责跟踪260家精品店的销售和费用，创建模型以分析新店的位置及收购事宜。

- 通过实施战略性策略进行资源分配，将绩效与预算目标挂钩，并在12个月内减少了约300万美元的支出，从而简化了规划过程。
- 通过将工资发放时间与销售挂钩，并授权经理实现公司设定的目标，在12个月内将260家门店的工资支出减少了210万美元。

1998—2000年：登喜路公司，业务顾问。

2000年：新泽西州平野市NASE保险公司，财务分析师。

这是一家市值840亿美元的国际金融服务和保险产品公司，我受聘负责财务报告、月末结算和总体费用差异分析，管理NASE抵押贷款资本公司的预算工作。

- 向美国证券交易委员会（SEC）报告财务结果，为首次公开募股（IPO）做准备。
- 开发了Access数据库，以跟踪拟定营销证券的表现。
- 有效管理国内利润中心的所有损益报告。

1999—2000年：新泽西州帕西帕尼市维纳斯全球管理公司，高级财务分析师。

这是一家全球另类资产管理公司，销售额28亿美元，我负责东北和东南地区利润中心的损益报告。

- 作为尽职调查小组的一员，协助并购支持工作，主要负责创建收购模式。
- 分析收购目标，创建陈述模型，并对此进行分析。

1998—1999年：新泽西州帕西帕尼市Bailey, Banks & Biddle Jewelers珠宝店，规划分析师。

这是一家国际高级珠宝和奢侈品生产商和销售商，我负责为国内所有零售点制订业务计划，总销售额达38亿美元。我负责分析和报告关键指标，包括销售、费用和利润率，负责确定零售连锁店内需要减少费用的区域。

- 减少了精品店110万美元的工资支出。
- 重新进行预算和规划工作，使利益相关者对门店的效益负责，并在接下来的6个月内提升了5.5%的效益。

1993—1998年：纽约州纽约市美国银行，经理。

这是一家全球多元化金融服务及产品公司，销售额为680亿美元。我负责参与月末结算流程，支持旧金山、洛杉矶和迈阿密3个业务办事处的工作；创建费用差异报告，用于监控费用支出、制订销售计划和财务管理；长期为3个业务部门提供月度预测。

- 改进了3个业务办事处的公司间报告，消除了重复条目，从而缩短了结账时间。
- 通过实施新的费用控制措施，为3个业务办事处减少了12万美元的费用。
- 协助迈阿密办事处提高年销售额，创建每月查询系统，确定高净值个人，利用月度报告对现有产品和其他产品进行目标定位和交叉销售。

教育和资格证书

1990年：纽约州波茨坦市克拉克森大学，获国际金融专业，文学学士学位。

辅修专业：政治学。

SAP认证，成本管理和控制认证，微软Office专业认证。

可提供优秀的证明材料。

凯西·米勒（Kathy Miller）

教育学博士，马斯特里赫特管理学院（MSM）

地址：加利福尼亚州贝克尔斯非市海恩斯街341B　邮编：93311

电话：661-543-3243　邮箱：k.miller@verizon.net

全国、全球客户总监

业绩简介

拥有出色的药品销售记录，接受过严格的学术培训，有10年的全国及全球客户合作经验；在风险投资行业和客户咨询行业担任客户分析师，经验丰富、拥有独特的背景和必要的分析技能，可以不断超越销售指标、开发新业务，建立牢固的客户关系，有效地管理销售团队，并在销售周期和战略规划的各个阶段都有出色的表现。

与高层决策者建立和培养长期的关系，能够轻松地与管理层、医师意见领袖和临床工作人员建立融洽关系。

- 了解医疗市场，包括竞争、行业法规、行业趋势、客户需求和定价等情况。
- 具有较强的合同开发、谈判和执行能力。
- 负责规划针对托管护理和商业付款人推出的新品发布过程。
- 具备优秀的书面和口头沟通能力，能够发表有影响力的演讲。
- 具有多任务处理能力，能够在需求和优先级不断变化的快节奏环境中同时管理多个项目。
- 管理战略规划过程，预测并制定增长战略。
- 具有跨职能团队领导能力，熟悉综合接入管理服务器、随机存取测量系统，市场营销、现场销售和客户情况。

业务能力

制订战略计划	优秀的分析能力	提高利润率
具备会计责任	有效的资源分配	预算和预算编制
确保最终用户的访问	合同谈判技巧	医疗报销
确定行业趋势	管理式护理	长期客户关系维护
供应商关系维护	确定客户需求	产品发布
商业敏锐度	执行政策和程序	客户关系管理
制定绩效指标		

销售管理能力

领导和指导技巧	预算责任	招聘和培训经理
销售培训	报告程序	执行合同程序
现场销售	制订配额和激励计划	确定政策和程序
薪酬计划	制定行业指南	

工作经历

2014年至今：加利福尼亚州贝克尔斯非市纳米技术有限公司，全国客户总监。

负责支持新产品发布，并与医疗保险中介机构、商业支付机构、团体采购组织的决策者和肿瘤治疗领域的意见领袖建立关系。

- 研究和分析肿瘤治疗领域的竞争信息，以帮助公司实现目标。
- 与研发团队和营销团队成员合作，包括外部广告和咨询机构，创建面向客户的信息传播渠道。
- 开发合同模板，通过与付款人和团队采购组织合作，为最终用户提供适合的产品。

2010—2014年：美国加利福尼亚州帕洛阿尔托市加州风险投资公司，生物制药全国客户分析师和顾问。

为拥有新型人体疗法和医疗设备的组织提供咨询服务，向特定疾病市场的销售人员提供战略分析和指导；指导组织整合政策和程序，使初创公司能够在遵守行业准则和政府法规的同时，最大限度地提高利润率。

- 成功协助4个启动机构设立全国客户部门。
- 协助建立一个制药组织的全国客户部，以支持手术器械的推出。
- 研究和分析旨在治疗多种疾病的药物和医疗设备的市场状况，并促成产品的成功发布。

2006—2010年：华盛顿州西雅图市药牌制药公司，高级临床专家。

负责增加成熟药物的销量、市场份额和赢利能力；对市场进行分析，并与美国主要的舆论领袖和海外医疗保健提供商合作，制订战略计划以增加产品的吸引力；跨多个组织合作，以获得承诺和资源，增加药物销量，提高其治疗效果；参与第四期药物研究工作。

- 对商业付款人对报销政策的态度产生积极影响。
- 与全球疾病状态意见领袖、市场营销人员、全国性患者倡导组织建立关系，并选择当地分会进行研究和战略市场分析。
- 将持续质量改进策略引入肺部疾病管理的试点项目。
- 将先进的试点项目纳入国家计划，从而提高销售额。试点之前大约80%地区的业绩低于配额，项目实施后6个月内90%地区完成了配额。
- 试点计划使与药物相关的患者的预后较其他患者提高了14%。

2000—2006年：得克萨斯州奥斯丁市渤健生物技术公司，公司账户经理。

世界上最大的生物技术组织，其提供的药物可满足医疗需求；负责与高管层决策者建立关系，协助管理14个公司客户和3个全国客户的2.25亿美元产品的销售；领导合同谈判，监督其合规性，并于每季度进行内外部业务审查；确定增长障碍，制订解决方案，并激励产品利益相关者参与旨在为帮助各方实现其目标而制订的联合品牌计划。

- 通过与营销人员、区域经理、地区经理和销售代表合作，提供内部合同拉动。
- 通过与高级管理层和关键的客户意见领袖建立良好的关系，影响外部合同的签订。
- 在到期日前完成年度客户合同的签署。
- 通过应用期望价格模型谈判，每年合同的利润率都超出预期。
- 制订方案，使全国医疗保险机构、医疗支付中介机构和医疗质量保证机构中确定治疗结果的全国患者占比从56%增加到77%。
- 被选为国民账户、企业账户培训师。

1998—2000年：区域客户经理。

两年内从原来的地区销售经理升职到现在的区域客户经理；支持国家“行动计划”，通过与全国客户经理合作，协调联合行动的启动；在位于11个州的几家大型企业医疗保健提供商中，就合同进行谈判，监督合同的遵守情况，并领导品牌产品计划全面推进；每季度进行定期的内部和外部业务审查，管理1.8亿美元的销售额。

- 将230万美元的竞争对手产品转换为安进（Amgen）产品。
- 为销售计划创建试点项目，使医疗保险内患者的数量占比从59%增加到78%。
- 每年按时完成合同流程，从而实现不间断销售。

- 超过合同规定账户所需的利润率，每年都超过销售配额和利润率。
- 作为付款人中介，拜访当地的医疗保险管理承包商和小型商业付款人。

1996—1998年：印第安纳州印第安纳波利斯市，区域销售经理。

职责包括监督8名代表和一名临床护理专家，向主要管理人员、医生、当地付款人、分销商和医疗保险监管机构营销生物技术；雇用和培训新员工，同时发展现有人员以提高业务敏锐度；管理3 600万美元的销售额。

- 每年都超额完成销售配额和目标。
- 负责194家医疗保健提供商的合同工作，确保业务不中断。
- 成功重启与通讯媒体管理协会的采购合同。
- 付款人咨询委员会成员，专注于提供最终用户和患者访问策略。

1991—1996年：任伊利诺伊州芝加哥市，专业销售代表。

为合同销售和市场营销计划提供模式参考，向专业医师推介重组DNA疗法。

- 开发了“美国商店零售选择计划”，使患者可以在87家奥斯科（Osco）药店中的任一家使用他们的商业保险计划。
- 5年中有3年的销售在区域中处于领导地位，包括学术性销售领域的业绩。
- 与36家肿瘤科和透析科诊所谈判合同并监督其实施。

教育经历

2015年：科罗拉多州奥罗拉市科罗拉多大学，斯卡格斯医学院，博士学位。

专业：药剂学。

专攻：医药生物技术。

GPA为3.89分。

2010年：科罗拉多州奥罗拉市科罗拉多大学，斯卡格斯医学院，理学硕士。

专业：药剂学。

GPA为3.89分。

2002年：科罗拉多州丹佛市科罗拉多大学，理学硕士。

专业：管理学。

GPA为4.0分。

1990年：科罗拉多州博尔德市科罗拉多大学，利兹商学院（Leeds School of

Business），理学学士。

专业：管理与市场营销。

GPA为4.66 分。

专业发展

2013年，文化智力公司：协调人培训。

2013年，了解医疗保健改革的变化。

2012年，在当今多元文化环境下的生物制药与市场营销。

2011年，医疗保健改革及对医疗服务供应商的影响。

2011年，激励客户和同事。

2010年，在医疗系统中转型为领导。

2010年，大客户管理:组织内部和跨组织协作。

2009年，医疗保健的新领域:罕见病管理。

专业资格证书

注册医疗代表，国家认证的护理人员

所受专业培训：

- 高级心脏生命支持培训；
- 入院前创伤生命支持培训；
- 儿科高级生命支持培训；
- 新生儿转运专家培训。

专业组织与专业附属机构

- 国际领导阶层妇女协会；
- 美国国务院的全球领导力计划；
- 全国医疗报销专业人员协会；
- 科罗拉多大学校友会。

出版物

凯西·米勒，《文化智力和领导力：对印度制药领袖的研究》《国际市场管理杂志》，2015。

全球性经验和文化多样性意识

在印度纳米技术制药组织进行咨询和研究。

与国际主要意见领袖进行联络：德国埃森，荷兰鹿特丹，土耳其伊斯坦布尔，意大利都灵，加拿大多伦多，英国伦敦。

- 国际商业行为培训：德国、印度和中国。
- 美国国务院：参与全球领导计划。
- 印第安纳州国际中心：国际领导力志愿活动主持人。
- 在欧洲和亚洲有丰富的旅行和商务经验。

企业奖项

药牌制药公司

2006—2012年：领导者荣誉奖，杰出贡献奖，现货股票期权奖，卓越奖、顾客满意奖，协作奖，百慕时（Pulmozyme）精华奖，年度孤儿产品倡导者，因改善患者护理而受到嘉奖，百慕时卓越销售奖，杰出销售业绩奖，项目推进奖。

渤健公司，客户经理/培训经理

2000—2003年：总统俱乐部奖，现货股票期权奖，病人护理创新奖，领导资源奖。

渤健区域，客户经理

1998—2000年：病人护理创新奖，全明星奖，总统俱乐部奖 。

渤健区域，销售经理

1996—1998年：全明星奖，总统俱乐部奖，区域销售领先人物。

渤健区域，销售代表

1992—1996年：总统俱乐部奖，全明星奖，区域销售领先人物。

社区活动与志愿者活动

印第安纳州国际中心：国际领导力志愿者活动主持人。

美国国务院：参与全球领导力计划。

卡罗琳·马尔福德（Caroline Mulford）

地址：康涅狄格州格林尼治

电话：860-243-4345　电子邮箱：c.mulford@att.net

运营总监

医疗保健管理

业绩简介

以结果为导向的医疗保健服务领导者，有20多年的医疗保健服务运营管理、改进和设计经验；专注于不断改进质量、精益方法、系统思考和再造来优化医疗保健的运营，以提高效率、生产力、质量和患者满意度。

高效的教练和导师，在建立和管理高绩效团队方面的成绩有目共睹，低人员流动率、高满意度和出色的客户服务可以证明这点；在系统范围的项目中领导了许多跨学科的医疗保健团队，这大大增加了收益，降低了成本，提高了患者满意度；具有良好的沟通能力，能够与所有层次的管理人员、医生和其他员工互动。

领导能力

病人咨询	流程和访问改进	政策制定和执行
战略规划	收入周期管理	提高生产率
精益医疗保健	管理者及团队发展	人力资源优化
运作管理	医师诊所管理	项目管理
健康保健咨询	呼救中心管理	度量标准开发和测量

工作经历

2014年至今：纽约州拉伊市医疗保健优化咨询公司——为医生和医疗保健系统提供咨询服务，以促进和改善操作流程，任医疗保健业务顾问。

与医生和医疗系统合作，设计并实施一个整合的医疗服务模式，为市场创造价值；管理医师执业或医疗系统内的合并、附属关系和运营；对运营过程进行分析、改进和标准化。

- 与4名医生组成的专业小组合作，管理医疗系统内的合并。
- 在前期规划、兼容性与可行性研究、运营改进分析、治理、资金需求、实践管理体系评估、薪酬、福利、付款人和供应商谈判和实施等方面提供专业咨询意见。

2002—2014年：康涅狄格州诺沃克市霍华德·贝克医疗中心（Howard Baker Medical Center）——全国公认的学术医疗中心，《美国新闻与世界报道》中排名前100名的医院，其门诊患者190万，住院患者5.4万人，1.2万名员工，每年10亿美元的收入。

2005—2014年：任范德堡医疗集团（Vanderbilt Medical Group）运营总监。

2002—2004年：任霍华德·贝克医疗集团网络业务负责人。

2005—2014年：任范德堡医疗集团运营总监。

- 设计、实施和管理集中式门诊登记和调度操作，以确保准确、及时和高效地进行访问，同时促进以患者和客户为中心的环境；领导了呼叫中心运营的各个方面，包括设计参数、性能标准、客户满意度、成本控制、合规性度量和报告的创立。
- 在由80多个诊所和700名医生组成的整个医师团队实施集中式患者注册登记和管理。
- 构思并实施了流程和技术改进，从而提高了270%的生产率，每年节省了500万美元的成本，增加了300%的注册，在每年30万次的呼叫中，呼叫放弃率小于1%。
- 获得多次晋升，承担新的职责，包括管理客户服务、中央预约呼叫中心、接线员服务、护士分诊以及空间和设施管理。
- 领导大型系统项目，如收入周期计划、预约转诊医生的集中访问、出院预约、自动预约提醒和门诊转诊援助，一切服务都在预算内准时进行，投资回报率为正。
- 在各部门和呼叫中心建立并保持一种文化，使员工满意度达到95%，离职率低于5%。

2002—2004年：霍华德·贝克医疗集团，网络业务负责人。

管理8家卫星诊所，包括初级保健医疗、普通儿科、皮肤科、神经科、胃肠科和运动医学等；领导实践活动的规划、实施、协调和评估，管理两个初创公司；管理医生合同，进行执业预算，改进工作流程，制定政策和程序。

- 确定并实施了一项儿科小组业务改进措施，在头10个月内获得了12万美元的净利润。
- 在皮肤科实践新的政策和程序，在6个月内将临床信息收集率从50%提高到64%。
- 按时并按预算成功设立了两家新门诊。

1997—2002年：康涅狄格州纽黑文市杰克·瑞安集团有限公司（Jake Ryan Group, LTD.）——通过医院系统的协作联盟，推动公司向高质量、高效益的医疗保健转型，每天收集250万份临床数据，每年采购数据花费约400亿美元，高级顾问。

为医院和多专科诊所提供业务改进咨询服务，包括项目管理、员工监督、客户互动和关系维护、高级数据研究、向高级管理人员介绍结果，并协助客户制订工作计划；担任项目专家，推动项目从问题识别过渡到战略实施阶段。

- 通过专有软件提供劳动力管理咨询，已为两家医院节省了超过40万美元的人工成本。
- 完成了一个由5名医生组成的初级保健小组的运营评估，节省了超过25万美元成本，该做法仅在3个月内就实现了每月1万美元的收入增长。
- 领导医院系统的职业健康战略项目，在3年内产生了27.7万美元的净利润，以往每年损失5万美元。

1992—1996年：康涅狄格州纽黑文市泰德·布莱斯诊所基金会（Ted Bryce Clinic Foundation）——一家拥有400名医师的多专业学术诊所，全国医学研究的领导者，拥有6 000多名员工和60万人次的门诊患者量，护理质量在墨西哥湾沿岸地区排名第一。

1994—1996年：整形重建外科行政主任。

- 对整形外科部门进行行政管理，包括整体规划、人员配备、员工发展、预算、营销、生产和分配方面。
- 基于美容手术案例，开发并实施了一项针对高端水疗的业务拓展活动，结果门诊患者量在一年内增加了10%。

教育经历

2012年：美国田纳西州纳什维尔市范德比尔特大学，欧文管理研究生院，健康管理专业，高级证书。

1998年：美国纽约州纽约市哥伦比亚商学院，工商管理专业，工商管理学硕士。

1994年：美国纽约州科特兰市纽约州立大学，工业及系统工程专业，理学学士。

专业会员资格和志愿者经历

医疗集团管理协会（MGMA），会员。

大姐妹组织（Big Sisters Organization），导师。

达西·宾利（Darcy Bingley）

地址：马萨诸塞州马布尔黑德市　邮编：01945

电话：339-243-4345　电子邮箱：d.bingley@gmail.com

战略联盟和业务拓展主任　客户主管　高级经理

推动创新，促进增长，减少浪费，同时为跨国公司和政府客户提供节能和可持续性发展解决方案。

作为能源咨询主管，通过施行长期的可持续性计划、使用最先进的解决方案和精简的业务流程为组织的成功奠定基础；天生的关系建设者，善于培养和维持与高科技、制造业和政府客户之间的互惠伙伴关系；评估客户需求，制订战略性节能和可持续发展计划，利用工业流程和行业知识指导和影响能源决策、控制能源消耗、降低能源成本。

专注于创新性解决方案，以推出开创性的软件产品而闻名业界，这些产品为客户提供透明的能耗数据，并支持其在质量、吞吐量、成本和可持续性方面的持续改进；熟练地识别、执行复杂的计划，确保在严格的时间、预算和质量要求内完成计划；热衷于环境保护，持有国土安全部的12号国土安全总统令（HSPD-12）许可证。

专业技能

业务拓展	商业伙伴	成本控制
客户管理	精益生产	运营管理
客户关系发展	预算管理	团队建设与领导
战略业务规划	需求评估	协调发展
产品研发和发布	投资分析	协商技巧
项目管理	财务分析	可再生资源利用
流程再造	预测模型	法规遵从

突出业绩

通过开发和推广在73个设施上部署的智能建筑软件包与维护模块，为Enovity机械工程公司发展新的业务；能源仪表板模块在2015年第一季度在其他34个设施中推出，为客户节能。

- 为客户节省了超过600万美元的天然气成本，同时通过这点为Enovity公司创造了同等的收入。
- 通过流程改进，为探索食品公司（Discovery Food）的加利福尼亚制造工厂增加了25%的设备运行时间，减少了15%的浪费，并得到了工艺工程专家的认可。

工作经历

2008年至今：马萨诸塞州波士顿市韦翰科技系统公司——一家资产超过3 200万美元的咨询公司，专注于调试和能源效率，2013年与日本欧力士（Orix）集团建立战略合作伙伴关系，为跨国公司提供可持续性能源咨询。

技术服务主管

在管理公司最大客户的同时，监督专注于构建系统集成的垂直业务线；监控市场并确定趋势，以提出新产品或技术解决方案，吸引并获得新客户，长期管理项目生命周期的方方面面，具有极高的主动性；带领10人团队确保客户满意度和客户保留率。

为大客户制定业务战略、公司战略；与高级员工合作，交叉销售产品，推动公司整体发展；在行业会议上发表关于集成建筑系统的演讲。

- 通过与联邦部门客户建立稳固、互惠的联盟，公司现有账户的利润始终保持300万~500万美元（占公司收入的25%），大约是税息折旧及摊销前利润的12%。
- 个人创造了全公司范围内总销售额的10%，并使新老客户收入增长了20%。
- 制定了公司标准，规定了提前60天内执行的能源现场审计，在60天内按预算交付价值80万美元的政府项目。
- 企业能源解决方案软件销售额超过50万美元。
- 为数百万美元的项目制定和实施关键绩效指标，跟踪利润率和预期收入。

2007—2008年：新泽西州平野市本奈特食品公司——一家中档市场食品制造公司，也是私募股权公司，2010年被卖给了温莎质量食品公司。

项目和工程经理——产品开发和工程

亲自精简和优化现有流程，以提高企业盈利和助力企业发展；向主要决策者提出解决方案，开发并展示财务模型以获得所需资金的授权；基于统计控制模型解决方案；节省项目预算500万美元，参加董事会会议和首席财务官的周会。

在将设施有限的得克萨斯州加工厂改造为高效自动化工厂方面发挥了不可或缺的作用，使其产量增加了50%，成本降低了50%，减少了10%的浪费，使工厂能够满足6

个月产品发布期限和较高的客户需求。

- 在推动新产品开发和管理价值高达500万美元的资本项目时，提高了产品质量。
- 与供应链员工合作检查包装材料，帮助企业开发可持续的包装流程，以满足客户的可持续发展目标。

2004—2007年：纽约州华盛顿威尔士市凯瑟琳·德·包尔酒庄——纽约最大的葡萄酒出口商。

公司工程部——高级工艺工程师

被任命为值得信赖的顾问，整合精益六西格玛原则，在奥兰治县和尼亚加拉县的卫星酒厂率先进行资本项目和流程改进计划；在项目开发、制订预算和预测结果方面，与运营部门、卫星酒厂和公司工程部门进行联络；作为Gallo委员会的积极参与者，为酒厂带来可持续发展的实践；带领两名控制技术员完成各种项目的交付过程。

- 通过严格的统计过程控制，并根据六西格玛原则，优化了关键的酿酒工艺，实现了25%的产量增长，节省了加工时间，提高了产品质量。
- 通过与公司所有者，公司员工和当地酒厂团队合作，加强公司与卫星酒厂之间的沟通，使公司范围内的运营达成一致。

2000—2004年：美国宾夕法尼亚州匹兹堡市柯林斯物流公司——专业的电子级化学品制造公司，服务于跨国客户（如英特尔）。

工艺与可靠性工程经理

将分析方法应用于过程设计和开发过程以满足严格的客户要求，两年内被聘为工程师并晋升为经理；指导化学处理设施的日常运行，维护其操作，确保产量和质量；监督并管理8名工人，并在轮班时间接管理70多名员工；确保安全操作，降低工人和附近社区的风险。

- 通过领先的工艺工程设计，提高加工效率，同时保证产品质量。
- 协调加工厂的改造和资本项目，使计划外维修停机时间减少了25%，产品质量提高了10倍。
- 在6个月内制定了数百个标准操作规程（SOP），以满足严格的质量和合规标准，同时管理工厂最大的部门。

早期工作经历

1998—2000年：奥斯汀石油集团（Austen Oil Group）操作与工程部油藏工程师。

教育经历

波士顿大学，工商管理与创业学，工商管理硕士。

布朗大学，工商管理与金融学，工商管理硕士（荣誉硕士）。

克拉克森大学，化学工程专业，理学硕士。

纽约州立大学，化学工程专业，理学学士（以优异成绩毕业）。

业余活动

新英格兰舞蹈协会和美国舞蹈协会会员。

竞技舞区域冠军，马萨诸塞州狐步舞冠军。

可按要求提供证明材料。

帕特里斯·埃文斯（Patrice Evans）

工商管理硕士

地址：加利福尼亚州阿纳海姆市　邮编：92812

电话：657-436-6668　电子邮箱：patrice.evans@att.net

灾难恢复和业务连续性经营计划的协调员

业绩简介

- 业务连续性和内部控制专业人员，在多个行业拥有丰富的会计经验，包括大众传媒、制造业、软件开发和金融服务。
- 政策和控制主管，擅长开发和实施企业范围内的灾难恢复和业务连续性战略，在业务连续性规划、分析、实施、培训、演习和持续的流程改进方面拥有专业知识，能够确保员工的安全，保护知识产权和基本资源、职能和业务服务。

专业技能

企业连续性管理	财务会计	领导力和团建
企业连续性计划	财务分析和报告	高层沟通和演示
业务影响力评估	风险缓解策略	意外与危机沟通计划
内部控制管理	项目管理	企业连续性管理培训
业务流程映射	资源配置	供应商关系管理
危机管理与灾难恢复	流程改进	分析和解决问题能力
政策、程序和系统开发	生产力优化	创造力、正直、主动性和驱动力

计算机技能

熟练操作微软办公套件，人力资源管理软件，SharePoint网络平台及多维数据库。

突出业绩

- 康泰纳仕集团（Condé Nast）政策与控制总监，曾倡导并影响了将业务连续性和灾难恢复协议纳入这家年收入10亿美元的全球性媒体公司的战略。

  ——与技术团队合作，在CN公司内部网上开发了一项应用程序。在危机或突发事件发生期间，为高级管理层和应急响应团队提供必要的基本信息。

  ——牵头开发和实施了一个新的供应商门户应用程序，使员工从6名减少到了3

名，每年节省了14.2万美元，并将平均周期从2.5周减少到4天。

- 担任瑞帕诺产品有限责任公司（Repauno Products, LLC）的工厂总监，进入这家初创公司时建立了初始会计系统和内部控制；指导和培训员工建立应付账款、订单录入、客户服务、采购和工资职能；成功领导公司从ISO 9001∶1994升级到ISO 9001∶2000，使该公司成为美国第一家获得此质量认证的亚硝酸钠生产商。

工作经历

2003—2016年：加利福尼亚州阿纳海姆市C生活方式杂志集团——一家私有的全球大众传媒公司，拥有行业领先的印刷、视频和数字品牌，包括《海岸生活》《C杂志》《加州家居风格》《加州周末旅行者》等。

2011—2016年：政策与控制总监。

- 向公司高级副总裁兼财务总监汇报工作；管理业务连续性，确保会计服务部门中的所有部门都能维护成本效益高，规避欺诈行为的流程和程序。
- 与IT行业和高级业务领导者合作，为C生活方式杂志集团制订了初始业务连续性计划。
- 创建了一份清单以指导应急响应团队，创建了测试协议，并建立了指导委员会和核心团队。
- 领导和协助公司对突发事件、危机情况的应急响应工作，监测和评估企业连续性计划检测，并向管理层报告结果。
- 被选任领导新成立的供应商控制小组，该小组负责监督所有供应商，并防止欺诈行为；负责开发和实现价值约7万美元的供应商门户应用程序，保证了该应用程序按时交付，节省了7%的预算（约5 000美元）。

2008—2011年：政策与控制高级管理者。

- 被选任领导新成立的政策和控制小组，确保所有会计服务部门对所有关键业务流程有足够的内部控制权。
- 协调公司范围内所有业务的连续性规划。
- 与审计师合作编制内部控制审计报告，并与品牌和企业集团一起为特殊项目提供会计专业知识。
- 创建和制定“业务总监政策和控制指南”文件，与公司财务总监共同撰写并向250

多名员工发表“内容业务”系列演讲。

2003—2008年：会计经理。

- 领导会计团队，收集并报告公司运营方面的财务信息。
- 将加州家居风格公司的会计纳入C生活方式公司中，执行C生活方式公司的月度会计结算和相关的资产负债表分析。
- 进行账户分析，审核员工工作，处理临时特殊请求。
- 培训和指导6名会计员工。

1999—2003年：加利福尼亚州洛杉矶市阳光产品公司——专业的亚硝酸钠制造商和分销商，亚硝酸钠广泛用于汽车零部件和食品加工等行业；其前身是美国盐业公司的一个部门，在2006年被通用化学公司收购，当时公司年收入约1 000万美元，有23名员工。任工厂控制与国际标准化组织（ISO）管理体系代表。

- 向总经理汇报工作；管理会计、财务、物流的各个方面工作，以及质量和配套服务，包括采购、生产计划、质量保证和人力资源管理。
- 担任控股公司的联络人，以满足所有信息服务和财务需求。
- 领导公司从ISO 9001∶1994标准升级到ISO 9001∶2000标准，使该公司成为第一个获得该质量认证的亚硝酸钠生产商。

1993—1999年：加利福尼亚州洛杉矶市家具用纺织品有限公司——这家公司是织物、墙纸和装饰性家居用品制造商，年收入约4 500万美元，员工225人。

1997—1999年：会计经理。

1995—1997年：高级成本分析师。

1993—1995年：财务项目经理。

- 作为会计经理，向副总裁兼会计总监汇报工作，履行所有会计职能，包括发布财务报表、通过5位部门主管协调跨职能活动。
- 确定新的自动总账系统的标准，评估多个系统并确定最佳方案；将调查结果提交主管审批，并在创纪录的短时间内安装新系统，从而将每月的结算周期缩短到3个工作日，提供了更优秀的信息，并将用户对错误的投诉率降低了65%。
- 通过评估、选择和安装成本计算系统，实现了25万美元的额外收益，该系统为跟踪间接费用提供了快速、准确的数据统计，将处理时间提高了50%，将传输速度提高了75%。

- 经过培训、指导和重组，形成了一个由6名会计专业人员组成的凝聚力强、高效的团队，有效扭转了个人朝着不同方向单兵作战的局势，使其向有竞争力的团队发展；培养了一个协作、高效的工作环境，建立了坚实的业务关系。
- 主要工作领域包括月度、季度和年终财务报表、月度结账流程、特殊项目和员工工作审查。

教育经历

科罗拉多州立大学，工商管理硕士。

路易斯堡学院，工商管理学士学位。

专业证书

2003年：认证业务经理。

ISO 9001:2000质量体系认证首席审核员。

ISO 9000:1994质量体系认证内部审核员。

兴趣爱好

打高尔夫和国际旅行。

可按要求提供优质证明材料。

查尔斯·查默斯（Charles Chalmers）

地址：纽约州曼哈顿市　邮编：11658

电话：212-555-1432　电子邮箱：GalleryDirector@earthlink.net

画廊总监 / 馆长

业绩简介

我的职业生涯专注于艺术及其所包含的一切，绘画、雕塑、摄影、电影、视频、音频、表演和数字艺术、艺术史和艺术批评。私人生活同样丰富多彩，我最近搬到了曼哈顿，打算利用我的知识、热情为艺术界做出贡献。

专业能力

艺术史	装置艺术	招聘与选拔
艺术理论	空间流动性	私人收藏家
艺术研究	挂饰、灯光、标签	承办酒席
艺术社区	主题化、序列化	制图
校友网络	空间重构	图像处理
艺术家网络	动态对话	公共关系
手工艺术品	社交网络	跨文化交流

突出业绩

研究艺术史

对艺术史有透彻的了解，从洞穴时期的拉斯科（Lascaux）到布里斯·瑙曼（Bruce Nauman）、杰西卡·斯多克霍尔德（Jessica Stockholder）和卢克·图伊曼斯（Luc Tuymans）等现代艺术家都了然于心；熟知从卢米埃尔兄弟（Lumiere Brothers）到阿莫多瓦（Almodovar）的电影史；了解当前最重要的批判艺术和电影理论，并且还与马修·巴尼（Matthew Barney）、路易斯·布儒瓦（Louise Bourgeois）和安迪·戈兹沃西（Andy Goldsworthy）等人一起召开连续性的研讨会和讲座。

研究新兴艺术家

参与纽约和波士顿的艺术社区和画廊的相关活动；融入罗德岛设计学院、哥伦比亚大学、波士顿博物馆学校、新英格兰艺术与设计学院和现在的大众艺术学院的教师、学生和校友网络中，通过这些活动将人们与最前沿的艺术和艺术家联系起来；参加曼哈顿画廊开业20周年活动；与纽约现代艺术博物馆、纽约PS1现代艺术中心、古根海姆博物馆（Guggenheim）、惠特尼博物馆、大都会博物馆、电影论坛、国际摄影中心等讲习班，并与举办讲座的艺术家们建立联系。

宣传材料

充满活力的邀请函，新闻资料袋，插图新闻稿和艺术家活页材料，敏感地将艺术置于历史与文化背景中。

管理经验

14年的艺术人员管理经验，包括课程开发、艺术指导、艺术处理、员工维护，并与印刷、餐饮和图形艺术工作人员协同合作。

工作经历

1994—2005年：绿荆棘学校（The Green Briar School），视觉艺术主任。

职责：开发课程，准备作品集、戏剧集，准备月度内部演出和外部演出，准备月度视频新闻秀，教授艺术史和所有的工作室艺术，管理3名员工。

1989—1994年：艺术工作室主席。

职责：经营私人艺术工作室和讲授艺术史课程，管理4名员工；带领私人团体前往曼哈顿博物馆和画廊参观。

1980—1989年：自由艺术家、摄影师和编辑。

大大小小的亮点包括：在曼哈顿三一学院任摄影教师；担任雷蒙斯乐队（The Ramones）的摄影师；保险行业杂志《先锋》（*Pioneer*）的编辑；导演克劳迪娅·韦尔（Claudia Weill）的助理，纪录片制作人，电影《女朋友》（*Girlfriends*）的导演。

教育经历

1983年，以优异成绩从哥伦比亚大学毕业，获艺术硕士（MFA）学位。

奖项：获得福尔曼（Forman Prize）电影评论奖。

在米洛斯·福尔曼和安德烈·巴赞（Andre Bazin）的指导下，教授电影入门课程。

订阅的杂志

《美国艺术》《艺术新闻》《艺术论坛》《纽约时报》《帕克特》《视觉与声音》《电影评论》《现代画家》。

会员资格

拥有纽约现代艺术博物馆、惠特尼博物馆，古根海姆，大都会艺术博物馆等会员资格。

可以提供优质证明材料。

雷姆·库哈斯（Rem Koolhaus）

地址：加利福尼亚州森尼维尔市 电话：408-555-5555 邮箱：BusinessLaw@ameritch.com

总法律顾问

技术产业——全球并购专家。

法律和商业敏锐性、智慧和专注力的完美结合。

业绩简介

在为技术行业公司提供法律、战略计划和业务成果方面有25年的成功经验；熟知国际商业和法律领域的百科知识；是公司战略与交易专家，在并购、合资、授权、供应商协议、公私配售、资产剥离和其他计划方面拥有丰富的全球经验。

担任企业高管、业主和董事会成员的法律顾问和业务顾问；拥有较强的综合管理和操作技能；财务纪律严明，关注于公司和利益相关者的权益；在磋商和谈判交易方面经验丰富——擅长处理复杂的金融、商业和文化事务方面的问题，包括60项并购和资产剥离。

核心技能

首次公开募股	企业并购	增退战略
专利	诉讼、抗辩	公共、私人债务和股权配售
合资企业	合规性	启动策略与资本收购
许可	知识产权管理	配售
股东价值	运营	并购
风险管理	劳动法	外部法律顾问管理
剥离	董事会咨询	行政决策支持
合资	维护投资者关系	《SOX法案》

技术

全球电信	信息技术	互联网
连通性	储存网站	技术转移
管理网络	软件许可证	网络/语音应用程序
安全性	国际合资企业	技术许可

工作经历

2008年至今：加利福尼亚州山景城，硅联营公司（Silicon Associates）。

公司战略与发展、融资、公司治理、增长管理、交易等方面的专家，常务董事。

负责业务运营的所有方面，包括业务开发、损益表、合同谈判、客户交付和业务约定管理；通过在企业整体战略中与客户主管进行持续的合作来支持客户增长计划，从而实现差异化竞争。

- 与价值1 500万美元的软件服务团队合作，提供退出战略和增强战略价值的路径。
- 向一家价值3 500万美元的商业服务公司就增长战略和退出选择方面提供建议。
- 融资——为巴西一家早期农业企业提供咨询并参与了其私募股权融资。
- 启动战略和融资——提供深入的业务和企业发展支持，以领导与私募股权参与者的谈判，并就收购战略提供建议。

1998—2008年：就职于一家由风投支持的初创企业——互联网业务通信提供商，提供连接、安全、托管网络和相关专业服务。

2002—2008年：高级副总裁兼法律顾问——公司秘书。

1998—2002年：副总裁兼法律顾问——公司秘书。

作为公司的第5名员工和高级管理团队的主要成员——负责启动运营、增长交易和退出战略相关的商业业务；参与所有企业层面的愿景、战略决策；管理由6名法律专业人士组成的管理部门，支持美国和15个国家的跨职能业务运作、公司治理、法律事务、证券交易等；负责知识产权组合投资。

法律服务和公司发展管理——策略、交易和成果展示

- 融资及首次公开募股——指导C轮私募1.3亿美元的股权投资；负责首次公开募股的准备和执行——尽职调查、准备文件、路演、在纳斯达克全国市场和阿姆斯特丹证券交易所的双重上市——为公司带来了3.3亿美元的净收益。
- 公司治理——制订并推出覆盖15个国家的公司治理政策和年度合规计划，在整个组织中实施《SOX法案》。
- 企业并购、资产剥离和并购后转型整合——在15个国家领导了对35家公司的尽职调查、谈判和收购；指导收购公司转型的关键问题，包括实现协同效应、治理、品牌和企业文化；管理6个国家的投标流程、谈判和非增值业务的剥离，使公司季度现金消耗减少80%，并专注于核心市场。
- 投资者关系战略——实现战略转型和增长战略，同时通过积极主动的拓展计划保护

了投资者信心；并先后向董事会、纳斯达克提出恢复性战略，以解决潜在的退市问题。

- 退出战略规划与执行——董事会要求解决流动性危机；与首席运营官合作制定退出策略；谈判达成了几项辅助性交易，包括在8天内出售非核心业务部门，以产生营业收入；主导最终的拍卖流程，优化股东的资本回报。

卓越成就

- 通过在国际市场上的渗透和战略性收购来推动业绩增长，在24个月内实现了从0到8 600万美元的目标；将现金消耗率降低80%，从每个季度的2 500多万美元降至不足500万美元；将董事及高级职员保险和错漏保险的保费每年减少了90万美元。
- 2003年至2008年担任公司在全球业务和法律事务的二级官员。
- 承担协调投资者关系和公司发展的直接责任。

1994—1998年：华盛顿特区斯普林特公司（Sprint）——全球电信解决方案、电信设备和电信服务的先驱。

1996—1998年：斯普林特公司风险投资与联盟董事。

1996年：法律与公共政策部高级法律顾问。

1994—1995年：法律与公共政策部高级律师。

斯普林特大众市场集团——法律部

- 为关键运营领域提供法律顾问和业务支持——就交易、知识产权和监管事项向高级管理层提供建议。
- 企业并购——管理项目，以确定和跟踪整合机会。
- 全球合资企业——管理斯普林特公司与英国电信在通信组件公司（CCI）中的权益；带领团队进行谈判，以解除复杂的联盟结构。
- 知识产权——带领法律团队分析并解决三家全球电信公司之间的关键知识产权问题。
- 技术授权——通过与微软签订2 300万美元的多年期协议，大幅降低了桌面授权费用。
- 并购前后的业务转型与整合——公司并购、转型，负责处理组织、财务、商业和监管问题，协助制定并购后的内部交易方案和商业模式。

卓越成就

- 由风险投资和联盟副总裁招募到斯普林特总部任职。

- 一年内从高级律师晋升为高级法律顾问。
- 因对斯普林特大众市场做出的贡献，两次获得斯普林特卓越奖。
- 为新产品的发布提供了重要的法律指导和商业支持，这些产品的年销售额达数百万美元。
- 领导斯普林特政策制定，解决在线版权问题。
- 与第三方制定并谈判达成长期独家加盟协议。

律师事务所工作经历

1988—1994年：华盛顿特区Sue, Grabbit & Runne律师事务所——一家专门为上市公司和私营公司从事公司交易的国际律师事务所，高级助理。

负责公司交易业务，包括为私人和公开上市客户进行融资、收购、处置合并；最初由Rogovin Huge & Schiller公司所聘任，这家总部位于纽约的国际律师事务所于1990年与Sue Runne合并。

1985—1988年：弗吉尼亚州夏洛茨维尔市Slaughter & Redinger律师事务所——一家专业处理欧洲和南美入境投资和国内法律事务的国际律师事务所，高级助理。

提供商业地产、公司与合伙企业、税务、诉讼、移民和证券法律咨询，以及并购与私募服务。早期的成就包括：在第四巡回联邦上诉法院进行诉讼和辩论，独自处理陪审团审判，以及谈判主要的商业地产协议。

教育经历

1985年：巴克内尔大学，外交事务专业，法学博士和文学硕士学位。

当选为弗吉尼亚国际法杂志编辑委员会成员——法学院优等生协会成员。

1981年：苏格兰阿伯丁大学，哲学专业，荣誉学士学位。

成绩优异，当选为优等生，获得安德鲁·马其奖学金和圣安德鲁学会奖学金。

专业及董事会附属机构

公司成长协会。

公司法律顾问协会。

加州哥伦比亚特区律师协会会员，马萨诸塞州律师协会会员。

可提供优质的证明材料。

史蒂文·克里斯托弗（Steven Christopher）

人力资源认证专业人员（PHR）

地址：特拉华州纽马克市　邮编：19702

电话：302-234-2434　电子邮箱：steve.christopher@att.net

人力资源管理　人才招聘

连任规划　变更管理

业绩简介

高级人力资源经理及人力资源认证专业人员，在酒店行业拥有13年以上的工作经验；有成熟的能力来制定符合公司目标的人力资源战略，并通过制订卓越薪酬计划，改进入职培训、员工培训、辅导和继任计划，为实现招聘、选拔、培训、保留和激励顶尖人才的关键计划提供战略指导。

专业技能

雇佣法	多部门人力资源管理	沟通/演讲
战略规划/预算	州和联邦法规遵从性	人力资源管理培训
人力资源政策和程序	劳动力规划/重组	员工培训和发展
组织发展	人力资源审计/继任计划	员工敬业度与激励
人才招聘与保留	在线招聘/社交媒体招聘	员工绩效评估
薪酬福利管理	入职前检查	员工关系管理
批判性思维和解决问题的能力	员工入职和留任	冲突解决和团队建设
自动人力资源记录管理	员工离职和裁减	特殊事件协调

计算机技能

申请人跟踪系统，人才管理系统，微软办公组件。

Google+社交网站、视频群聊软件，Skype网络电话，会易通，脸书及领英。

突出业绩

作为管理层的可靠顾问，在员工关系问题上，为企业领导和运营经理提供咨询和指导；在遵守当地、州和联邦就业法律法规的前提下，保持非工会组织人力资源部门的正常运行，同时降低了劳动力成本。

- 高级人力资源经理，成功设计并实施了员工入职培训计划和员工敬业度调查流程。
- 公司人力资源项目经理，以目标为导向，真正关心员工，对员工绩效有高标准要求，对公司的成功有积极的影响。

工作经历

2012年至今：美国特拉华州纽卡斯尔市克里斯托弗资本公司，人力资源经理。

该公司在特拉华州、马里兰州和新泽西州拥有并运营120家乳品皇后（Dairy Queen）特许经营店，在I−95走廊的所有出口提供服务，在4个州雇用了4 900名员工，年收入7 500万美元。

- 在就业法律、法规遵从性、员工关系、员工队伍发展和继任规划等方面为行政领导、高级管理人员和总经理提供建议。
- 管理62家餐厅和1 200名员工的人力资源活动；管理人力资源项目，包括薪酬、福利和人员配备；管理2名人力资源专员和1名行政助理。
- 与运营经理合作，招聘、培训并发展员工队伍；指导和改进员工绩效管理流程，包括工作规范和要求、员工评估流程、员工发展排名、个人发展计划、薪酬、晋升和工作认可度等。
- 发展和指导人力资源团队，以确保部门和公司的整体效率和目标的实现。
- 在多部门公司内对各种人力资源问题提供持续的调查，以创造一个积极的工作环境；负责管理全体员工的薪酬。

显著成就

- 制定和实施员工管理、培训和管理员工关系，将每小时员工流动率降低了25%。
- 通过积极应对失业救济申请，为公司节省了约57.7万美元。
- 通过积极的合规训练，在移民与海关执法局对1−9表格的审计以及美国劳工部工资和工时审计期间避免了罚款。
- 重新设计和实施对非免税员工的面试流程，从而使高效而又忠诚的员工入职上岗。
- 在对免税员工制订并实施反骚扰培训计划。
- 重写所有的工作描述。
- 针对免税员工和非免税员工进行工资和薪金调查。

2007—2012年：马里兰州海洋城翡翠公主河船俱乐部，人力资源总监。

这是一家河船风格的赌场和酒店，有500台老虎机、10台游戏机和200间酒店房间。

- 负责全体600名员工关系，包括调解管理层和员工之间的对话、调查危机事件、促进同行审查计划、监督员工的解雇是否适当，以及审查和纠正纪律措施。
- 管理人力资源培训部，确保新员工接受联邦政府规定的培训。
- 在公司范围内制定并执行人力资源政策，设计并实施同行评审委员会。
- 在人力资源总监缺席的情况下担任值班总监。
- 负责计划、组织相关活动，并负责如节日聚会和表彰仪式等活动的预算。
- 对全体员工进行工资和薪金调查。

显著成就

- 通过成功抗辩美国《民权法案》第七条的所有指控，为公司节省了30多万美元。
- 失业补偿申请获得95%的胜诉率。
- 提供积极且持续的员工关系管理。
- 通过各种员工关系和员工参与计划，如为总经理设计和推行员工关系小组，在4年内将员工流动率降低了50%。

2003—2007年：新泽西州马克市动态集团公司（Dynamic Group, Inc），项目经理。

- 在一家市场研究公司担任项目经理，客户有福特、维纳斯泳装和邓肯甜甜圈。
- 监督15个以上的独立市场研究项目的日常管理，并在市场研究期间为客户提供持续的客户服务。
- 管理生产人员，以创建调查问卷、报告和管理研究期间所需的各种材料。
- 设计员工和顾客满意度调查问卷，用于实地调查；检查计算机辅助访问电话系统部署的准确性，并监控部署过程中每项环节的日常进展。
- 在全国汽车行业员工满意度调查期间，监督客户使用网站情况。

1997—2003年：新泽西州平野市西尔斯罗巴克公司（Sears & Roebuck, Inc.），视觉广告助理。

- 实施公司广告宣传、市场推广，以及各部门的季度性销售计划。
- 营造有利于购物的氛围，组织全体员工和VIP客户的活动。
- 创建了室友计划，在罗格斯大学的男女生宿舍里设立产品展厅。

- 每周审核价格，确保销售点的销售价格正确，修正任何定价错误。

教育经历

1997年：纽约州卡姆登市罗格斯大学，市场营销专业，工商管理学士学位。

证书和专业发展

人力资源专业人员认证证书。

服务安全认证CARE认证培训师，负责积极员工关系培训。

专业附属机构

美国人力资源管理协会（SHRM）威尔明顿分会会员。

邦妮·卡梅隆（Bonnie Cameron）

地址：新墨西哥州普韦布洛市箭头阁34号　邮编:87024　电话：505-340-2434

采购经理

业绩简介

拥有25年的商业管理、市场营销和零售商店运营经验，期间专业能力不断提升，不断取得进步；优秀的管理能力，销售、库存控制和采购技能；通过市场营销和促销策略推动收入增长，同时保持了高水平的客户服务；良好的学术背景，具有工商管理和会计学学士学位。

- 精通采购、库存控制、销售策略和客户服务方面的专业知识。
- 准确监控大量库存水平，以保持适当的库存水平，建立再订购点，缩短交货时间，设定交货日期，减少库存缺货情况，并加快关键物品的供应。
- 通过分析销售数据和市场趋势来管理预算并执行采购计划和预测。
- 与各层次的组织、供应商和客户进行有效沟通。
- 出色的项目规划和项目管理能力，能够在紧迫的期限内完成任务。
- 能够适应快节奏的环境，学习新系统，并响应不断变化的业务策略。
- 具有优秀的决策能力、团队建设和领导能力。
- 技术：微软办公套件、Lotus邮箱、电子数据交换系统和联合违约分析（JDA）系统。

专业能力

采购流程与技术	项目管理	电子数据交换
库存控制	战略规划	减少缺货和库存周转
建立再订购点	采购订单	发票支付及处理
供应商关系管理	客户服务	员工领导与发展
预测	业务策划	损失和损害索赔
交货计划/交货期	销售报告	营销策略
预算及损益管理	销售/赢利能力	政策和程序
分析销售数据和市场趋势	谈判技巧	损失预防

工作经历

1999年至今：新墨西哥州普韦布洛市家居产品公司。

2002年至今：门店经理。

负责数百万美元的零售业务，销售家用商品和家具；为当地市场计划商品促销和展示；负责门店运营中的各项工作，包括测量业务趋势、最大化销售与赢利能力、费用、薪资、短缺、客户服务、损失预防、安全性、收货以及商品销售和库存控制的各个方面；管理监督多达40名员工，迅速晋升到高职位上。

- 负责管理并采购商品，使年均库存额达到300万美元以上。
- 2010年和2011年管理门店库存，在此期间无形浪费只占总销售额的0.38%；该商店被选为该地区最好的商店。
- 2011年销售额增长了12%，而全公司门店销售额增长了5.9%。
- 在预算内协调完成了2011年门店改造项目。
- 通过分析销售报告和比较购物等策略来监控销售业绩和完善销售策略。
- 制订所有订单价格以提高利润率。

2000—2001年：家居产品公司，门店经理助理。

监督销售人员，维护进度表，进行绩效评估，并对员工进行培训；对商店进行宣传，并设计了独特的介绍演示。

1999—2000年：部门经理。

负责客户服务、产品展示和市场推广。

1995—1999年：新墨西哥州圣达菲市沃尔玛公司。

1997—1999年：门店经理。

负责管理工作，监督和管理一家价值1 200万美元的凯马特百货公司的所有门店；进步迅速，担任的职务越来越多；管理多达118名员工。

- 成功地在预算范围内指导并监督店面改造项目，包括添加新的“餐具室”。
- 处理和解决所有客户升级问题。
- 对操作人员进行教育和指导，提高工作效率。
- 分析和制定长期的商品运营策略，承担商店损益（P&L）责任。
- 为面临区域内新竞争的门店员工提供有效的领导技能，维护门店在所在地区的竞争力。

1995—1997年：新墨西哥州拉克罗斯市门店经理。

发展并监督门店人员和组织，管理员工人数从65到115名不等；负责数百万美元业务的销售和盈利工作，分析并制定长期的经营策略。

1995年：新墨西哥州罗斯威尔市，闭店经理。

指导和监督门店运营，负责在关闭商店时的销售和费用控制。

教育和专业发展

新墨西哥州拉克罗斯市新墨西哥州立大学，工商管理和会计专业，文学学士学位。

员工监督和团队领导培训

培训主办单位：登曼集团（The Denman Group）。

可提供优质的证明材料。

乔恩·加里波第（Jon Garibaldi）

地址：佐治亚州萨凡纳市琼斯街2434b号　邮编：31401

电话：912-342-4345　邮箱：Jon.Garibaldi@gmail.com

销售经理

业绩简介

具有高影响力的销售经理，在市场营销、采购、销售和客户关系方面有超过12年的丰富经验；对所有销售和营销学科有深入了解，包括项目管理、产品发布、销售增长、业务与产品开发、竞争性研究和客户沟通；持续关注底线；推动收入增长，最大限度地提高利润，并利用任何可行的扩张机会进行扩张；具有创造性、创新性和前瞻性思维；善于用经过深思熟虑的、明确界定的战略处理复杂的挑战，推动两位数的收入增长。

专业技能

外部销售	客户管理	领域拓展	战略规划
客户关系	提案制定	需求确定	产品管理
市场规划	商品管理	风险管控	员工培训
合同谈判	销量增长	建议信件	标准管理
财务规划	产品发布	采购采办	国际经验

工作经历

2011年至今：佐治亚州萨凡纳市佐治亚电力集团，营销专员。该集团为发电厂提供燃气轮机、蒸汽轮机和发电机。

与工程部沟通，制订全面的市场计划并做出销售预测，制定提案，谈判合同；为客户提供佐治亚生物医药组织（GBP）产品目录的培训；为燃气、蒸汽和发电机的工程部件编制建议书；与工程师合作提供技术信息，从供应管理部门获得报价，并为客户的建议提供技术范围。

- 完成并超越所有财务目标，一年内销售额达到2.1亿美元。
- 为产品制订新的营销计划，目标为600万美元。
- 因缩短了先前记录的指标的报价响应时间而获得完成任务奖。
- 在适当的项目范围内对即将发生的设备大修进行报价，产生了530万美元的销售额。

- 通过创建新的客户提案，在一年内为公司贡献了7 500万美元的销售额。

2010—2011年：佐治亚州汤森德市奥尔塔马哈电力公司（Altamaha Power, Inc.），销售和市场专员。

通过建立长期的客户关系来推动收入增长；通过在国内采购以前在日本生产的部件来降低成本；为新设备创建备件清单，维护发电机组的库存。

- 超额完成了100万美元的销售目标，发电机备件销售利润增加了5%。
- 通过国内采购，增加了20%的备件利润。
- 改善与东京总部的沟通，简化报价流程，并缩短客户响应时间。
- 创造新的营销材料来促进电压调压器服务。
- 在推广电压调节器服务方面，实现了20%的营销材料增长。

2001—2010年：佐治亚州萨凡纳市佐治亚电力集团。

2008—2010年：销售支持专员。

与新客户和潜在客户建立并培养良好的客户关系；为实现销售计划审查客户数据和趋势；重振现有的客户关系；支持和监督所有客户订单，包括订单录入、交付、质量和开具发票；推动改善客户关系，为大修计划创建客户报价。

- 在一年内超过销售目标75万美元。
- 显著减少了运维资本设备的时间。
- 通过重点关注和优先考虑客户需求，缩短了报价响应时间。

2001—2003年，2006—2008年：采购专员。

管理着价值1 000万美元的原材料库存；担任供应管理和燃气轮机产品线之间的联络人；与库存控制组进行协调，以减少批量，并优化库存采购；在库存部门内提供有关六西格玛的主题培训；预测和采购服务备件业务所需的原材料。

- 率先实现了1 000多个项目的自动化，为公司节省了10%的成本。
- 领导制订新的战略计划，成功地将原材料库存减少了50万美元。
- 2003年因出色的客户服务获得现场奖。
- 降低了15万美元的光纤电缆成本。
- 采购和鉴定新的垫圈来源，节省了20%的成本。

2003—2005年：营销专员。

为燃气轮机生产线提供商业化的产品改造，实施业务战略以增加燃气轮机产品的销售量。

- 创建新的战略业务计划，以提高服务和产品改进的整体效率。
- 确定12项升级产品，以缩短技术服务沟通的交付周期。
- 起草产品公告，加快向客户发送通信函的过程。

教育经历

2003年：佐治亚州亚特兰大市佐治亚理工学院，谢勒商学院（Scheller College of Business），工商管理学学士。

杰克·博安农（Jake Bohannon）

地址：新罕布什尔州林肯市法兰克尼亚路24号　邮编：03251

电话：603-526-9036　电子邮箱：jake@bohannonconstruction.com

施工经理

业绩简介

从事建筑管理工作20年，在监督建筑、基础设施和环境项目的各个阶段都取得了成功；经验包括全面的现场施工管理、评估、预算、合同、采购、计划、监控以及检查从启动到结束的所有工作；负责毒害物料项目和其他一系列施工项目；在业界有良好的声誉，可靠的资历和完成高质量项目的经验。

- 建立、培养与客户、员工、供应商和施工检查员的关系。
- 促进业主项目的成功执行。
- 项目设置、分包和人员配置策略、客户关系和合同变更。
- 在预算内按时交付高质量项目。
- 指导项目期间的日常运营并处理问题。
- 确保所有项目均按规范施工。
- 保证承包和采购方面的灵活性。
- 具备较强的人际交往能力，沟通能力，对细节的关注力。

专业技能

施工启动专家	安全和法规遵从性	项目规划实施
日程安排	承包商协调	招标和预算能力
预算和损益表	供应商和客户谈判	毒害物料处理
客户关系	管理、培训和指导员工	环境管理
焊接检验师认证	协调与分包商的关系	财务责任
设备安装	机械检验	装配制造
施工管理	住宅和商业区	总承包商
保证工地安全	职业安全与卫生条例	成本抑制
员工和分包商监督	项目管理	销售
提高利润率	施工督察关系	采购

工作经历

2005年至今：新罕布什尔州林肯市贝克曼建筑服务公司（Beckman Construction Services, Inc.），施工经理。

该公司是专业从事建筑管理的总承包商，包括住宅、商用和工业客户机械设备的改造、安装和启动。

- 通过准确的投标，避免项目延误、纠纷、浪费、超支以确保盈利，确保工人有一个安全的生产环境。
- 管理销售、合同、生产、财务、分包商、人才、资源和客户关系，管理超过15名以上的员工和分包商。
- 通过有效管理资金和资产，保持公司的赢利水平。
- 通过实施成本控制系统来跟踪费用，与供应商谈判，准时安排，减少浪费和准确招标来提升公司的赢利能力。
- 建立忠实的客户群，其中大部分新客户都来自老客户推荐。
- 就技术和施工方面的问题向客户提供建议。
- 完善的安全记录。
- 与分包商建立并培养忠诚和高效的关系。

1996—2005年：新罕布什尔州林肯市博安农父子建筑服务有限责任合伙公司，老板/施工经理。

该公司与州、市、县和新罕布什尔水资源委员会合作的总承包商，业务包括改建商业和住宅物业、钢结构和混凝土工程、建筑搬迁、清理水道、定制标志和铸铁装饰。

- 负责制订预算，发展忠诚的客户。
- 与国际电气工人兄弟会进行了合同谈判，以对新购买的办公楼进行拆毁和改建。
- 具有创新思维并可以高效地完成工作，使公司获得了“高品质公司”的美誉。
- 致力于创造安全及高效的工作环境中，完善安全生产记录。
- 通过有效地管理资金和资产来维持公司的赢利能力。
- 管理销售、合同、生产、财务、进度、分包商和客户关系。

专业执照

2016年：新罕布什尔州运输工人身份凭证卡。

2016年：明尼苏达州新罕布什尔州住宅建筑承包商许可证（BC553343）。

2015年：北达科他州佛蒙特州建筑承包商执照 (#268449)。

2014年：新罕布什尔州国内有限责任合伙企业联邦ID # 55-06692573。

2014年：新罕布什尔州国内有限责任公司联邦ID #21-38179548。

专业发展和证书

2012年：俄亥俄州特洛伊市认证焊接检验员（CWI #12879392），霍巴特大学焊接技术学院。

2012年：俄亥俄州特洛伊市电弧焊检验和质量控制证书，霍巴特大学焊接技术学院。

2012年：得克萨斯州伯顿市认证管道焊接检验员（CPWWI#63793695），美国国家管道焊接检验员学校。

2012年：俄亥俄州特洛伊市通过美国焊接学会注册焊接检验师考试，霍巴特焊接技术学院。

2012年：俄亥俄州特洛伊市电弧焊检验和质量控制证书，霍巴特焊接技术学院。

2012年：俄亥俄州特洛伊市认证管道焊接检验员（CWI #13268845），国家焊接检验学校。

安德烈亚·莫纳斯克（Andrea Monarski）

医学博士，工商管理学硕士

地址：康涅狄格州切希尔市　电话：203-526-9036　电子邮箱：a.monarski@gmail.com

高级运营，业务发展，战略官

无可挑剔的医疗、保健和商业领导资质，专注于改善社区的服务质量。

业绩简介

拥有斯坦福大学工商管理学硕士学位的医学博士，拥有20年的医疗、保健、运营管理、商业开发、融资和与蓝筹股全球国际组织交流的经验。

- 一名与面临生死抉择的病人和家属一起奋战的医生。
- 运营管理领导者，能够设计和实施延展性强的健康计划。
- 具有领导技巧的商业领袖，可以与企业和非营利组织董事会、首席财务官、总法律顾问和国际私募股权组织进行国际谈判。
- 具有高超的外交技能，能够与欧洲、印度、中东及中国等国家的卫生部部长、大使馆和政府官员共同倡导和推行医疗卫生保健计划。

我认识的唯一一位宁愿减薪也要来耶鲁工作的人。

——耶鲁大学管理学院副院长，米尔顿·黑尔

管理技能

愿景、战略与领导力	营运管理	财务管理
预算计划，分析与控制	计划与项目管理	建立共识
培训与发展	指标驱动的结果	沟通与公关
联盟建设	指导与教学	法规合规性

医疗技能

新兴市场医疗保健	心脏管理	医院和诊所管理
医师管理	临床研究	生物医疗器械
社区倡导	医疗保健经济学	预防保健
欧洲，中东和非洲	监管事务	供应链

合同谈判　　　　　　　　　　护理团队管理　　　　　　　　　患者心理

生物技术产品开发

突出业绩

- 强大的成功度量标准，引导组织应对复杂的业务挑战。
- 公认的业务敏锐度和激励团队成员实现远大的目标。
- 善于将复杂的概念传达给不同的利益相关者，并在不断变化的团队环境中让大家达成共识。
- 具有不同的国际文化、社会背景和熟练的沟通技巧。
- 业务发展策略师，具有规划策略、发展和执行方面的专业知识。

工作经历

2009—2016年：康涅狄格州纽黑文市耶鲁纽黑文医院（Yale-New Haven Hospital），国际医疗保健战略和业务发展主管。

- 制定并执行《国际医疗保健业务计划》的战略评估和设计，以吸引国际患者，使医院年收入增长了35%。
- 就“耶鲁大学医学院在世界和社区中所扮演的角色”的现状、竞争分析和机会，为耶鲁大学医学院的战略规划委员会提出意见和建议。
- 使大学和社区成员就耶鲁大学纽黑文医学院的优势、劣势和机遇达成共识。
- 善于在高层管理人员、学术教授、医生以及各级普通员工之间建立共识。
- 指导国际合资企业的国际谈判。

了解新兴医疗市场，揭示了新的、独特的收入来源，使年收入增长了35%。

——耶鲁大学纽黑文医院网络与项目开发副总裁，安娜·维尔纳

2000—2009年：康涅狄格州梅里登市梅里登瓦林福德医院（Meriden-Wallingford Hospital）。

2007—2009年：首席执行官，管理合伙人。

2001—2007年：首席财政官，董事会成员。

2007—2009年：合伙人，董事会成员。

2000—2009年：医学临床助理医师。

指导25名心脏病专家和150多名员工的所有战略和业务活动；准备财务模型并进行谈判，制定并监控结果与质量标准，整合新业务；促进公司业绩从800万美元提供到2 500万美元。

- 整合物理车间和操作系统，将成本降低20%，同时增加20%的收入。
- 作为一名医生，在侵入性和非侵入性电生理学方面进行临床活动，协调了庞大的护理团队，其中包括技术人员、护士和行政人员。
- 创立并指导圣玛丽医学中心电生理学系；规定了接待手术次数，将植入物成本降低了25%，并超过国家安全和结果基准。
- 成立并领导“猝死幸存者”支援小组。
- 创建并管理心律失常研究所，这是一个独立的单一的专业心律中心，提供全面的患者服务、社区教育和出版物。

1998—2000年：宾夕法尼亚州蓝霍恩市非营利基金会圣玛丽医疗中心，董事会成员。

开发新的关系和新的资金来源；通过社区教育及分享个人经验，鼓励潜在捐款人成为积极的捐款人；招聘具有不同背景和才能的董事会成员。

1994—1998年：康涅狄格州纽黑文市耶鲁纽黑文医院，心脏病学和临床电生理学研究员。

美国内科医学委员会：电生理学、心脏病学和内科医学。

1991—1994年：康涅狄格州梅里登瓦林福德医院，住院医师、实习生。

2000—2015年的咨询业务

世界银行国际交易所，列维谢勒集团（Levi Shehrer Group），于制药科技公司担任法规问题和科学教育医学总监。

- 担任临床专家，主要研究影响医生使用偏好、设备偏好等方面的生物技术趋势。
- 向客户介绍电生理心脏设备的发展趋势和最新进展。
- 提供有关当前治疗和治疗趋势的医学见解。
- 对心脏导联设计和团队开发以及业务咨询战略委员会产生影响。
- 指导并参与了从实验到临床过程的新型起搏先导技术的开发，分析并展示研发资源配置、行业趋势和营销效果。
- 塑造了产品开发委员会的重点产品线和公司未来的产品线。
- 为监管分析和临床研究团队提供建议。

- 评估设计元素。
- 为新的植入式生物监测装置创造了外科技术。

教育经历

2009—2011年：康涅狄格州纽黑文市耶鲁大学商学院，工商管理硕士（以优异的成绩毕业）。

- 规划并执行全球癌症治疗咨询项目，以开发先进的疗法。
- 为密西西比州杰克逊县学区的流动儿童健康诊所制订业务计划。
- 参加在中国上海举行的全球战略管理国际研讨会。
- 被评为毕业班最佳谈判者。

1987—1991年：康涅狄格州纽黑文市耶鲁大学医学院，医学博士。

- 1991年荣获亨利·凯勒·莫勒纪念奖和安妮·辛普森综合医学奖。
- 1991年加入霍巴特·艾默里·黑尔荣誉医学协会。

马萨诸塞州波士顿市波士顿大学心理学专业，文学学士学位。

- 1987年，以综合和单科优秀成绩毕业。
- 1983年，美国通用电气全国科学竞赛半决赛选手。

可提供优质的医疗、教育、商务等各方面的证明材料。